Helmut Debelius

RIFF-FÜHRER
ROTES MEER

Ägypten • Israel • Jordanien • Sudan •
Saudi-Arabien • Jemen • Arabische Halbinsel

KOSMOS

INHALT   2 - 5

Vorwort 6
Einleitung .... 7 - 9
Bildnachweis 10

Klasse Knochenfische	OSTEICHTHYES	11
Familie Muränen	Muraenidae	11
Familie Schlangenaale	Ophichthidae	20
Familie Meeraale	Congridae	22
Familie Röhrenaale	Heterocongridae	22
Familie Korallenwelse	Plotosidae	23
Familie Schlangenfische	Ophidiidae	23
Familie Eidechsenfische	Synodontidae	24
Familie Milchfische	Chanidae	25
Familie Ährenfische	Atherinidae	25
Familie Halbschnäbler	Hemiramphidae	25
Familie Hornhechte	Belonidae	26
Familie Krötenfische	Batrachoididae	27
Familie Anglerfische	Antennariidae	28
Familie Schildbäuche	Gobiesocidae	31
Familie Eingeweidefische	Carapidae	31
Familie Tannenzapfenfische	Monocentridae	32
Familie Blitzlichtfische	Anomalopidae	32
Familie Soldatenfische	Holocentridae	33
Familie Flügelroßfische	Pegasidae	34
Familie Schnepfenmesserfische	Centriscidae	34
Familie Flötenfische	Fistulariidae	35
Familie Geisterpfeifenfische	Solenostomidae	35
Familie Seepferdchen und Seenadeln	Syngnathidae	37
Familie Drachenköpfe	Scorpaenidae	43
Familie Samtfische	Aploactinidae	49
Familie Plattköpfe	Platycephalidae	49
Familie Zackenbarsche	Serranidae	52
Familie Zwergbarsche	Pseudochromidae	67
Familie Mirakelbarsche	Plesiopidae	73
Familie Tigerbarsche	Terapontidae	74
Familie Großaugenbarsche	Priacanthidae	74
Familie Kardinalbarsche	Apogonidae	78
Familie Silberlinge	Gerreidae	84
Familie Grunzer	Haemulidae	84
Familie Schnapper	Lutjanidae	90
Familie Füsiliere	Caesionidae	97
Familie Straßenkehrer	Lethrinidae	99
Familie Meerbrassen	Sparidae	102
Familie Scheinschnapper	Nemipteridae	104
Familie Fledermausfische	Ephippidae	105
Familie Beilbauchfische	Pempheridae	110
Familie Ruderbarsche	Kyphosidae	111
Familie Flossenblätter	Monodactylidae	111
Familie Dreischwänze	Lobotidae	111
Familie Meerbarben	Mullidae	112
Familie Torpedobarsche	Malacanthidae	116
Familie Schiffshalter	Echeneidae	116
Familie Kaiserfische	Pomacanthidae	118
Familie Falterfische	Chaetodontidae	123
Familie Büschelbarsche	Cirrhitidae	134
Familie Riffbarsche	Pomacentridae	136
Familie Lippfische	Labridae	144
Familie Papageifische	Scaridae	161

Familie Meeräschen	Mugilidae	164
Familie Barrakudas	Sphyraenidae	167
Familie Sandbarsche	Pinguipedidae	168
Familie Sandtaucher	Trichonotidae	169
Familie Himmelsgucker	Uranoscopidae	169
Familie Schleimfische	Blenniidae	170
Familie Dreiflosser	Tripterygiidae	174
Familie Leierfische	Callionymidae	175
Familie Grundeln	Gobiidae	176
Familie Pfeilgrundeln	Microdesmidae	185
Familie Doktorfische	Acanthuridae	186
Familie Kaninchenfische	Siganidae	192
Familie Stachelmakrelen	Carangidae	194
Familie Makrelen und Thune	Scombridae	199
Familie Speerfische	Istiophoridae	201
Familie Weitaugenbutte	Bothidae	201
Familie Seezungen	Soleidae	202
Familie Drückerfische	Balistidae	205
Familie Feilenfische	Monacanthidae	209
Familie Kofferfische	Ostraciidae	212
Familie Kugelfische	Tetraodontidae	214
Familie Igelfische	Diodontidae	219
Stamm WEICHTIERE	**MOLLUSCA**	**222**
Klasse Schnecken	**GASTROPODA**	**222**
Unterklasse Vorderkiemer	PROSOBRANCHIA	222
Familie Käferschnecken	Chitonidae	222
Familie Seeohren	Haliotidae	223
Familie Napfschnecken	Patellidae	223
Familie Wurmschnecken	Vermetidae	223
Familie Spitzkreiselschnecken	Trochidae	224
Familie Flügelschnecken	Strombidae	225
Familie Porzellanschnecken	Cypraeidae	228
Familie Eischnecken	Ovulidae	231
Familie Blättchenschnecken	Lamellariidae	232
Familie Sturmhauben	Cassidae	232
Familie Mondschnecken	Naticidae	232
Familie Tritonshörner	Ranellidae	233
Familie Stachelschnecken	Muricidae	237
Familie Wellhornschnecken	Buccinidae	238
Familie Spindelschnecken	Fasciolariidae	238
Familie Reusenschnecken	Nassariidae	238
Familie Olivenschnecken	Olividae	239
Familie Mitraschnecken	Mitridae	239
Familie Harfenschnecken	Harpidae	239
Familie Kegelschnecken	Conidae	240
Unterklasse Hinterkiemer	OPISTHOBRANCHIA	241
Familie Kopfschildschnecken	Hydatinidae	241
Familie Kopfschildschnecken	Aglajidae	241
Familie Seehasen	Aplysiidae	242
Familie Flankenkiemer	Pleurobranchidae	243
Familie Saftsauger	Polybranchidae	244
Familie Saftsauger	Elysiidae	244
Familie Neonsternschnecken	Polyceridae	245
Familie Neonsternschnecken	Gymnodorididae	246
Familie Spanische Tänzerinnen	Hexabranchidae	247
Familie Prachtsternschnecken	Chromodorididae	248
Familie Glanzsternschnecken	Miamiridae	252
Familie Sandschnecken	Dendrodorididae	252
Familie Geröllschnecken	Platydorididae	253
Familie Höckerschnecken	Halgerdidae	253
Familie Warzenschnecken	Phyllidiidae	254

Familie Baumschnecken	Tritoniidae	256
Familie Baumschnecken	Tethyidae	257
Familie Baumschnecken	Scyllaeidae	257
Familie Baumschnecken	Dotidae	257
Familie Furchenschnecken	Arminidae	257
Familie Fadenschnecken	Flabellinidae	259
Familie Fadenschnecken	Facelinidae	259
Klasse Muscheln	**BIVALVIA**	**260**
Familie Riesenmuscheln	Tridacnidae	260
Familie Austern	Ostreidae	260
Familie Stachelaustern	Spondylidae	260
Familie Feilenmuscheln	Limidae	261
Familie Kammuscheln	Pectinidae	261
Familie Flügelaustern	Pteriidae	262
Klasse Kopffüßer	**CEPHALOPODA**	**264**
Familie Kraken	Octopodidae	264
Familie Kalmare	Loliginidae	265
Familie Sepien	Sepiidae	266
Stamm GLIEDERFÜSSER	**ARTHROPODA**	**268**
Klasse Krebstiere	**CRUSTACEA**	**268**
Unterordnung NATANTIA		268
Infraordnung CARIDEA		268
Familie Putzergarnelen	Hippolytidae	268
Familie Partnergarnelen	Palaemonidae	270
Familie Knallkrebse	Alpheidae	272
Familie Harlekingarnelen	Hymenoceridae	274
Familie Tanzgarnelen	Rhynchocinetidae	274
Infraordnung STENOPODIDEA		274
Familie Scherengarnelen	Stenopodidae	275
Infraordnung PENAEIDEA		276
Familie Geißelgarnelen	Penaeidae	276
Unterordnung REPTANTIA		276
Infraordnung PALINURA		276
Familie Langusten	Palinuridae	276
Familie Bärenkrebse	Scyllaridae	278
Infraordnung ANOMURA		278
Familie Einsiedlerkrebse	Diogenidae	278
Familie Springkrebse	Galatheidae	280
Familie Porzellankrebse	Porcellanidae	283
Familie Maulwurfkrebse	Hippidae	283
Infraordnung BRACHYURA		284
Familie Spinnenkrabben	Majidae	284
Familie Schwimmkrabben	Portunidae	286
Familie Korallenkrabben	Trapeziidae	288
Familie Rundkrabben	Xanthidae	289
Familie Federsternkrabben	Eumedonidae	290
Familie Reiterkrabben	Ocypodidae	290
Stamm PLATTWÜRMER	**PLATYHELMINTHES**	**293**
Familie Strudelwürmer	Pseudocerotidae	293
Stamm RINGELWÜRMER	**ANNELIDA**	**293**
Familie Serpel-Röhrenwürmer	Serpulidae	293
Familie Sabella-Röhrenwürmer	Sabellidae	293
Stamm NESSELTIERE	**CNIDARIA**	**294**
Klasse Hydrozoen	**HYDROZOA**	**294**
Familie Feuerkorallen	Milleporidae	294
Klasse Blumentiere	**ANTHOZOA**	**294**
Unterklasse OCTOCORALLIA		294
Familie Lederkorallen	Alcyoniidae	294
Familie Orgelkorallen	Tubiporidae	294
Familie Bäumchen-Weichkorallen	Nephtheidae	295
Familie Gorgonien-Seefächer	Subergorgiidae	295
Familie Knoten-Seefächer	Melithaeidae	295

Unterklasse HEXACORALLIA		**296**
Familie Beerenanemonen	Aliciidae	296
Familie Partneranemonen	Thalassianthidae	296
Familie Wirtsanemonen	Stichodactylidae	296
Familie Seeanemonen	Actiniidae	297
Familie Buschkorallen	Pocilloporidae	298
Familie Kelchkorallen	Dendrophylliidae	298
Familie Kegelkorallen	Merulinidae	298
Stamm STACHELHÄUTER	**ECHINODERMATA**	**299**
Klasse Seesterne	ASTEROIDEA	299
Familie Seesterne	Ophidiasteridae	299
Klasse Seeigel	ECHINOIDEA	299
Familie Griffel-Seeigel	Echinometridae	299
Familie Diadem-Seeigel	Diadematidae	299
Familie Leder-Seeigel	Echinothuriidae	300
Familie Gift-Seeigel	Toxopneustidae	300
Klasse Seewalzen	HOLOTHURIOIDEA	300
Familie Seegurken	Stichopodidae	300
Klasse Federsterne	CRINOIDEA	301
Familie Federsterne	Colobometridae	301
Stamm CHORDATIERE	**CHORDATA**	**301**
Klasse Seescheiden	ASCIDIACEA	301
Familie Keulenseescheiden	Clavelinidae	301
Familie Gewöhnliche Seescheiden	Ascidiidae	301
Klasse Reptilien	REPTILIA	302
Familie Meeresschildkröten	Cheloniidae	302
Familie Seeschlangen	Hydrophiidae	303
Klasse Vögel	AVES	304
Klasse Säugetiere	MAMMALIA	306
Familie Dugongs	Dugongidae	306
Familie Delphine	Delphinidae	307
Klasse Knorpelfische	CHONDRICHTHYES	309
Familie Haiflossen-Gitarrenrochen	Rhynchobatidae	309
Familie Gitarrenrochen	Rhinobatidae	310
Familie Torpedorochen	Torpedinidae	310
Familie Stechrochen	Dasyatididae	310
Familie Adlerrochen	Myliobatididae	311
Familie Kuhnasenrochen	Rhinopteridae	312
Familie Teufelsrochen	Mobulidae	312
Familie Walhaie	Rhincodontidae	313
Familie Zebrahaie	Stegostomatidae	313
Familie Grundhaie	Carcharhinidae	314
Familie Hammerhaie	Sphyrnidae	316

Index	317 - 321
Literatur	321

BILDGESCHICHTEN

WOHNGEMEINSCHAFT	18 - 19
FRESSEN UND GEFRESSEN WERDEN	50 - 51
INS GRAS GEBISSEN	75 - 77
PUTZFIMMEL	107 - 109
SOUVENIRS AUS DEM MEER?	132 - 133
WIE MACHT MAN BABYS NESSELFEST?	142 - 143
SCHUTZZONE	165 - 166
NESSELSCHUTZ	203 - 204
UNTERSTÜTZUNG FÜR TIBIA	226 - 227
NACHTJÄGER MIT C-WAFFEN	234 - 236
ÜBERRASCHUNG BEI NACHT	281 - 282
BLINDE GARNELE NEBEN DEM MEER	291 - 292
UNGLAUBLICHE BEGEGNUNG	308

VORWORT

Aus der Sicht der Biologen ist das Rote Meer das faszinierendste aller Nebenmeere der Weltozeane. Es gibt nicht nur viele schöne Fische, Krebse und andere Wirbellose, die ausschließlich dort vorkommen, sondern auch eine außergewöhnlich große Zahl von Faunenassoziationen, die man nirgendwo sonst findet. Als sich dieser 2000 km lange und rund 2000 m tiefe, relativ schmale Graben vor einigen Millionen Jahren nach Süden hin öffnete und zum nordwestlichen Anhang des Indischen Ozeans wurde, besiedelten ihn nach und nach die Meerestiere des Indopazifiks. Da aber die südliche Verbindung, die Straße von Perim oder Bab-el-Mandeb nur schmal ist, bleibt das Rote Meer ein fast isolierter Wasserkörper mit höherer Temperatur und höherem Salzgehalt als der benachbarte Indische Ozean. Diese ökologischen Faktoren sowie einige Barrieren im Golf von Aden sind Grund vieler evolutionärer Prozesse im Roten Meer. Daher gibt es viele Fisch-, Krebs-, Weichtier- und andere Wirbellosenarten, die nur im Roten Meer und in einigen Fällen im Golf von Aden leben, nicht aber im Indischen Ozean. Meist leben diese Endemiten stationär entlang der Küsten in Habitaten wie Seegraswiesen, Sandflächen und besonders in den Saumriffen. Häufig sind diese Rotmeer-Formen eng mit ihren Gegenstücken im Indik verwandt. Oft beträgt der Prozentsatz endemischer Arten und Unterarten etwa 30 %, aber in einigen Fischfamilien ist er erheblich höher. Von den 14 Rotmeer-Falterfischen der Familie Chaetodontidae sind 50 % endemisch. Mit je 90 % weisen den höchsten Prozentsatz an Rotmeer-Endemiten die Zwergbarsche (Familie Pseudochromidae) und die Dreiflossen-Schleimfische (Familie Tripterygiidae) auf. So erweist sich das Rote Meer als Zentrum der Evolution.

Da das Rote Meer das Europa am nächsten gelegene tropische Meeresgebiet ist, begann die Erforschung seiner Fauna bereits im 18. Jahrhundert. Die erste Expedition war die dänische "Arabiske Rejse" (Arabische Reise, 1762-1765) von Peter Forsskal, der wie vier weitere von insgesamt sechs Teilnehmern an Malaria starb. Die nächsten Forscher waren die preußischen Zoologen Friedrich W. Hemprich und Christian G. Ehrenberg (1820-1826), von denen der erstgenannte unterwegs verstarb. Der Zoologe und Geograph Eduard Rüppell der Senckenbergischen Naturforschenden Gesellschaft und des Senckenberg-Museums in Frankfurt am Main unternahm zwei große Expeditionen (1822-1828 und 1830-1833). 1828 und 1835 veröffentlichte er seine berühmten Bücher über Fische und Wirbellose des Roten Meeres. Der Arzt und Zoologe Carl B. Klunzinger aus Stuttgart, der acht Jahre in El Quseir an der ägyptischen Küste lebte, veröffentlichte 1870/71 das erste Buch über alle bekannten Fische des Roten Meeres, des weiteren über die Korallen (1877-79) und die Krebse (1906, 1913). In der Mitte dieses Jahrhunderts war der österreichische Zoologe und Taucher Hans Hass wegweisend für die Entwicklung der Riff-Forschung und des Tauchsports. Er produzierte den ersten Unterwasserfilm über das Rote Meer und später 26 Fernsehfilme als Resultat seiner "Xarifa"-Expedition. Mit dieser modernen Erforschung begannen dort viele Arbeiten über die Biodiversität der Riffgemeinschaften, gleichzeitig eine enorme Entwicklung des allgemeinen Tauchsports und -tourismus.

Tauchen bedeutet nicht nur, sich unter Wasser umzusehen, sondern auch, sich Wissen über die vielen zu beobachtenden Arten anzueignen und ein Verständnis für die Biologie der Meerestiere zu entwickeln. Dieses neue Buch, für das der kompetente Tauchexperte Helmut Debelius nicht nur als Autor, sondern auch als Produzent zeichnet, informiert über häufige und seltene Fische und Wirbellose und präsentiert auch faszinierende Details aus deren Verhalten und Ökologie in hervorragenden UW-Fotos. Der Taucher kann sich glücklich schätzen, eine solche Fülle faunistischer und biologischer Informationen zu bekommen.

Prof. Dr. Wolfgang Klausewitz,
ehemals Leiter der Sektion Ichthyologie des
Forschungsinstitutes und Museums Senckenberg,
Frankfurt am Main

EINLEITUNG

ZUR ENTSTEHUNG DES ROTEN MEERES

Das Rote Meer ist relativ jung, und seine komplexe Geschichte umfaßt einige größere tektonische Hebungen der umgebenden Platten. Es entstand bei einem Einsinken der Erdkruste vor etwa 180 Millionen Jahren, wurde aber erst im Oligozän vor rund 38 Millionen Jahren zu einem deutlichen Graben. Während seiner Entstehung wurde die Gegend periodisch vom Meer überflutet, fiel aber oft genug auch trocken. Ein dramatischer Wechsel fand im Obermiozän vor etwa 5 Millionen Jahren statt, als das gesamte Rotmeer-Becken zu einer riesigen Verdampfungspfanne wurde, in der sich dicke Salzschichten bildeten. Währenddessen war es vom Indischen Ozean durch eine Landbrücke im Süden getrennt, mit dem alten Mittelmeer-Becken im Norden aber verbunden. Landanhebung unterbrach die Verbindung zum Mittelmeer, und später durchbrach der Indische Ozean die Enge von Bab el Mandeb, die ersten indo-pazifischen Faunen mit sich bringend, und Korallenriffe begannen in seichten Gewässern oder auf angehobenen Blöcken zu wachsen.

Es ist wahrscheinlich, daß die Rotmeerfauna wiederum durch Tiefen-, Salzgehalts- und Temperaturveränderungen während der Eiszeiten im Pleistozän beeinflußt wurde. Obwohl nie Gletscher das Rote Meer erreichten, wurde so viel Wasser in den polaren Eiskappen gebunden, daß der Meeresspiegel um über 100 m unter den gegenwärtigen Stand fiel. Das hätte das Rote Meer aufs neue vom Indischen Ozean getrennt, und es gibt Belege für das Vorherrschen hypersaliner Bedingungen wie heute im Toten Meer. Die letzte Vereisung endete vor etwa 15.000 Jahren, und das ansteigende Meer flutete das Becken mit warmem Wasser

Live-aboards oder Taucher-Hotelschiffe sind ideal für ausgiebige Exkursionen in das Rote Meer.

normalen Salzgehalts. Das Rote Meer erreichte vor nur 5.000 Jahren seinen heutigen Stand, daher sind all seine Korallenriffe sehr jung. Sie sind allerdings auf viel älteren Riffen aus früheren Zwischeneiszeiten gewachsen.

Die gegenwärtige, schmale Meeresstraße im Süden des Roten Meeres heißt Bab el Mandeb, wörtlich "Tor der Tränen". Sie ist 29 km breit und nur 130 m tief. Die Folklore Somalias erzählt von Überquerungen dieser Enge durch die Ahnen über eine Landbrücke von Arabien aus. Während unser heutiges Wissen um die Zeitabschnitte, in denen die Meerenge vom Indischen Ozean unpassierbar gemacht wurde (vor über mindestens 10.000 Jahren), die somalische Überlieferung erstaunlich erscheinen läßt, ist es immer noch der mit Abstand schmalste und seichteste Teil des Roten Meeres. Wichtig ist der relativ kurze Zeitraum, in dem sich die tropischen Lebensgemeinschaften im Roten Meer entwickelt haben, besonders im Hinblick auf die Probleme des Endemismus, die im Vorwort angesprochen werden.

BIOGEOGRAPHIE DES ROTEN MEERES

Die arabische Region liegt zwischen zwei globalen Wettersystemen, deren Schwankungen wechselnde Umweltbedingungen hervorrufen. Im Winter gibt es am Roten Meer zwei axiale Luftströmungen, die in der Mitte zusammentreffen. Regenwinde können den gesamten Jahresniederschlag in wenigen Stunden bringen, was zu raschen Überflutungen mit nachhaltigen Auswirkungen auf Tiefland-Gebiete führt. Im Sommer wehen die vorherrschenden Winde von Norden über die gesamte Länge des Roten Meeres. In bestimmten ozeanografischen Merkmalen unterscheidet sich das Rote Meer deutlich vom Indischen Ozean: es ist sehr salzhaltig, im Norden über 40 ‰, im Golf von Suez sogar bis zu 45 ‰, was die Dichte des Oberflächenwassers steigen läßt. Das dichte Wasser sinkt ins tiefe Rote Meer ab und fließt südwärts. Unter 300 m ist seine Temperatur stabil bei 22 °C, ein einzigartiges Merkmal des Roten Meeres. Tiefwasserorganismen des Indischen Ozeans sind normalerweise an etwa 5° C angepaßt. Die mittlere Austauschzeit des Wassers über der Wärmesprungschicht beträgt etwa 6 Jahre, die für das gesamte Rote Meer 200 Jahre. Der Durchfluß bei Bab el Mandeb am südlichen Eingang ist wegen der Schwelle komplex. Ein Zweischichten-Gegenstromsystem herrscht vor, in dem Oberflächenwasser ins Rote

Die zeitweise Massenvermehrung einer Alge ist ursächlich für den Namen "Rotes Meer".

Meer getrieben wird. Unter dieser Schicht ist der Gesamtausfluß um 10 ‰ salzreicher, was die Verdunstung im Roten Meer ausgleicht. Der mittlere Gezeitenhub in der Region beträgt rund 0,5 - 1,5 m. Im zentralen Roten Meer gibt es fast gar keine Gezeiten, wichtiger sind die jährlichen Wasserstandsschwankungen. Im Winter ist der Pegel 0,5 m höher als im Sommer.

DAS ROTE MEER HEUTE

Seit Beginn der Geschichtsschreibung war das Rote Meer eine Handelsroute. Schon in vorchristlicher Zeit segelten Schiffe aus Indien und China im Frühling mit dem Nordostmonsun durch den Golf von Aden ins Rote Meer und löschten ihre Ladung in Jeddah oder auf der anderen Rotmeerseite in Suakin. Der meist vorherrschende nördliche Gegenwind hinderte die Seeleute an der Weiterfahrt, so daß kein direkter Anschluß an die mediterranen Handelszentren möglich war. Plinius der Ältere (23 - 79 AD) berichtete von Seiden, Gewürzen, Weihrauch und Kaffee, die auf dem Landweg oder über den Nil weiter nach Europa gelangten. Er sprach noch vom "Mare Erythraeum", aber wenig später tauchte schon der zunächst unverständliche Begriff "Rotes Meer" auf. Woher bekam es seinen Namen? Er beruhte auf der bis heute wiederkehrenden Massenvermehrung einer Blaualge namens *Trichodesmium erythraeum*. Dabei sollte man sich jedoch nicht vom Namen verwirren lassen: das Chlorophyll der Blaualge wird durch rot-orange Pigmente überdeckt, die das Meerwasser nicht blaugrün, sondern rot erscheinen lassen.

Mit der Geburt des Islam Anfang des 6. Jahrhunderts gewann das Rote Meer weiter an Bedeutung. Von Mekka aus breitete sich die neue Religion über das Rote Meer nach Westen und Norden aus. Die Wallfahrt nach Mekka führte fortan Millionen von Menschen an das Rote Meer. Aber auch Reise- und Naturforscher, angefangen von Ibn Battuta im 14. Jahrhundert bis zu den europäischen Rotmeerfauna-Forschern des 18. und 19. Jahrhunderts wie Forsskal, Savigny, Hemprich, Ehrenberg, Rüppell, Boutan, Faurot, Haeckel und Steindachner forschten unter den widrigsten Umständen an den Küsten des Roten Meeres. Einige von ihnen ließen dabei sogar ihr Leben. Der herausragendste Einzelbeitrag zu unserem Wissen über die Fauna des Roten Meeres war der von Carl B. Klunzinger, einem deutschen Arzt, der 1863-69 und 1872-75 als Sanitätsinspektor in dem ägyptischen Rotmeer-Hafen El Quseir arbeitete. Er sprach perfekt Arabisch, war eine Autorität für Dialekte und auch ein sehr talentierter Taxonom. Seine Veröffentlichungen beinhalten ein überaus nützliches, dreibändiges Werk über die Korallenfauna, sieben Arbeiten über Fische und vier über Krebse. Seine Beschreibungen einer zoologischen Exkursion auf das Riff von Quseir sind Klassiker ihrer Zeit und immer noch lesenswert. Sein Werk kann als Wendepunkt in der Beschreibung der Ökologie des Roten Meeres angesehen werden. Politiker mahnen seit Jahren den Verlust von Idolen und Vorbildern aus ihren Reihen an: eine bessere Wahl stellten für mich schon immer diese Rotmeerforscher dar.

Das Rote Meer war Ziel einer langen, eindrucksvollen Reihe von Forschungsarbeiten, besonders seit in diesem Jahrhundert Schiffe zahlreiche Biologen in all seine Teile brachten. Wissenschaftler aus Israel führten zwei wichtige Expeditionen ins südliche Rote Meer durch und erforschten ihre eigene Rotmeerküste von meeresbiologischen Stationen aus, genau wie später

Faszinierend am Roten Meer: Der Gegensatz der kargen Küstenlandschaft (hier am Beispiel der Na'ma Bay, bevor der Tourismus einsetzte) zur farbenprächtigen Unterwasserwelt.

Charakteristisch für die Region sind Einmaligkeiten: Zum Beispiel gibt es aus der Familie der Falterfische viele Arten, die nur im Roten Meer zu bewundern sind.

ihre Kollegen aus Jordanien, Ägypten und Saudi-Arabien. Zweifellos sind die bestdokumentierten Bereiche des Roten Meeres die Golfe im Norden, insbesondere der Golf von Aqaba mit 150 km Länge und 16 km Breite. Weniger gut bekannt sind die südlichen und östlichen Küstenabschnitte, was sich aber wenigstens an der saudi-arabischen Küste demnächst sehr schnell bessern wird.

Anfang der siebziger Jahre begann eine Wallfahrt ganz anderer Art an die Küsten des Roten Meeres: Sporttaucher aus allen Teilen Europas strömten hauptsächlich auf die Sinai-Halbinsel, nachdem bekannt wurde, wie einfach man dort vom Land aus die prächtigen Korallen-Saumriffe betauchen kann. Und von Port Sudan aus wurde das einzige Atoll im Roten Meer, das vorgelagerte Sanganeb, zum Tauchziel ganz verwegener Urlaubstaucher. Noch lange dachten die Anrainerstaaten nicht daran, eine touristische Infrastruktur aufzubauen, vielmehr waren die Taucher viele Jahre lang sehr einfach untergebracht. Der Ruf des Roten Meeres drang nach Frankfurt, und als ich 1977 beruflich die Chance bekam, für ein Jahr entweder nach Zentralafrika oder nach Jordanien zu gehen, war die Entscheidung schnell getroffen. Zwar hatte ich schon zwei Jahre zuvor während einer Schiffsreise von Djibouti zur Bab el Mandeb Rotmeerwasser "gekostet", doch erst jetzt war genug Zeit, mich im Golf von Aqaba intensiver mit den Eigenschaften der Tiere im Roten Meer zu beschäftigen. Und Abläufe unter Wasser, die ich zu diesem Zeitpunkt nicht immer verstand, mit der Kamera zu dokumentieren. Gern folgte ich dort einer Einladung, einige Wochen an den für Touristen verbotenen Riffen vor Jeddah, Saudi-Arabien, zu tauchen.

In den achtziger Jahren boomt der Tauchtourismus ans Rote Meer, und mit den ersten Live-aboards kann man nun als Sporttaucher weit weniger aufwendig das zentrale und südliche Rote Meer kennenlernen. Die Tauchgänge an den vorgelagerten Riffen des Sudan beeindrucken mich nachhaltig. Die neunziger Jahre stehen für eine enorme Expansion des Rotmeer-Tourismus allgemein, aber auch die anderen Länder der arabischen Halbinsel öffnen sich. Es ist spannend, an den Küsten des Arabischen Meeres zu tauchen und vielen bekannten Fischgesichtern aus dem Roten Meer zu begegnen, aber noch mehr unbekannte Arten zu fotografieren. Für Sporttaucher gibt es inzwischen gute Tauchführer, die Land und Leute sowie die besten Tauchplätze beschreiben und sogar mit aufwendigen Riff-Zeichnungen den Weg weisen, wie man sie einfach findet. Bescheiden sind dagegen Bestimmungsbücher über die eigentlichen Bewohner des Roten Meeres, weil sie kaum umfassend und oft nur mit Zeichnungen und Abbildungen toter Tiere illustriert sind.

Für mich eine Herausforderung, mit diesem Buch erstmals in der Literatur mit Farbfotos aus dem natürlichen Lebensraum knapp 500 Rotmeer-Fische sowie Meeressäuger, Reptilien und viele wirbellose Tiere nicht nur korrekt zu identifizieren (links unter dem Bild), sondern auch ausführliche Information (neben dem Foto) zu liefern. Wobei die Niederen Tiere bewußt nicht einem Lehrbuch gleich aufgezählt werden, sondern lediglich jene Gruppen repräsentiert sind, die besonders Sporttaucher und Schnorchler interessieren. Über all die Jahre hatte ich genug Gelegenheit, deren Wünsche kennenzulernen. Die Suche nach einem Tiernamen ist recht einfach: kennt man die Familie, sucht man zuerst im Inhaltsverzeichnis. Ist sogar der lateinische oder deutsche Tiername bekannt, findet man ihn im Index. Viele wissenschaftlich bekannte Arten hatten bis zu diesem Buch keinen deutschen Populärnamen: als Service zur Kommunikation mit anderssprachigen Tauchern biete ich darüberhinaus den englischen Namen an. Im Gegensatz zu anderen Führern weiß man hier erstmals, wo das Foto des identifizierten Tieres aufgenommen wurde (rechts unter dem Bild), was nicht nur für einen UW-Fotografen wichtig ist. Schließlich wird Wert darauf gelegt, in Kurzgeschichten ungewöhnliches Verhalten der Rotmeertiere perfekt illustriert darzustellen (siehe Inhaltsverzeichnis). Man findet hier zudem nicht wenige Abbildungen von marinen Lebewesen, die trotz 200 Jahren Rotmeerforschung noch nie in der Literatur gezeigt wurden, geschweige denn auf UW-Fotos. Dank gilt dafür insbesondere den befreundeten Fotografen, wie auf der nächsten Seite aufgeführt.

Frankfurt, im Sommer 1998   Helmut Debelius

Nach einem begeisternden Tauchgang im Golf von Aqaba zurück zum Live-aboard: wo ist ein gutes Bestimmungsbuch?

BILDNACHWEIS

(o = oben, m = Mitte, u = unten, g = Ganzseiter)

MICHAEL APEL: 288 o
FRANCO BANFI: 270 o m 295 u
WALTRAUD BINANZER: 284 o
GERT DE COUET: 224 o
HELMUT DEBELIUS: 12 o m 13 m u 14 o m 15 o u 17 o 23 m 24 o m 26 m 29 u 31 m 33 o m u 34 o u 35 o 36 o 37 g 38 m 39 o 40 m 41 o 42 u 44 o 45 m 46 o m 47 o 48 m 49 u 52 o 54 o m 55 u 56 o m 57 o m 59 o 60 o u 62 u 63 g 65 o m 66 o m 67 m u 68 o m u 69 m 70 o 71 m u 73 o 74 o m 78 o 81 o 82 o 83 o m u 86 o m u 87 u 88 o 89 o 93 o m 94 o 95 o 96 o u 97 o m 98 o m u 99 o 101 u 102 o m 103 o m u 104 o m 106 o m 110 m u 111 m 112 m u 114 m 115 o u 116 o m u 118 u 119 m u 120 o u 121 o u 122 m u 124 m 125 o m u 126 o u 127 o m u 128 o u 129 m u 130 o u 131 o 134 m 135 o 136 u 137 o m 138 o u 139 m u 140 o m u 141 o m u 144 m 145 m u 146 o 147 m u 148 m u 149 o m 150 o 152 o m 153 m 154 o 155 m u 156 o 157 o u 158 o 159 o 160 o u 162 u 163 m 164 o 167 o 168 m 170 u 172 o m 173 m u 176 m u 178 o 179 m u 180 o u 181 m 185 u 186 u 188 o m 189 o 190 m u 191 o 192 m u 193 u 194 u 195 o 196 o u 198 m 199 o 200 o 201 m u 202 o 205 o 206 o u 207 o 208 o m u 210 m 211 o 212 u 213 m u 214 o 216 m u 217 o 218 o u 219 o u 220 o m u 225 m 229 o 230 u 232 m 233 o m u 237 o 238 o 240 u 242 m 246 o 247 o u 250 m u 253 o 254 o m u 256 o 257 o 259 o 260 o 262 m o 264 u 266 m 268 u 270 o 271 m 272 o m 273 o 275 m u 276 u 277 o 283 o 284 u 285 o 288 m u 293 o m u 294 o u 295 o 296 o u 297 o m u 298 o m u 299 o m u 300 o m 301 u 303 m 307 o 310 m 311 u 314 m 315 u 316 o
DIETER DISCH: 315 m
ALEX DOUBLE: 247 m 253 u
GEORGETTE DOUWMA: 28 g 29 o m 43 g 187 g 202 o 207 o 251 o 255 u 256 o 312 m
WOLFGANG FIEDLER: 193 o
HERBERT FREI: 185 m 206 m 221 g 274 o 294 m 301 m
BORUT FURLAN: 23 o 32 u 47 o 54 u 57 u 58 m 62 o 64 o 66 u 73 o 101 m 111 o 145 o 154 m u 163 u 170 m 171 o 174 o 184 u 191 o 198 o u 200 o m
HELMUT GÖTHEL: 13 o 25 o 222 o 238 o 244 u 245 u 252 o m 264 o 265 u 285 m 300 u
MARION HAARSMA: 276 m
HANS-MICHAEL HACKENBERG: 31 o 31 u 35 m 36 m u 38 o 72 m 151 m 169 o 171 u 173 o 174 u 181 u 182 u 183 m u 184 o 243 u 248 m 261 m 267 g 269 o 271 u 274 m 278 o 279 m u 280 u 302 u 310 m 316 m
PIT HAUSMANN: 47 m 245 o 248 o 249 u 255 m 258 m
KLAUS HILGERT: 53 g 55 o 55 m 56 u 61 u 85 g 87 m 90 u 91 g 93 u 95 u 99 u 113 g 139 o 177 m 195 m 197 o u 199 o 260 m 263 g 273 m 307 u 312 o 314 o 316 u
JOHANN HINTERKIRCHER: 16 o 20 o 20 u 21 o m 22 o 23 o 25 m 26 u 30 m 38 u 42 o m 45 o 46 u 48 u 49 m 69 u 72 m 74 u 84 o m 100 m 134 u 146 m

149 u 150 u 159 u 160 m 164 u 174 m 210 o u 213 o 223 o m u 224 m u 225 u 228 o m u 229 m 231 u 237 o 239 o m u 241 o 243 m 248 u 251 o 252 u 255 o 257 u 259 o 269 u 277 u 279 o 283 m u 286 m u 287 u 290 u
JOHN HOOVER: 27 u 64 u 70 m u 71 o 72 o u 312 o
JERRY KEMP: 120 u 122 o 128 m 130 m 156 u 196 m
FRIEDHELM KRUPP: 150 m 303 o
JÜRGEN KUCHINKE: 231 o 244 u
RUDIE KUITER: 21 u 22 m 24 u 25 u 31 m 79 u 80 o m 81 m u 82 u 92 u 100 u 114 o u 138 m 144 u 146 u 151 o u 152 u 153 o u 156 m 158 o m 159 m 175 m 178 m u 179 o 181 o 182 m 183 o 184 m 185 o 188 u 192 m 211 m 214 o 216 o 218 m 260 u 279 u 287 m 290 o
MINAS MAVRIKAKIS: 59 u 101 o 301 o
TUULA METCALFE: 82 m 259 m
ALEX MISIEWICZ: 11 g 105 g 163 o 215 g
PAUL MUNZINGER: 15 m 16 m 17 m 58 o 69 o 89 o 92 m 97 u 110 o 148 o 168 o 175 o m 189 o 205 o 212 m 249 o 275 o 278 u
PETER NAHKE: 16 u 20 m 172 u 177 o u
JOHN NEUSCHWANDER: 225 o 238 m 240 o 242 o u
CHRIS NEWBERT: 245 m
THOMAS PAULUS: 62 m 64 m 310 o
WINFRIED PERSINGER: 271 o 274 u 285 u 287 o 289 o m u
JAN POST: 314 u
NORBERT PROBST: 12 u 27 u 129 o 191 m 243 u 251 m 258 u 261 u 295 o
JACK RANDALL: 27 m 59 m 79 m 96 m 106 u
JOHANN SCHEMM: 276 o
HAGEN SCHMID: 49 o 111 u 118 o 201 o 229 o 230 m 232 o 241 u 244 m 253 m 257 m 290 m 309 u
ROLF SCHMIDT: 147 o
WERNER THIELE: 30 u 61 o 87 o 169 o 241 m 273 m 302 o 306 o m 307 m 311 o 313 m 315 o
PETER VERHOOG: 41 m 117 g 123 g 131 u 161 g 162 o 167 u 209 o 240 m 265 o 313 o u
BRIGITTE WILMS: 41 u
HORST WIENDL: 214 m 266 u
PHIL WOODHEAD: 14 u 30 o 32 o 39 o 45 u 48 o 58 o 60 m 65 u 79 o 80 u 88 m u 92 u 94 o m 100 o 102 u 104 u 119 o 126 m 135 o 137 u 157 m 168 u 180 m 182 o 202 m 205 m 211 o 230 o 231 m 232 o 237 o 250 o 261 o 262 o 264 m 266 o 269 m 277 m 278 m 280 o 286 o 303 u
CHARLES ZOCH: 217 o 246 u

TITELSEITE, von links nach rechts:
Carcharhinus longimanus - Werner Thiele
Tubastraea faulkneri - Phil Woodhead
Nembrotha megalocera - Pit Hausmann
Chaetodon melapterus - Helmut Debelius
Zebrasoma xanthurum - Helmut Debelius
Scyllarides tridacnophaga - Phil Woodhead

RÜCKTITEL:
Arothron diadematus - Alex Misiewicz

MURÄNEN | MURAENIDAE

Brothers Islands, Ägypten

Riesenmuräne
Giant moray
Länge: bis 240 cm, möglicherweise bis 300 cm.
Verbreitung: Rotes Meer, Arabisches Meer.
Tiefe: 10 - 50 m.
Allgemein: die Riesenmuräne ist am gelbbraunen Kopf mit kleinen dunklen Punkten und einem großen dunklen Fleck an der Kiemenöffnung zu erkennen. Adulte tragen ein Leopardenfleck-Muster. Die Bezahnung ist beeindruckend: die Kiefer tragen eine Reihe seitlich abgeflachter, scharfrandiger Fangzähne. Die Frontzähne sind lang und spitz, die zwei längsten stehen in der Mittelreihe. Eine weitere, unregelmäßige Zahnreihe steht am Gaumendach. Die Art lebt in Lagunen und Außenriffen. Juvenile leben versteckt auf Riffdächern in bis zu nur 20 cm tiefem Wasser. Größte Muräne unseres Gebietes. Kann Taucher verletzen, wenn diese beim Füttern nicht vorsichtig genug sind, wie bei manchen Touristik-Tauchunternehmen schon mehrmals geschehen. Nachtaktiv wie alle Muränen, frißt verschiedene Riffische.
  Die Vorseite zeigt zwei Riesenmuränen bei der Balz. Das seltene Foto wurde in der Abenddämmerung am Gordon Reef, Sinai, gemacht.

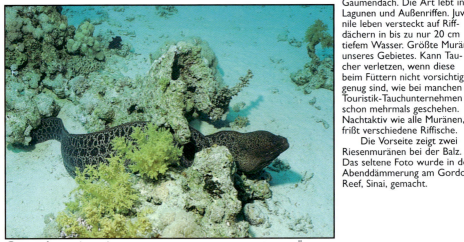

Gymnothorax javanicus　　　Safaga, Ägypten

Rüppells Muräne
Yellowheaded moray
Länge: bis 55 cm.
Verbreitung: Rotes Meer, Arabisches Meer.
Tiefe: 3 - 30 m.
Allgemein: diese Muräne ist scheu und meist nachts aktiv. Trotz ihrer weiten Verbreitung sieht der Taucher diese Art nur selten.

Gymnothorax rueppelliae　　　Ras Umm Sid, Sinai

MURÄNEN   MURAENIDAE

Rußkopfmuräne
Yellow-edged moray
Länge: bis 120 cm.
Verbreitung: RM, AM.
Tiefe: 3 - 60 m.
Allgemein: diese relativ häufige und weit verbreitete Muräne hat eine starke Bezahnung und jagt nachts verschiedene Rifffische. Sie ist gelblich-braun und dicht mit kleinen dunkelbraunen Punkten übersät. An der Kiemenöffnung sitzt ein schwarzer Fleck. Am Hinterkörper sind die langen Rücken- und Bauchflossen gelbgrün gesäumt. Nur selten sieht man die Muräne völlig im Freien wie auf diesem Foto, wo sie an einem toten Fisch frißt.

Gymnothorax flavimarginatus　　　　Hurghada, Ägypten

Marmormuräne
Undulate moray
L: bis 150 cm. V: RM, AM. T: 1 - 30 m. A: ein häufiger Bewohner der Rifflächen, zwischen Korallenschutt. Auch in Lagunen und Außenriffen. Juvenile (siehe kleines Foto) finden sich in Gezeitentümpeln mit nur 20 cm Tiefe.

Gymnothorax undulatus　　　　Suakin, Sudan

Gelbmaulmuräne
Yellowmouth moray
Länge: bis 180 cm.
Verbreitung: Rotes Meer, Arabisches Meer.
Tiefe: 4 - 165 m.
Allgemein: die weitverbreitete Art bewohnt einzeln oder paarweise Höhlen. Sie verläßt ihr Versteck auch tagsüber. Ihr Maul ist innen leuchtend gelb.

Gymnothorax nudivomer　　　　Ras Mirbat, Oman

MURÄNEN | MURAENIDAE

Große Netzmuräne
Honeycomb moray
Länge: bis 200 cm.
Verbreitung: Rotes Meer, Arabisches Meer.
Tiefe: 5 - 40 m.
Allgemein: eine relativ häufige Art mit spezifischem Farbkleid. Frißt Riffische. Attraktiv für Fotografen.

Gymnothorax favagineus   Bab el Mandeb, Jemen

Einfarbmuräne
Drab moray
Länge: bis 56 cm.
Verbreitung: Rotes Meer, Arabisches Meer.
Tiefe: 2 -20 m.
Allgemein: diese Muräne ist oberseits einfarbig hellbraun, unterseits blasser. Sie lebt in geschützten, flachen, trüben Gewässern. Trotz ihrer weiten Verbreitung begegnen Taucher ihr nicht oft. Sonst ist wenig bekannt über Biologie und Verhalten dieser einfarbigen Muräne. Das Foto ist ein glücklicher Schnappschuß von einem Nachttauchgang an der ägyptischen Küste.

Gymnothorax monochrous   Safaga, Ägypten

Weiße Bandmuräne
White ribbon eel
Länge: bis 105 cm.
Verbreitung: Oman, Arabisches Meer.
Tiefe: 10 - 30 m.
Allgemein: diese Muräne lebt im Flachwasser der Riffplattformen, geschützter Küstenriffe und Lagunen, auf Sand- und Geröllböden mit Felsen. Meist ist sie im Boden eingegraben. Leicht an ihrer blassen Färbung und seitlich abgeflachten Körper zu erkennen. Taucher sehen sie auch nachts nicht häufig, wenn sie das Substrat verläßt, um zu fressen.

Pseudechidna brummeri   Muscat, Oman

MURÄNEN   MURAENIDAE

Graue Muräne
Peppered moray
Länge: bis 38 cm.
Verbreitung: Rotes Meer, Arabisches Meer.
Tiefe: 1 - 40 m.
Allgemein: die häufigste Muräne vieler Gegenden in unserem Gebiet. Die relativ kleine Art ist auf Korallenriffe beschränkt. Juvenile leben in Gruppen bis zu 10 Individuen in ihrer schützenden Felsspalte. Körperfärbung gelblich mit vielen kleinen hellbraunen Punkten übersät. Der Kopf vor dem Rückenflossenansatz ist graubraun. Die Poren des Kopfes und der Seitenlinie liegen alle in einem schwarzen Fleck und bilden daher Punktlinien. Die Bezahnung umfaßt zwei Reihen kurzer, konischer Zähne (keiner davon zum Fangzahn verlängert) an den jeder Seite des Oberkiefers (Innenreihe größer), und eine einzelne Reihe im Unterkiefer und vorne im Oberkiefer. Die größten Zähne im Maul sind zwei in der Mittelreihe auf dem Intermaxillare. Mit dieser Bezahnung packt die Muräne kleine Fische auf ihrer nächtlichen Jagd. Alle Beute wird ganz verschluckt, da die Zähne nur zum Festhalten dienen. Manchmal sieht man die Art in Freßgemeinschaften mit anderen Raubfischen. Sie ist ein synchroner Hermaphrodit, also Männchen und Weibchen zugleich.

Aqaba, Jordanien

Siderea grisea   Al Mukalla, Jemen

Gemalte Muräne
Painted moray
Länge: bis 68 cm.
Verbreitung: RM, AM.
Tiefe: 0 - 12 m.
Allgemein: eine Flachwasserart der Riffplattformen und Gezeitentümpel. Bei Ebbe kommt sie manchmal ganz aus dem Wasser heraus, um Krabben zu jagen. Hermaphrodit (Zwitter).

Siderea picta   Salalah, Oman

MURÄNEN   MURAENIDAE

Siderea thyrsoidea Hurghada, Ägypten

Weißaugenmuräne
White-eyed moray
Länge: bis 65 cm.
Verbreitung: RM, AM.
Tiefe: 1 - 35 m.
Allgemein: diese weitverbreitete Art bewohnt küstennahe, oft siltige Habitate, flache Korallenriffe, Lagunen, und isolierte Korallenköpfe auf sandigen und schlammigen Abhängen. Zu erkennen am hellbraunen Körper mit sehr schwacher Wölbung, einer weißen bis bläulichen Schnauze und silberweißen Augen. Man findet sie oft paarweise oder sogar zusammen mit anderen Muränenarten wie *Gymnomuraena zebra*.

Scuticaria tigrina Al Mukalla, Jemen

Leopardenmuräne
Leopard moray
Länge: bis 120 cm.
Verbreitung: Arabisches Meer.
Tiefe: 5 - 20 m. Allgemein: selten im gesamten Verbreitungsgebiet. Blaßbraun bis blaßgelblich mit zahlreichen großen und kleinen dunkelbraunen, irregulär gerundeten Flecken. Zähne schlank und scharf.

Echidna nebulosa Khor Fakkan, VAE

Sternfleckenmuräne
Snowflake moray
Länge: bis 80 cm.
Verbreitung: Rotes Meer, Arabisches Meer.
Tiefe: 2 - 30 m.
Allgemein: eine häufige Art (im Oman selten) im Flachwasser und an Felsenküsten. Sie ist weiß mit vielen kleinen schwarzen Punkten oder unregelmäßigen Linien und zwei oder drei Längsreihen großer, dendritischer Flecken mit kleinen gelben Punkten. Hauptsächlich nachtaktiv um Kleintiere zu erbeuten - Krabben bevorzugt - aber auch tagsüber in Felsspalten zu finden.

MURÄNEN   MURAENIDAE

Zebramuräne
Zebra moray
Länge: bis 150 cm.
Verbreitung: Rotes Meer, Arabisches Meer. Tiefe: 10 - 50 m. Allgemein: eine relativ häufige, aber heimliche Art, die sich von kleinen Riffbewohnern, meist Krebsen, ernährt. Das komplette Tier kann man nur nachts sehen.

Gymnomuraena zebra   Ras Mirbat, Oman

Drachenmuräne
Dragon moray
Länge: bis 85 cm.
Verbreitung: Arabisches Meer. Tiefe: 15 - 50 m.
Allgemein: die Art lebt in Riffspalten, scheint aber das Felsen- dem Korallenriff vorzuziehen. Zu erkennen an einem höchst schmuckvollen Muster aus Streifen und Flecken. Der Körper ist braunorange mit vielen weißen Flecken und kleinen, dunkelbraunen Punkten. Der Kopf trägt irreguläre, schmale, orange und weiße Bänder. Die hinteren Nasenlöcher sind lang und röhrenförmig; sie liegen über der vorderen Augenhälfte. Sie sind länger als die vorderen Nasenlöcher. Die Kiefer sind gekrümmt und tragen eine Reihe langer Fangzähne mit kleinen, konischen Zähnen dazwischen. Juvenile haben zwei Zahnreihen. Die Art ist weit verbreitet, aber lokal selten, mit nur wenigen Meldungen aus unserem Gebiet. Im Oman definitiv selten.

Enchelycore pardalis   Al Mukalla, Jemen

WOHNGEMEINSCHAFT

Das Zusammenleben verschiedener Meeresbewohner auf engstem Raum ist ein weit verbreitetes Phänomen. Besonders im komplexesten Meeresbiotop, dem tropischen Korallenriff, finden sich immer wieder neue Beispiele für Symbiosen (zum gegenseitigen Nutzen der Partner), Parasitismus (zum Nutzen des einen, zum Schaden des anderen Beteiligten) und Kommensalismus (Mitessertum). Nicht alle bekannten Fälle lassen sich eindeutig erklären, da manchmal mehr als zwei Arten beteiligt sind und auch Mimikry (Nachahmung) dabei eine Rolle spielt, und längst nicht alle Fälle sind bekannt. Um so verblüffender ist oft die Zusammenstellung solcher UW-WGs...

1. Die Rotmeer-Partnergrundel *Cryptocentrus caeruleopunctatus* lebt mit einem Pistolen- oder Knallkrebs *Alpheus rapax* in der gemeinsamen Wohnung. Es gibt viele solcher Grundel/Krebs-Paarungen, und meist ist die Auswahl des Partners auf eine bestimmte Art festgelegt. Die Grundel übernimmt jeweils den Part des Wächters, da ihre Augen wesentlich weiter über den Sandboden reichen, als die ihres ungleichen Partners. Der Krebs hingegen baut unablässig an der Wohnröhre, indem er seine Vorderbeine wie eine Baggerschaufel einsetzt. Fuhre um Fuhre Sand schiebt er vor sich her aus dem Loch, vorbei an der Grundel, zu der er mit Hilfe mindestens einer seiner langen Antennen immer Körperkontakt hält. Nähert sich eine mögliche Gefahr, verschwindet die Grundel blitzschnell im Loch und mit ihr der Krebs, der ohne Warnung möglicherweise Opfer eines Feinschmeckers geworden wäre. Einige Zeit später schaut die aufmerksame Grundel nach, ob die Luft rein ist. Erst wenn sie wieder auf ihrem Posten ist, Schwanz in der Höhlenmündung, begibt sich auch der geschäftige Baumeister wieder an seinen Teil der Arbeit.

2. Eine weiteres, farblich besonders schönes Paar bilden Luthers Partnergrundel *Cryptocentrus lutheri* und der Knallkrebs *Alpheus djiboutensis*. Nähert man sich der Wohnhöhle im Sand, verschwinden beide unweigerlich. Man muß Geduld aufbringen und absolut stillhalten, um den Partnern nach einiger Zeit wieder bei ihrem Tun in gegenseitiger Verantwortung zusehen zu können.

3. - 5. Nicht immer ist eine räumliche Nähe von Vorteil wie bei den Partnergrundeln. Wenn sich die Weißbauch-Riffbarsche *Amblyglyphidodon leucogaster* in der Turtle-Bay im Sinai paaren, kann es vorkommen, daß sie in der Hitze des Balz- und Paarungsrituals bei der Auswahl des Laichplatzes nicht aufmerksam genug sind. Man beachte die winzige, rote Kruste zwischen den Eiern unmittelbar vor den Fischen. Während das Männchen sich noch eng ans Weibchen schmiegt und

schließlich vor Erregung zitternd die ans Felssubstrat geklebten Eier besamt, scheint die Welt noch in Ordnung. Nach erfolgreicher Hochzeit verschwinden die Eltern jedoch von der Bildfläche. Und nun ergreift ein winziger Blaubauch-Schleimfisch *Alloblennius pictus* seine Chance. Das Männchen, selbst gerade in der Balz (daher der leuchtend blau gefärbte Bauch), kommt aus seinem Felsloch heraus und findet sich in einem Schlaraffenland wieder: nun kann er schlemmen, was das Zeug hält, denn Fischeier sind dem kleinen Räuber lieber als Plankton.

6. Warum sich verschiedene Fischarten in ihrer Ruhephase in der gleichen Felsenhöhle zueinandergesellen, ist noch nicht erforscht. Daß aalartige Fische gesellig sind, ist bekannt: ein Aal kommt selten alleine. Daß sich jedoch drei verschiedene Muränenarten - Graue, Rußkopf- und Große Netzmuräne *(Siderea grisea, Gymnothorax flavimarginatus, G. favagineus)* - ohne Probleme vertragen, ist nicht unbedingt auf den ersten Blick verständlich. Alle drei sind nachtaktive Räuber und fressen Fische, Kraken und Krebse, die sie mit Hilfe ihres hervorragenden Geruchssinnes aufspüren. Keine würde je versuchen, eine etwa gleichgroße der anderen Art zu fressen. Hier besteht ziemlich sicher keine Symbiose, man könnte dies eher als eine gegenseitige Duldung beschreiben. Aber immerhin "können sie sich" offensichtlich gegenseitig "riechen", da sie sonst nicht den Tag zusammen verbringen würden.

SCHLANGENAALE OPHICHTHIDAE

Callechelys marmoratus — Aqaba, Jordanien

Marmorschlangenaal
Marbled snake eel
Länge: bis 57 cm.
Verbreitung: Rotes Meer, Arabisches Meer.
Tiefe: 10 - 30 m.
Allgemein: dieser Schlangenaal bewohnt Sandböden nahe Korallenriffen. Er ist an einem dichten Muster schwarzer Punkte auf einem weißlichen Körper zu erkennen.
  Obwohl Schlangenaale recht häufig sind, wissen die meisten Angler und Taucher nichts von ihrer Präsenz, weil sie die meiste Zeit im Sand eingegraben verbringen.

Pisodonophis cancrivoris — Khor Fakkan, VAE

Grabender Schlangenaal
Burrowing snake eel
Länge: bis 75 cm.
Verbreitung: RM, AM.
Tiefe: 5 - 25 m.
Allgemein: lebt auf Sandboden. An der stumpfen Schnauze zu erkennen (beide Kiefer gleich lang), Brustflossenbasis breit, Rückenflosse beginnt über der Brustflosse. Die meisten anderen Familienmitglieder haben eine spitze Schnauze zum besseren Graben. Dazu haben viele eine knochige Schwanzspitze und können vorwärts wie rückwärts graben. Die meisten Arten fressen kleine Fische, Garnelen und Krabben.

Brachysomophis cirrocheilos — Aqaba, Jordanien

Krokodilschlangenaal
Spotted crocodile snake eel
Länge: bis 124 cm.
Verbreitung: Oman, Arabisches Meer.
Tiefe: 0,5 - 15 m.
Allgemein: meist im Sand vergraben lauert dieser Schlangenaal auf kleine Fische und Krabben. Er ist auch einer der wenigen Räuber auf Röhrenaale, die er unterirdisch in ihren Wohnröhren angreift. Wie viele Schlangenaale hat diese Art eine harte Schwanzspitze, um sich bei Bedrohung schnell rückwärts durch den Sand graben zu können.

SCHLANGENAALE   OPHICHTHIDAE

Netzschlangenaal
Reticulated snake eel
Länge: bis 78 cm.
Verbreitung: RM, AM.
Tiefe: 12 - 42 m.
Allgemein: eine kaum bekannte Art, nachtaktiv in und auf Sandboden. Von Tauchern selten gesehen, kann aber leicht am Netzmuster auf dem Körper erkannt werden. Ein paar Arten der Schlangenaale, vor allem die mit gebänderten Farbmustern, werden manchmal mit Seeschlangen verwechselt, lassen sich aber durch fehlende Schuppen und den spitzen Schwanz (bei Seeschlangen rund) unterscheiden.

Ophichthus retifer — El Quseir, Ägypten

Ringelschlangenaal
Banded snake eel
Länge: bis 88 cm.
Verbreitung: Rotes Meer, Arabisches Meer.
Tiefe: 5 - 25 m.
Allgemein: die Art frißt kleine sandbewohnende Fische und Krebse. Die Beute wird mit dem exzellenten Geruchssinn aufgespürt, der ein Merkmal vieler aalartiger Fische ist. Von unerfahrenen Beobachtern oft mit einer Seeschlange verwechselt. Das Farbmuster imitiert vielleicht diese extrem giftigen Meeresreptilien um Angriffen möglicher Räuber vorzubeugen.

Myrichthys colubrinus — Safaga, Ägypten

Gepunkteter Schlangenaal
Spotted snake eel
Länge: bis 100 cm. Verbreitung: RM, AM. Tiefe: 1 - 25, max. 262 m. Allgemein: häufiger Bewohner der Sandflächen auf Riffplattformen, in Lagunen und Außenriffen. wird oft von Schnorchlern gesehen und dann für eine Seeschlange gehalten. Ahmt diese giftigen Reptilien in vielen Gegenden nach und ist dementsprechend unterschiedlich gefärbt. In anderen Teilen des weiten Verbreitungsgebietes bilden die Flecken dieser Art geschlossene Ringe. Wird von Gebänderten Seeschlangen gefressen.

Myrichthys maculosus — Marsa Galeb, Ägypten

MEERAALE — CONGRIDAE

Großflossenmeeraal
Moustache conger
Länge: bis 80 cm.
Verbreitung: Rotes Meer,
Arabisches Meer.
Tiefe: 10 - 90 m.
Allgemein: wohl am häufigsten auf Plattformriffen und in Seegraswiesen in seichten Lagunen, aber auch an Außenriffen. Nachtaktiver Räuber, der kleine Fische und Krebse jagt. Tagsüber selten beim Tauchen zu sehen, da in Felsspalten ruhend, manchmal in Gruppen. Nachts mit einem Muster breiter, dunkler Streifen.

Conger cinereus — Daedalus Reef, Ägypten

RÖHRENAALE — HETEROCONGRIDAE

Rotmeer-Röhrenaal
Red Sea garden eel
L: bis 42 cm. V: Rotes Meer. T: 5 - 100 m. A: dieser Rotmeer-Endemit lebt in Kolonien von wenigen bis zu 1.000 Individuen auf Sandboden und in Seegraswiesen. Jeder Röhrenaal lebt einzeln in einem senkrechten, röhrenartigen Grabgang, der länger als er selbst ist, so daß er sich blitzschnell darin zurückziehen kann. Die Sandkörnchen der Röhrenwand sind mit dem Sekret einer Schwanzspitzendrüse verklebt. Der Klebstoff härtet nach dem Kontakt mit Seewasser aus. Der hintere Teil des Fisches verläßt nie die Röhre. Tagsüber streckt der Aal etwa zwei Drittel seines Körpers aus der Röhre, um Plankton zu fangen. Die ganze Kolonie sieht aus wie ein Spargelfeld, das sich in die Strömung neigt, die das Futter heranträgt. Zwischen den Nachbarn in der Kolonie besteht immer ein Mindest-Individualabstand. Die Kolonien von Juvenilen finden sich oft einige Dutzend Meter tiefer als die der adulten Röhrenaale.

Gorgasia sillneri — Shaab Marsa Alam, Ägypten

KORALLENWELSE — PLOTOSIDAE

Gestreifter Korallenwels
Striped eel catfish
L: bis 32 cm. V: RM, AM. T: 1 -
30 m. A: die meisten der etwa
2.000 Welsarten leben im Süßwasser. Nur zwei Familien enthalten marine Arten. Die Familie Plotosidae hat 9 Gattungen
und 32 Arten, von denen etwa
16 marin sind. Nur *P. lineatus*
ist in Riffen häufiger. Die Art
lebt in küstennahen Habitaten
einschließlich Ästuare und
Gezeitentümpel. Juvenile leben
in dichten Schulen über Sand
und Seegras, Adulte sind
nachtaktive Einzelgänger. Sie
fressen Krebse, Mollusken und
Fische. Man sollte diese Welse
nicht unachtsam hantieren, da
ihre kräftigen Brust- und
Rückenflossenstacheln sehr giftig und mit starken Widerha-
ken auf beiden Seiten versehen
sind, die ein Entfernen aus
Wunden schwierig machen.
Stiche sind extrem schmerhaft
und können tödlich sein. Hitze
(heißes Wasser oder Föhn-
Luft, so heiß wie das Opfer
ertragen kann) muß so bald
wie möglich auf die Wunde
einwirken, um die toxischen
Proteine zu zerstören. Unten:
gelbe Juvenil-Färbung.

Safaga, Ägypten

Plotosus lineatus — Na'ama Bay, Sinai

SCHLANGENFISCHE — OPHIDIIDAE

Vielbart-Schlangenfisch
Multibearded brotula
L: bis 60 cm. V: RM, AM. T: 5 -
650 m. A: die weitverbreitete
Art ist streng nachtaktiv und
sehr scheu. Sie lebt sowohl in
flachen Riffgebieten als auch in
großer Tiefe. Tagsüber ist sie
tief in Spalten verborgen. Wird
sie bei einer nächtlichen
Begegnung beleuchtet, verschwindet sie schnell im Versteck. Daher ist dies eine Art,
die dem durchschnittlichen
Taucher unbekannt ist. Kopf
und Barteln erinnern an Welse, es besteht aber keine Verwandtschaft.

Brotula multibarbata — Marsa Bareka, Sinai

EIDECHSENFISCHE   SYNODONTIDAE

Synodus variegatus   Dahab, Sinai

Riff-Eidechsenfisch
Variegated lizardfish
Länge: bis 25 cm.
Verbreitung: RM, AM.
Tiefe: 3 - 50 m.
Allgemein: der häufigste riffbewohnende Eidechsenfisch. Vom Küsten- bis zum Außenriff. Ruht bewegungslos auf dem Substrat. Einzeln oder paarweise. Färbung variabel.

Synodus dermatogenys   Shaab Rumi, Sudan

Sand-Eidechsenfisch
Sand lizardfish
L: bis 22 cm. V: RM, AM. T: 1 - 50 m. A: auf küstennahen Sandflächen und -hängen bis zu Außenrifflagunen. Oft in Sand oder Geröll nahe Riffen eingegraben, einzeln oder in kleinen Gruppen, wenn Männchen um ein Weibchen werben. Eine Reihe von 8 oder 9 dunklen Flecken (oft mit blassem Zentrum) entlang der Seitenlinie, die Flecken kleiner als die Zwischenräume, verbunden mit einer weiteren Reihe auf dem Rücken. Schwierig von *S. variegatus* zu unterscheiden.

Saurida nebulosa   Elphinstone, Ägypten

Nebliger Eidechsenfisch
Nebulous lizardfish
L: bis 20 cm. V: RM, AM. T: 1 - 15 m. A: ist in flachen, trüben Gewässern. Durch das Farbkleid alleine nicht leicht von anderen Gattungsmitgliedern zu unterscheiden.
    Eidechsenfische tragen ihren Namen wegen ihres eidechsenähnlichen Kopfes zurecht. Das große Maul und sogar die Zunge tragen viele nadelartige Zähne. Sie fangen Fische, Garnelen oder Tintenfische, indem sie sich von ihrem Ruheplatz aus eine kurze Distanz weit hochschnellen.

MILCHFISCHE — CHANIDAE

Milchfisch
Milkfish
Länge: bis 180 cm.
Verbreitung: Rotes Meer, Arabisches Meer.
Tiefe: 0 - 30 m.
Allgemein: stromlinienförmig, einzeln oder in kleinen Gruppen in den verschiedensten Habitaten von Süß- bis Salzwasser, von Mangroven bis Korallenrifflagunen und Außenriffhängen. Frißt Bodenalgen und siebt Sediment nach Wirbellosen durch. Oft mit offenem Maul an der Oberfläche zu sehen, wo der Algenfilm an der Wasseroberfläche abgefressen wird. Nur eine Art in der Familie.

Chanos chanos — Hurghada, Ägypten

ÄHRENFISCHE — ATHERINIDAE

Schwarzstreifen-Ährenfisch
Hardyhead silverside
L: bis 15 cm. V: RM, AM. T: 1 - 15 m. A: tagsüber in riesigen Schulen in Ufernähe. Frißt nachts Zooplankton. Oberkante des seitlichen Silberstreifens irisierend blau. Die meisten Familienmitglieder sind kleine, schlanke Zooplanktonfresser, in Küstengewässern oder Ästuaren schulend. Wichtige Nahrung für andere Fischarten, so z. B. für verschiedene Stachelmakrelen.

Atherinomorus lacunosus — Elat, Sinai

HALBSCHNÄBLER — HEMIRAMPHIDAE

Gambarur-Halbschnäbler
Gambarur halfbeak
Länge: bis 20 cm.
Verbreitung: RM, Golf von Aden. Tiefe: 0 - 10 m.
Allgemein: können am verlängerten Unterkiefer und dem sehr kurzen Oberkiefer erkannt werden. Nahe verwandt mit Hornhechten, aber mit größeren Schuppen. Springen und schlittern auch mehr an der Wasseroberfläche, einige Arten können sogar mit ausgebreiteten Brustflossen durch die Luft gleiten wie die verwandten fliegenden Fische.

Hyporamphus gambarur — Safaga, Ägypten

HORNHECHTE   BELONIDAE

Hornhechte gehören mit den Halbschnäblern (siehe vorherige Seite) zur Ordnung Beloniformes. Es sind längliche Fische mit extrem langen, spitzen Kiefern, die viele, spitze, nadelartige Zähne tragen. Das Nasenorgan liegt in einer Grube an der Schnauzenseite und hat außen einen überstehenden Hautlappen. Keine der Flossen trägt Stacheln. Dorsal- und Analflossen stehen weit hinten am Körper. Die sechsstrahligen Bauchflossen stehen immer am Bauch. Die Schuppen sind klein, cycloid und fallen leicht ab, besonders bei Berührung. Die Seitenlinie beginnt an der Kehle, zieht sich an der unteren Körperseite entlang und verzweigt sich am Ansatz der Brustflosse. Alle Arten beider Familien leben oberflächennah. Dazu tragen sie eine Schutzfärbung blauer oder grüner Farbtöne auf dem Rücken, silberne unterhalb. Einige Arten haben grüne Knochen, was auf einen Gallenfarbstoff zurückzuführen ist, der - als Abfallprodukt - in den Knochen abgelagert wird. Dieses Phänomen gibt es auch in anderen Fischfamilien, z. B. bei den Aalmuttern (Zoarcidae), hat aber keine Auswirkung auf Geschmack oder Eßbarkeit des Fleisches. Halbschnäbler unterscheiden sich von Hornhechten durch einen kurzen, dreieckigen Oberkiefer und einen verlängerten Unterkiefer, zumindest bei Juvenilen. Sie haben größere Schuppen, gut entwickelte Kiemenreusenfortsätze, kleinere Zähne und weniger Wirbel. Sie fressen Zooplankton, kleine Fische und treibende Pflanzen.

Sanganeb, Sudan

Tylosurus choram   El Quseir, Ägypten

Rotmeer-Hornhecht
Red Sea needlefish
L: bis 130 cm, meist bis 90 cm. V: RM, AM. T: 0,2 - 5 m. A: eine pelagische Art der Küstengewässer, aber auch küstenfern anzutreffen. Alle Hornhechtarten fressen hauptsächlich kleine Fische, die aus Tarnungsgründen dicht unter der silbrig reflektierenden Wasseroberfläche "angeschlichen" werden. Diese Räuber nutzen sogar die Oberflächenwellen als Versteck und nähern sich ihren Opfern aus dem nächsten Wellental heraus. Wenn sie z. B. durch ein Motorboot erschreckt werden, schlittern und springen sie an der Oberfläche. Dabei können versehentlich Menschen, die in der Flugbahn sind, verletzt werden. Es gibt Todesfälle, verursacht durch die speerspitzenartigen, knochigen Kiefer.
Der Rotmeer-Hornhecht ist auf dem Rücken grün und am Bauch silbern. Der Hinterrand der Rückenflosse ist schwärzlich, dies verliert sich aber bei Adulten. Die Art ist weit verbreitet im tropischen bis warm-temperierten Indo-Pazifik und Atlantik. Mindestens zwei Unterarten wurden beschrieben. Generell ist die Unterscheidung der Arten von Hornhechten und Halbschnäblern unter Wasser schwierig, weil die Färbungen nicht typisch und die morphologischen Unterschiede nur gering sind.

KRÖTENFISCHE   BATRACHOIDIDAE

Janus-Krötenfisch
Two-faced toadfish
L: bis 33 cm. V: nur an der Küste Zentral- und Süd-Omans. T: 6 - 8 m. A: die Art wurde erst kürzlich beschrieben. Alle bekannten Exemplare wurden in Spalten an steilen Felshängen gefunden. Nach Einsetzen in ein Aquarium mit anderen Fischen zeigten diese bald Anzeichen von Streß und starben innerhalb von 10 Minuten. Eine Drüse in der Brustflossenachsel ist vermutlich verantwortlich für die Produktion eines Giftes, das zur Abwehr von Freßfeinden wie Muränen dienen könnte.

Krötenfische sind durch einen großen, flachen Kopf mit einem großen Maul voller kleiner, konischer Zähne gekennzeichnet. Ihre Haut ist dick, schuppenlos und hängt lose am Körper. Sie tragen 3 oder 4 kräftige Stacheln auf dem Operculum, unter Haut versteckt. Die meisten Arten haben kurze, fleischige Tentakel am Kopf. Die Familie hat 24 Gattungen und 71 Arten, einige bis jetzt unbeschrieben. Einige Arten haben Photophoren und leuchten daher, andere haben hohle Stacheln mit Giftdrüsen. Alle sind träge Flachwasser-Bodenbewohner. Einige kommen in Korallenriffen und auf Felsen vor, andere in Seegras, auf Sand oder Schlamm. Sie sind carnivor und fressen meist Krebse, Mollusken und Fische. Manche erzeugen Laute.

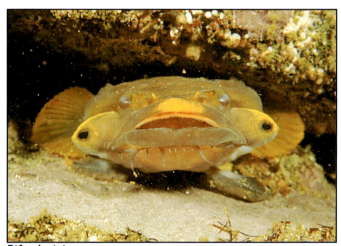

Bifax lacinia   beide Fotos Sudah, Süd-Oman

Rotmeer-Krötenfisch
Red Sea toadfish
Länge: bis 34 cm.
Verbreitung: nur Rotes Meer.
Tiefe: 5 - 18 m.
Allgemein: dieser scheinbar seltene Krötenfisch wurde 1871 von Carl B. Klunzinger beschrieben. Der berühmte Arzt und Zoologe aus Stuttgart hatte nur ein Exemplar aus Quseir, Ägypten, wo er 8 Jahre lang die Rotmeer-Fauna studierte. Erst 1954 wurde das nächste Exemplar in einer Falle bei Elat am Golf von Aqaba gefangen. Die Art trägt 2 Stacheln am Operculum, 2 am Präoperculum und Hautlappen überall am Kopf.

Thalassothia cirrhosus   El Quseir, Ägypten

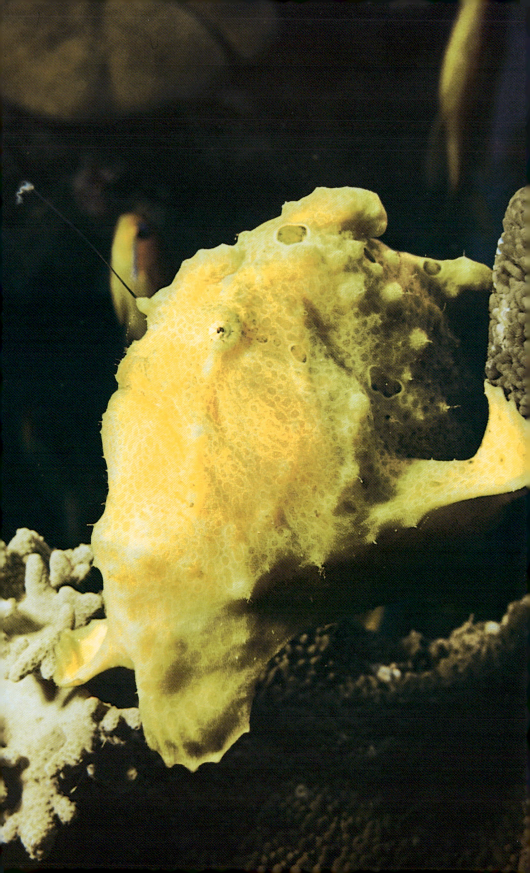

ANGLERFISCHE — ANTENNARIIDAE

Rundflecken-Anglerfisch
Painted anglerfish

L: bis 21 cm. V: RM, AM. T: 1 - 75 m. A: links ein adultes, rechts ein juveniles Tier. Anglerfische haben aufgeblähte Körper und Brustflossen mit "Ellenbogen", die wie Arme bewegt werden. Die Kiemenöffnungen sind kleine Löcher hinter den Brustflossen. Das große Maul ist aufwärts gerichtet. Der erste Rückenflossenstrahl ist zu einer "Angel" (Illicium, lang bei A. pictus) mit einem "Köder" (Esca) modifiziert. Die Esca wird über dem Maul bewegt, um Beutefische anzulocken. Dies täuscht sogar Rotfeuerfische, selbst gierige Fischfresser. Während eines Tauchgangs im Golf von Aqaba wurde das Zusammentreffen eines Anglers mit P. volitans beobachtet. Als sich der neugierige Rotfeuerfisch näherte, um die zuckende Angel zu inspizieren, überraschte der Angler seine Beute: er schoß blitzartig nach vorne - viel zu schnell für eine normale Filmkamera - und verschlang den Rotfeuerfisch, ohne ihm die geringste Chance zum Entkommen zu geben. Die schnelle Öffnung der Kiefer erzeugt Unterdruck, um die Beute mit explosionsartigem Geräusch einzusaugen. Sekunden später ist sie - fast so groß wie der Angler selbst - in dem (?!) trägen Räuber verschwunden, der nun mit gedehntem Bauch zum Boden zurückkehrt.

Antennarius pictus — beide Fotos Elat, Sinai

Sommersprossen-Anglerfisch
Freckled anglerfish

Länge: bis 12 cm. Verbreitung: Rotes Meer, Arabisches Meer. Tiefe: 1 - 25 m. Allgemein: eine häufige, weitverbreitete Flachwasserart mit weißer Esca, kurzem Illicium und ohne Schwanzstiel. Oft mit dunklem, rundem Fleck an der Basis der zweiten Rückenflosse. Färbung und regloses Verharren machen Anglerfische nahezu unsichtbar. Die lose, stachlige Haut ist oft mit fädigen Hautlappen verziert. Die Weibchen legen einige tausend winzige Eier, die in eine gelatinöse Masse eingebettet sind.

Antennarius coccineus — Ras Nasrani, Sinai

ANGLERFISCHE — ANTENNARIIDAE

Antennarius nummifer — Muscat, Oman

Rückenfleck-Anglerfisch
Spotfin anglerfish
Länge: bis 13 cm.
Verbreitung: Rotes Meer, Arabisches Meer.
Tiefe: 3 - 176 m, oft um 20 m.
Allgemein: in Riffen und Ästuaren. Illicium etwa so lang wie der zweite Rückenflossenstrahl. Esca groß und variabel in Form und Farbe, sieht oft wie eine kleine Garnele aus. Gesamtfärbung sehr variabel, aber oft mit einem großen, schwarzen Augenfleck an der Basis der weichstrahligen Rückenflosse.

El Quseir, Ägypten

Sargassum-Anglerfisch
Sargassum anglerfish
Länge: bis 19 cm.
Verbreitung: Rotes Meer, Arabisches Meer.
Tiefe: 0 - 10 m.
Allgemein: dieser "spezielle" Anglerfisch lebt pelagisch in treibenden Sargassum-Algenpolstern. Er ahmt Farbe und Form der ihn umgebenden Pflanzen nach und kann seine Färbung sehr schnell von hell nach dunkel wechseln. Räuberisch und sogar kannibalisch. Wenn er von unten bedroht wird, kann er auf ein Algenpolster klettern. Das Exemplar auf der Koralle (großes Foto unten) wurde fotografiert, nachdem es aus der driftenden Alge auf dem kleinen Foto unten "fiel". Siehe auch INS GRAS GEBISSEN, S. 75 bis 77.

Histrio histrio — Rocky Island, Ägypten

SCHILDBÄUCHE GOBIESOCIDAE

Spitzkopf-Saugfisch
Feather star clingfish
Länge: bis 3 cm.
Verbreitung: Rotes Meer, Arabisches Meer.
Tiefe: 12 - 26 m.
Allgemein: das Foto zeigt eine Art, die erst vor ein paar Jahrzehnten entdeckt wurde. Der Fisch ist auf seinem bevorzugten Gastgeber abgebildet, einem Federstern. Ansonsten assoziieren sich diese winzigen Fische mit Seeigeln.

Discotrema lineata — Nuweiba, Sinai

Gestreifter Saugfisch
Striped clingfish
Länge: bis 6 cm.
Verbreitung: Arabisches Meer.
Tiefe: 3 - 30 m.
Allgemein: die Schildbäuche sind eine Familie kleiner, hochspezialisierter Fische mit einer Saugscheibe (aus den umgewandelten Bauchflossen) am Bauch.
Der Gestreifte Saugfisch bevorzugt ein Leben zwischen Seeigelstacheln. Als der Fotograf zu nahe kam, versuchte er sich erstaunlicherweise in einer nahegelegenen *Caulerpa*-Alge zu verstecken.

Diademichthys lineatus — Mirbat, Oman

EINGEWEIDEFISCHE CARAPIDAE

Silberner Eingeweidefisch
Silver pearlfish
L: bis 17 cm. V: Rotes Meer, Arabisches Meer. T: wirtsabhängig. A: dieser durchscheinende Fisch hat ein ungewöhnliches Zuhause: er lebt in Seegurken! Tagsüber versteckt er sich in Seegurken der Gattungen *Stichopus* und *Thelonota*. Er frißt wahrscheinlich sogar von ihren Geschlechtsorganen, vermutlich ohne sie wirklich zu schädigen. Nachts verläßt er seinen Gastgeber, um kleine Beutetiere am Boden zwischen Seegras zu jagen.

Carapus homei — Nuweiba, Sinai

ZAPFENFISCHE — MONOCENTRIDAE

Masirah, Oman

Tannenzapfenfisch
Pineapple fish
L: bis 17 cm. V: Rotes Meer, Arabisches Meer. T: 20 - 200 m. A: bodenlebend, Adulte in tieferem Wasser, Juvenile manchmal im Flachwasser. Der nachtaktive Fisch ist tagsüber in Höhlen oder unter Überhängen anzutreffen. Seine vergrößerten, plattenartigen Schuppen bilden einen starren Panzer. Jede Schuppe trägt einen rückwärts gerichteten, scharfen Stachel. Der Kopf enthält schleimgefüllte Höhlungen. Die Bauchflossen tragen einen langen, kräftigen Stachel, der in einer aufrechten Position eingerastet werden kann. Auf jeder Seite nahe der Spitze des Unterkiefers sitzen zwei kleine, längliche Leuchtorgane. Diese enthalten Leuchtbakterien (siehe Foto Mitte und kleines Foto unten). Ihre Aufgabe ist noch unbekannt, vielleicht sollen sie die Zooplankton-Beute anlocken. Bei anderen biolumineszenten Organismen wird das kalte Licht (biogene Lichterzeugung produziert keine Wärme) von speziellen Drüsen durch bestimmte chemische Stoffe erzeugt.

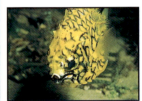

Monocentris japonica — Muscat, Oman

BLITZLICHTFISCHE — ANOMALOPIDAE

Steinitz' Blitzlichtfisch
Steinitz' flashlightfish
L: bis 11 cm. V: RM, Süd-Oman. T: 1 - 25 m. A: lebt oberflächennah im nördlichen Roten Meer. Je ein Leuchtorgan mit Lid unter den Augen, das weißlichgrüne Licht (von Bakterien darin) dient der Kommunikation.

Photoblepharon steinitzi — Sharm el Sheik, Sinai

SOLDATENFISCHE   HOLOCENTRIDAE

Weißsaum-Soldatenfisch
Whiteedged soldierfish
Länge: bis 22 cm.
Verbreitung: Rotes Meer,
Arabisches Meer.
Tiefe: 2 - 37 m.
Allgemein: häufigste Art der
Familie in unserem Gebiet.
Manchmal in riesigen Schulen
(siehe Foto) fern des schützen-
den Riffs zu sehen.

Myripristis murdjan — Ras Banas, Ägypten

Blutfleck-Husar
Bloodspot squirrelfish
Länge: bis 24 cm.
Verbreitung: Rotes Meer,
Arabisches Meer.
Tiefe: 2 - 46 m.
Allgemein: oft im Flachwasser
geschützter Lagunen und
Buchten. Ist unter den ersten,
die bei Anbruch der Dunkel-
heit das Versteck verlassen.

Neoniphon sammara — Abu Dabab, Ägypten

Riesenhusar
Giant squirrelfish
Länge: bis 45 cm.
Verbreitung: Rotes Meer,
Arabisches Meer.
Tiefe: 5 - 122 m.
Allgemein: größte Art der
Familie und hochrückigster
Sargocentron. Der lange Präo-
percular-Stachel ist giftig, das
Fleisch kann in bestimmten
Gebieten ciguatoxisch sein (gif-
tig durch ein Toxin einzelliger
Algen, das über die Nahrungs-
kette angereichert wird; Ver-
zehr des Fisches kann zum
Tode führen). Tagsüber findet
man die nachtaktive Art paar-
weise oder in kleinen Gruppen
unter Überhängen.

Sargocentron spiniferum — Brothers Islands, Ägypten

33

FLÜGELROSSFISCHE — PEGASIDAE

Flügelroßfisch
Seamoth
Länge: bis 10 cm.
Verbreitung: Rotes Meer, Arabisches Meer (Süd-Jemen).
Tiefe: 1 - 15 m.
Allgemein: dieser bizarre Bodenfisch bewohnt Grobböden (wie Sand, Geröll, Muschelbruch) und Plattformriffe. Sein Körper ist von verschmolzenen Knochenplatten umgeben, die in der Schwanzregion ringförmig sind und den Schwanz zum Antrieb flexibel lassen. Er bewegt sich nur langsam auf den Bauchflossen, die großen Brustflossen wie Flügel ausgestreckt. Das lange, röhrenförmige Rostrum überragt das kleine, ventrale, zahnlose Maul weit. Lebt meist paarweise.

Eurypegasus draconis — Aqaba, Jordanien

SCHNEPFENMESSERFISCHE — CENTRISCIDAE

Gepunkteter Schnepfenmesserfisch
Spotted shrimpfish
Länge: bis 15 cm.
Verbreitung: Rotes Meer, Arabisches Meer.
Tiefe: 1 - 17 m.
Allgemein: in Schulen von bis zu 150 Individuen. Schwimmt meist senkrecht in Kopfunter-Stellung, um Blätter nachzuahmen oder um sich zu tarnen. Frißt Zooplankton-Krebse und winzige Bodenwirbellose, indem er sie durch die verlängerte, röhrenförmige Schnauze einsaugt.

Aeoliscus punctulatus — Safaga, Ägypten

FLÖTENFISCHE — FISTULARIIDAE

Flötenfisch
Cornetfish
L: bis 150 cm. V: RM, AM. T: 1 - 30 m. A: einzeln oder in Gruppen über Sandhängen und Korallenriffen. Frißt kleine Fische und Garnelen. Verwandt mit dem kräftigeren Trompetenfisch *Aulostomus chinensis* (nicht in unserem Gebiet). Kleines Foto: Nachtfärbung.

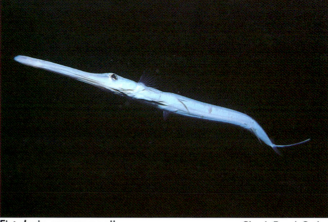

Fistularia commersonii — Shaab Rumi, Sudan

GEISTERPFEIFENFISCHE — SOLENOSTOMIDAE

Fetzengeisterfisch
Ornate ghost pipefish
Länge: bis 12 cm.
Verbreitung: Rotes Meer, Arabisches Meer.
Tiefe: 1 - 25 m.
Allgemein: die Geisterpfeifenfische sind eine kleine Familie tropischer Fische mit einer einzigen Gattung und derzeit 5 Arten. Sie sind ähnlich und eng verwandt den Seenadeln und Seepferdchen, haben aber größere Flossen. Ein noch wichtigerer Unterschied ist, daß die weiblichen Geisterpfeifenfische die befruchteten Eier in einem Brutbeutel, der von den Bauchflossen geformt wird, inkubieren (nicht die Männchen, wie bei den Seenadeln und Seepferdchen). Man vermutet, daß sich Männchen in Weibchen verwandeln. Die transparenten pelagischen Larven werden recht groß, bevor sie sich in kleine Fische umwandeln und zum Bodenleben übergehen. Die meisten Arten schwimmen kopfunter und suchen den Boden nach Wirbellosen ab. In Riffen, oft bei Federsternen und Seegras.

Der Fetzengeisterfisch lebt zwischen den Zweigen von Gorgonarien, Leder- und Weichkorallen, wo man ihn wegen seiner perfekten Tarnung kaum findet (kann Körperfärbung wechseln). Frißt winzige Crustaceen. Paarweise oder in kleinen Gruppen.

Solenostomus paradoxus — Tower, Sinai

GEISTERPFEIFENFISCHE　　　　　SOLENOSTOMIDAE

Solenostomus cyanopterus　　　Safaga, Ägypten

Seegrasgeisterfisch
Seagrass ghost pipefish
Länge: bis 16 cm. Verbreitung: Rotes Meer, Arabisches Meer, aber nicht im Arabischen Golf. Tiefe: 1 - 10 m. Allgemein: lebt meist paarweise in geschützten Habitaten zwischen Seegras, angepaßt an dessen Farbe. Die Art ernährt sich von winzigen Krebstieren.

Solenostomus leptosomus　　　Dahab, Sinai

Schlanker Geisterfisch
Slender ghost pipefish
Länge: bis 8 cm. Verbreitung: endemisch im Roten Meer. Tiefe: 2 - 18 m. Allgemein: selten, ähnlich *Solenostomus cyanopterus,* aber Körper schlanker, wie der Name besagt. Im Gegensatz zur vorherigen Art meist in Korallenriffen und nicht im Seegras, aber nachtaktiv. Dies ist das erste Foto der Art in ihrem natürlichen Habitat. Sie ernährt sich dort von winzigen Krebstieren.

Solenostomus sp.　　　Ras Abu Galum, Sinai

Fusselgeisterfisch
Fuzzy ghost pipefish
L: bis 5,5 cm. V: nur im Roten Meer. T: 2 - 15 m. A: die bisher unbeschriebene Art wird hier zum erstenmal in einem Tierführer gezeigt. Lebt im Riff bei Hydrozoen, von anderen Arten durch bäumchenförmige Hautfilamente zu unterscheiden.

SEEPFERDCHEN — SYNGNATHIDAE

Hippocampus lichtensteinii — Marsa Bareka, Sinai

Weichkorallen-Seepferdchen
Soft coral seahorse
L: bis 2,5 cm. V: nur Rotes Meer. T: 20 m und tiefer. A: obwohl schon 1856 wissenschaftlich beschrieben, ist dies das geheimnisvollste Seepferdchen des Roten Meeres. Es wurde bis heute nur selten von Tauchern beobachtet oder fotografiert oder von Wissenschaftlern gesammelt. Diese außergewöhnlichen Fotos werden hier zum erstenmal in einem Bestimmungsbuch gezeigt. Die Art klammert sich mit den Schwanz an Weichkorallen der Gattung *Dendronephthya*.

Jeddah, Saudi-Arabien

Dorniges Seepferdchen
Thorny seahorse
L: bis 15 cm. V: RM, AM. T: 1 - 20 m. A: dieses Seepferdchen lebt in Seegraswiesen oder versteckt sich in Spalten im Korallenriff. Adulte klammern sich an treibende Algenstücke. *H. histrix* ist ein Synonym.

Seepferdchen werden in die separate Unterfamilie Hippocampinae der Familie Syngnathidae gestellt. Sie leben oft monogam in Paaren, und grüßen einander jeden Morgen mit einem speziellen, ritualisierten Tanz. Balz und Eiübergabe in die Bruttasche des Männchens (besteht aus verschmolzenen Bauchhautlappen) folgt einem artspezifischen Muster synchronisierter, gegenseitig abgestimmter Bewegungen. Die Besamung der Eier durch das Männchen ist noch ein wenig geheimnisvoll und wird von Spezialisten kontrovers diskutiert. In dem Gewebe, das die Bruttasche auskleidet, gibt es winzige Kanäle, die möglicherweise als Zuleitung für Sperma dienen. Die befruchteten Eier werden einige Wochen vom Männchen getragen und beschützt, bis die Brut schlüpft. Die Juvenilen werden als Miniausgaben ihrer Eltern geboren, ohne eine planktonische Larvenphase zu durchlaufen.

Siehe auch Foto auf der Vorseite von Dahab, Sinai Peninsula.

Hippocampus jayakari — Aqaba, Jordanien

SEEPFERDCHEN   SYNGNATHIDAE

Giraffen-Seepferdchen
Giraffe seahorse
Länge: bis 10 cm.
Verbreitung: Arabisches Meer, westlicher Indischer Ozean.
Tiefe: 1 - 25 m.
Allgemein: Kopf und Körper von Jungtieren etwas stachlig. Oft mit deutlichen Hautlappen (siehe Foto, nachts in 22 m Tiefe aufgenommen).
Unten: **Suez-Seepferdchen**, bis 7 cm, verbreitet vom Golf von Suez bis rund um die Arabische Halbinsel. Beide Arten unterscheiden sich deutlich in Schnauzenlänge, Knochenplattenzahl, Körperform und -farbe. Foto nachts aus 4 m Tiefe.

Hippocampus suezensis   ***Hippocampus camelopardalus***   beide Fotos Muscat, Oman

Geflecktes Seepferdchen
Spotted seahorse
L: bis 30 cm. V: RM, AM. T: 1 - 10 m. A: lebt in Seegraswiesen, nicht in Korallenriffen, und paßt Körperfärbung der Umgebung an. Großes Foto: Männchen; kleines Foto: Weibchen.

Hippocampus fuscus   Aqaba, Jordanien

SEENADELN   SYNGNATHIDAE

Seenadeln und Seepferdchen repräsentieren die beiden Unterfamilien (Syngnathinae und Hippocampinae, respektive) der großen Familie Syngnathidae, die derzeit weltweit über 50 Gattungen und etwa 260 Arten umfaßt. Da die meisten ein mehr oder weniger verstecktes Leben führen, durch Färbung, Hautanhänge und allgemeine Körperform (die meist Pflanzenteile imitiert) perfekt an ihre Umgebung angepaßt, darf man weitere, noch unbeschriebene Arten in den verschiedenen Nischen solch komplexer Lebensräume wie Korallenriff und Seegraswiese erwarten. Ein herausragendes Merkmal aller Familienmitglieder - so verschieden sie auch sind - ist ihre einzigartige Fortpflanzungsweise: das Weibchen übergibt die Eier dem Männchen! Sie werden äußerlich in die Haut des Männchens eingebettet auf der Unterseite seines Hinterkörpers oder in eine Bruttasche aus Bauchhautlappen inkubiert (Brutbeutel der Seepferdchen, transparente Hautlappen einiger Seenadeln). Hier werden die Eier befruchtet, wahrscheinlich durch winzige Kanäle in dem angeschwollenen Gewebe. So wird das Männchen schwanger und trägt die Eier einige Wochen lang mit sich. Hat die Entwicklung der Jungen einen bestimmten Stand erreicht, werden sie durch Entlassen aus der Bruttasche oder von der Hautoberfläche geboren. Bei Seepferdchen geht diesem Prozeß eine Reihe krampfartiger Spasmen voraus, die die Bauchregion zusammenziehen und an die Wehen der Säuger erinnern. Die Jungen driften entweder pelagisch mit dem Plankton oder sind sofort zum Bodenleben bereit. Sie sehen oft wie Miniatur-Replikate ihrer Eltern aus. Ein Seepferdchen kann mehrmals im Jahr hunderte Junge gebären. Viel vom reproduktiven Verhalten der Seepferdchen und Seenadeln ist synchronisiert mit den höchsten (Spring-) Tiden, die ihrerseits direkt von der Mondphase abhängig sind (viele Tierarten, besonders im Meer, sind synchron mit der schwachen, nichtsdestotrotz omnipräsenten Gravitationskraft des natürlichen und größten Satelliten der Erde, des Mondes). Hauptbeute der röhrenschnauzigen Fische sind benthische, schwimmende oder treibende Krebse, wie Mysidaceen (Schwebegarnelen) und Larvenstadien echter Garnelen. Die monogamen Paare gewisser Seepferdchenarten sind berühmt für ihr hochritualisiertes Verhalten. Siehe dazu auch Artbeschreibungen auf den Vorseiten.

Schultz' Seenadel
Schultz's pipefish
Länge: bis 16 cm.
Verbreitung: Rotes Meer, Arabisches Meer.
Tiefe: 2 - 20 m.
Allgemein: diese weitverbreitete kleine Seenadel hat die längste Schnauze der drei im roten Meer vorkommenden Arten. Sie lebt paarweise oder in kleinen Gruppen (siehe Foto der "Tanzgruppe") auf Sand- oder Geröllflächen, Sandflecken in Riffen und in tieferen Lagunen, oft in Gebieten mit Algenwuchs und Weichkorallen. Der Körper zeigt ein Längsmuster von (oft unterbrochenen) Linien, die Schnauze trägt gewöhnlich einige kleine, weiße Punkte. Die Schwanzflosse ist rosa mit weißem Hinterrand.

Corythoichthys schultzi   Safaga, Ägypten

SEENADELN   SYNGNATHIDAE

Netz-Seenadel
Network pipefish
L: bis 14 cm. V: RM, AM. T: 0,5 - 24 m. A: meist paarweise auf grobem Geröll mit toten Korallenstücken. Schnauze kurz. Dunkles Bandmuster mit gelben Linien, Färbung aber variabel. Männchen mit dunkelblauem Fleck am After.

Corythoichthys flavofasciatus Na'ama Bay, Sinai

Schwarzbrust-Seenadel
Blackbreasted pipefish
L: bis 11 cm. V: Rotes Meer. T: 5 - 27 m. A: paarweise in Spalten und Höhlen im Korallenriff. Während der Eiablage schwimmen die Partner in senkrechter Haltung, mit den Schwänzen eingehakt. Kleines Foto: Männchen mit transparenter Bruttasche voller Eier.

Corythoichthys nigripectus Shaab Marsa Alam, Ägypten

Flügel-Seenadel
Whiskered pipefish
Länge: bis 16 cm.
Verbreitung: Rotes Meer, Arabisches Meer.
Tiefe: 3 - 25 m.
Allgemein: Schnauze lang für eine Art dieser Gattung. Juvenile driften mit dem Plankton in Tiefen bis 300 m. Hautanhänge als Auftriebshilfen, wirken wie Tragflächen eines Segelflugzeugs. Sobald sich die Jungen in einer Seegraswiese niederlassen (mit einer Länge von etwa 8 cm), werden die Körperanhänge zu Hautfäden reduziert, die der Tarnung zwischen Seegras und Algen dienen.

Halicampus macrorhynchus Umm Gamar, Ägypten

SEENADELN — SYNGNATHIDAE

Dunckerocampus boylei — Aqaba, Jordanien

Breitband-Seenadel
Broad-banded pipefish
Länge: bis 16,5 cm.
Verbreitung: Rotes Meer, Arabisches Meer.
Tiefe: 25 - 50 m.
Allgemein: bis jetzt wurde diese Art im Roten Meer *D. dactyliophorus* genannt. Die erst kürzlich neu beschriebene Art *D. boylei* unterscheidet sich durch Färbung, breitere Bänder und eine kleinere Schwanzflosse. Sie lebt unter Überhängen und in Höhlen in den tieferen Teilen des Riffs. Ansonsten ist wenig über diese Seenadel bekannt, die hier zum ersten Mal in einem UW-Führer gezeigt wird.

Dunckerocampus multiannulatus — Aqaba, Jordanien

Geringelte Seenadel
Multibar pipefish
Länge: bis 18 cm.
Verbreitung: Rotes Meer, Arabisches Meer.
Tiefe: 8 - 45 m.
Allgemein: eine frei schwimmende Art, unter Überhängen und in tiefen Höhlen im Riff. Schwimmt kopfüber unter der Höhlendecke. Adulte meist paarweise. Männchen trägt die Eier extern unterhalb des Hinterleibs, teilweise in der Haut eingebettet, aber ohne Haut darüber. Männchen verteidigen Territorien und greifen Rivalen mit Bissen an.

Trachyrhamphus bicoarctatus — Dahab, Sinai

Schwanzlose Seenadel
Double-ended pipefish
L: bis 40 cm. V: RM, AM. T: 0,5 - 42 m. A: auf Sand und Seegraswiesen. Diese große Seenadel ahmt treibendes Seegras nach und frißt Planktonkrebse. Juvenile mit etwa 10 cm Länge am Boden, wo sie ihre Schwanzflosse verlieren, die nicht regeneriert werden kann.

SKORPIONSFISCHE — SCORPAENIDAE

Die Skorpionsfische sind eine komplexe Familie mit 10 Unterfamilien, von denen zwei in unserem Gebiet wichtig sind: die Feuerfische (Pteroinae) und die Drachenköpfe (Scorpaeninae). Die Feuerfische sind die spektakulärsten Familienmitglieder. Sie haben eine rot-weiße Warnfärbung, sehr lange Rückenflossenstrahlen und stark vergrößerte Brustflossen, die oft bis hinter die Analflosse reichen. Die Drachenköpfe sind diverser, umfassen wenigstens 12 Gattungen, die weltweit überall - außer in den kältesten Meeren - weit verbreitet sind. Sie haben stachlige Köpfe und verbringen die meiste Zeit gut getarnt auf dem Substrat ruhend. Trotz ihrer bizarren Erscheinung haben die meisten Arten ein hervorragendes Fleisch und sind in vielen Gebieten von kommerzieller Bedeutung.

WARNUNG: alle Arten haben Giftstacheln. Ein Stich erzeugt extreme Schmerzen, gefolgt von Taubheit. Der Steinfisch aus der Unterfamilie Synanceiinae hat definitiv einige Todesfälle verursacht. Nach einem Stich ist es das beste, der Wunde Hitze zuzufügen, so heiß, wie es das Opfer ertragen kann. Generell wird Eintauchen der Wunde in sehr heißes Wasser empfohlen, aber heiße Luft aus einem Föhn oder Heizofen ist vielleicht praktischer, kann mindestens so effektiv sein und besser kontrolliert werden. Hitze auf die Wunde und deren Umgebung zerstört die giftigen Proteine, und meist folgt ein fast sofortiges Nachlassen des Schmerzes. Gegengifte für so giftige Arten wie den Steinfisch existieren, müssen aber in medizinischen Einrichtungen gelagert werden und sind nicht immer in Reichweite, wenn man an abgelegenen Plätzen entlang der Wüstenküsten des Roten und Arabischen Meeres taucht. Während die meisten Arten ihr Gift nur zur passiven Verteidigung nutzen, sagt man einigen der häufigen Feuerfischarten nach, daß sie Taucher, die zu nahe kommen, aktiv angreifen. Bevor dies passiert, stellt der Fisch seine Rückenflosse auf, senkt den Kopf, so daß die Stachelstrahlen auf den Eindringling zeigen. Dann kann es sein, daß er plötzlich vorwärtsschießt und der Person, die es wagte, ihn zu stören, ein unangenehmes Geschenk macht. Darauf folgen mindestens einige Stunden Schmerzen und Schwäche, was die Freude am Tauchen erheblich mindert.

Eier und Larven der Skorpionsfische treiben pelagisch mit den Strömungen. Die Eier sind relativ klein, etwa 1 mm im Durchmesser, kugelig bis leicht ovoid. Die planktonischen Larven schlüpfen mit etwa 2 mm Länge. Die Postlarven wandern zum Grund und sind, je nach Art, noch klein. Feuerfische mit nur 15 mm Länge wurden am Boden gefunden. Alle Scorpaeniden sind carnivor, einige fressen nur andere Fische, andere bevorzugen Krebse oder eine Mischung aus beiden. Während viele Arten sehr interessant sind, geradezu spektakulär, und leicht im Aquarium zu halten, sollte man immer daran denken, daß sie nicht ungefährlich in der Handhabung sind, ein großes Maul haben und eine Vorliebe für teures Futter. Am besten läßt man sie in ihrer natürlichen Umgebung, wo die graziöse Schönheit der Feuerfische oder die bizarre Häßlichkeit der Steinfische hingehört und von UW-Enthusiasten bestaunt werden kann.

Pterois volitans Jeddah, Saudi-Arabien

Gewöhnlicher Rotfeuerfisch
Common lionfish
L: bis 40 cm. V: RM, AM. T: 2 - 60 m. A: eine weitverbreitete Art und der häufigste Feuerfisch unseres Gebiets. Meist einzeln oder in Gruppen an Riffkanten und auch in Algenfeldern. Juvenile haben schwärzliche, transparente Flossen mit großen Augenflecken. Einen typischen Adulten zeigt das ausgezeichnete Foto von Elat auf der vorhergehenden Seite. Die Jagdstrategien dieser gierigen Fischräuber werden in FRESSEN UND GEFRESSEN WERDEN, S. 50 - 51, gezeigt und beschrieben.

SKORPIONSFISCHE   SCORPAENIDAE

Afrikanischer Feuerfisch
African lionfish
L: bis 18,5 cm. V: RM, AM. T: 20 m und tiefer. A: meist über Hartsubstrat in größeren Tiefen. Großes Foto rechts: Erstnachweis aus dem nördlichen Roten Meer. Kleines Foto unten von der Küste Omans.

Pterois mombasae — Aqaba, Jordanien

Strahlen-Feuerfisch
Clearfin lionfish
Länge: bis 24 cm.
Verbreitung: Rotes Meer, Arabisches Meer.
Tiefe: 3 - 30 m.
Allgemein: eine häufige Art der Lagunen und Außenriffe von der Riffplattform bis hinunter auf 30 m. Frißt hauptsächlich kleine Krabben und Garnelen.

Pterois radiata — Elphinstone, Ägypten

Indischer Feuerfisch
Indian lionfish
Länge: bis 35 cm.
Verbreitung: Rotes Meer, Arabisches Meer.
Tiefe: 20 - 100 m.
Allgemein: diese Art ist dem Gewöhnlichen Feuerfisch recht ähnlich und wird daher oft mit ihm verwechselt. Meist tiefer anzutreffen als *Pterois volitans*. Die indische Feuerfisch lebt in küstennahen, siltigen Habitaten, an ein-zelnstehenden Korallenblöcken und über ruhigen Sand- und Schlammflächen. Seine Färbung ist bräunlicher als beim Gewöhnlichen Feuerfisch und auf den unpaaren Flossen nur wenig gefleckt.

Pterois miles — Muscat, Oman

SKORPIONSFISCHE   SCORPAENIDAE

Zebra-Zwergfeuerfisch
Zebra dwarf lionfish
Länge: bis 20 cm.
Verbreitung: zentrales und südliches Rotes Meer.
Tiefe: 5 - 35 m.
Allgemein: Körper mit deutlichen weißen Streifen wie bei den Arten der Gattung *Pterois*. Die Männchen sind aggressiv und verteidigen eigene Territorien, um Weibchen dorthin zu locken. Diese Art ist der seltenste Feuerfisch unseres Gebietes.

Dendrochirus zebra — Wingate, Sudan

Kurzflossen-Zwergfeuerfisch
Shortfin dwarf lionfish
L: bis 17 cm. V: RM. T: 2 - 30 m.
A: oft bei einzelnstehenden, algenbewachsenen Felsen auf Sandflächen in Riffen und Lagunen. Ruht tagsüber bei jedem möglichen Schutz wie dieser *Synapta*-Seegurke. Jagt nachts kleine Krebse. Färbung variabel.

Dendrochirus brachypterus — Aqaba, Jordanien

Korallen-Skorpionsfisch
Coral scorpionfish
Länge: bis 10 cm.
Verbreitung: Rotes Meer.
Tiefe: 2 - 15 m.
Allgemein: diese farbenfrohe Art lebt sehr versteckt einzeln oder in kleinen Gruppen zwischen den Ästen von Steinkorallen *(Acropora)* oder Hydrozoen *(Millepora)*, durch deren Nesselzellen geschützt. In der flachen Brandungszone am Oberrand von Drop-offs mit reichem Korallenbewuchs. Dunkelrosa mit gelben Punkten, die nachts weiß werden. Schwierig zu fotografieren, da sich der Fisch bei Annäherung tief in die Korallen zurückzieht.

Sebastapistes cyanostigma — Elat, Sinai

SKORPIONSFISCHE   SCORPAENIDAE

Rotmeer-Walkman
Red Sea walkman

L: bis 25 cm. V: RM, AM. T: 10 - 55 m. A: nutzt seine freien unteren Brustflossenstrahlen als "Laufbeine", wobei Spuren im Sand entstehen. Rückenflossenstrahlen extrem giftig. Oft bis zu den Augen eingegraben. Beachte Abschreckfarben der Brust- und Schwanzflosse.

Inimicus filamentosus   Hurghada, Ägypten

Steinfisch
Stonefish

L: bis 38 cm. V: RM, AM. T: 5 - 45 m. A: im Seichtwasser der Korallenriffe auf Geröll und in Gezeitentümpeln. Frißt Fische und Krebse. Vielleicht der Welt giftigster Fisch mit gefurchten Flossenstacheln und dazugehörenden Giftdrüsen an den meisten Flossen.

Synanceia verrucosa   Shaab Ali, Ägypten

Kurzflossen-Skorpionsfisch
Shortfin scorpionfish

L: bis 8,5 cm. V: Rotes Meer. T: 10 - 50 m. A: Arten der Gattung klein. Sehr kryptisch und nur nachts zwischen Algen auf Korallengrund. Leicht am breiten, weißen Band hinter den Kopf zu erkennen. Rest des Körpers rot bis schwarz.

Scorpaenodes parvipinnis   Nuweiba, Sinai

47

SKORPIONSFISCHE — SCORPAENIDAE

Scorpaenopsis barbata   Ras al Hadd, Oman

Bärtiger Drachenkopf
Bearded scorpionfish
Länge: bis 22 cm.
Verbreitung: lange nur aus dem Roten Meer, inzwischen von der gesamten Küste der Arabischen Halbinsel bekannt.
Tiefe: 3 - 30 m.
Allgemein: in Korallenriffen, tagsüber bewegungslos, im Vertrauen auf eine perfekte Tarnung und giftige Flossenstrahlen. Nachts an mehr exponierten Stellen, um Fischen aufzulauern, die mit einer schnellen Bewegung gepackt und ganz verschlungen werden. Färbung variiert von grau bis rot. Oft paarweise.

Scorpaenopsis diabola   Ras Banas, Ägypten

Buckel-Drachenkopf
Devil scorpionfish
Länge: bis 22 cm.
Verbreitung: Rotes Meer, Arabisches Meer.
Tiefe: 5 - 70 m.
Allgemein: ein nicht häufiger Bewohner von Geröll- oder algenbewachsenen Korallenböden, Riffplattformen, Lagunen und Außenriffen. Diese ansonsten häßliche Art hat für Störenfriede eine farbenfrohe Überraschung: sie zeigt die Unterseite der Brustflossen in einem brillianten Gelb, Orange und Schwarz. Vermutlich ist diese Färbung eine effektive Abschreckung potentieller Freßfeinde.

Scorpaenopsis oxycephalus   Dahab, Sinai

Flacher Drachenkopf
Flathead scorpionfish
Länge: bis 35 cm.
Verbreitung: RM, AM.
Tiefe: 2 - 60 m.
Allgemein: diese häufige Art unterscheidet sich vom Bärtigen Drachenkopf durch einen flacheren Kopf und noch mehr Hautfilamente um das Maul herum.

SAMTFISCHE APLOACTINIDAE

Kronen-Samtfisch
Crested velvetfish
Länge: bis 10 cm.
Verbreitung: endemisch im Roten Meer.
Tiefe: 10 - 30 m.
Allgemein: in Küstenriffen auf Geröll oder toten Korallen. Liegt zum Selbstschutz bewegungslos da. Das Foto ist der erste Nachweis aus saudischen Rotmeer-Gewässern.
 Die Familie umfaßt 15 Gattungen mit etwa 40 Arten kleiner und extrem seltener Bodenfische. Schuppen oft zu spitzen Stacheln umgewandelt. Die Flossenstrahlen sind unverzweigt. Am Kopf stehen stumpfe Stacheln.

Ptarmus gallus — Jeddah, Saudi-Arabien

PLATTKÖPFE PLATYCEPHALIDAE

Halbstachel-Plattkopf
Halfspined flathead
Länge: bis 22 cm.
Verbreitung: Rotes Meer, um die gesamte Arabische Halbinsel herum.
Tiefe: 1 - 61 m.
Allgemein: auf Sand- und Schlammhängen. Obwohl dieser Plattkopf in unserem Gebiet weit verbreitet ist, wird er selten von Tauchern gesehen, da diese den bevorzugten Lebensraum der Art eher meiden, weil er meist zu uninteressant erscheint.

Sorsogona prionota — Safaga, Ägypten

Teppich-Krokodilfisch
Carpet flathead
L: bis 100 cm. V: RM, AM. T: 1 - 40 m. A: der häufigste Plattkopf unseres Gebietes. Meist auf gemischtem Sand- und Geröllboden, auch in Seegraswiesen. Der Plattkopf lauert manchmal im Sand vergraben auf Beute. Das kleine Foto unten zeigt ein Jungtier.

Papilloculiceps longiceps — Safaga, Ägypten

FRESSEN UND GEFRESSEN WERDEN

Die Nahrungskette im Meer beginnt mit pflanzlichen Organismen (Phytoplankton und Algen), die die Energie des Sonnenlichtes umsetzen. Von diesen ernähren sich zahllose Pflanzenfresser, zu denen auch viele Fische gehören. Jene wiederum bilden die Nahrung für größere Fische, die gemeinhin Raubfische genannt werden. Da auch diese selbst - zumindest während des Heranwachsens - von anderen Raubfischen gefressen werden, gibt es wohl keinen Fisch, der sich nicht vor Räubern hüten muß.

1. Der Wangenstreifen-Prachtlippfisch jagt als Einzelgänger im Riff nach Fischen und wirbellosen Tieren. Hier hat er eine kleine Muräne erbeutet, die keine Chance mehr hat, den großen Zähnen zu entkommen. Nach und nach wird sie zwischen ihnen verschwinden, denn der Lippfisch hat nun keine Eile mehr: diese Mahlzeit ist ihm sicher.

2. Riffbewohner verfolgen verschiedene Jagdstrategien: der bewegungslose Langschnauzen-Büschelbarsch lauert von einem exponierten "Ansitz" (oft eine Fächerkoralle) aus auf arglos vorbeischwimmende kleine Fische wie hier einem Fahnenbarsch. Kommt einer zu nahe, ist es um ihn geschehen. Er wird - Kopf voran - verschlungen.

3. Rotmeer-Wimpelfische schwimmen zumeist paarweise durch ihr Revier. Eigentlich ernähren sie sich von Plankton, das mit dem spitzen Röhrenmaul eingesaugt wird. Diese beiden haben Geschmack an einer Ohrenqualle gefunden, vermutlich fressen sie die Eier aus deren Gonaden heraus.

4. Eine ungewöhnliche Jagdtechnik hat eine Gruppe von Rochen entwickelt: die bodengebundenen Zitter- und Torpedorochen betäuben ihre Beutefische mit elektrischen Schlägen. Erst wenn diese bewegungsunfähig sind, werden sie aufgefressen. Nur selten gelingt es einem Fotografen, solch einen Vorgang zu dokumentieren: hier erbeutet ein Bogenstirn-Torpedorochen einen wohlschmeckenden Drachenkopf.

5+6. Die wohlbekannten räuberischen Rotfeuerfische haben ihre eigene Jagdmethode. Dabei nutzen sie den Scheucheffekt ihrer ausladenden Brustflossen, um Beutefische in die Enge zu treiben. Wenn einer so unvorsichtig ist, den Schutz des Schwarms zu verlassen, schießt der bisher gemächlich schwimmende Rotfeuerfisch blitzschnell nach vorn und saugt die Beute durch das weit aufgerissene Maul ein. Daß eine Kette der dämmerungsaktiven Rotfeuerfische einen Schwarm Glasbarsche jagt, gehört zu den eher außergewöhnlichen Erlebnissen, wie hier an einem Riff im Roten Meer gezeigt. Der Beutefang in der Gruppe erinnert an die Jagd viel höher entwickelter Tiere wie etwa der Löwen. Daß man anschließend mit vollgefressenem Bauch daliegend ausruht, haben die beiden so unterschiedlichen Tierarten jedenfalls gemeinsam!

SÄGEBARSCHE   SERRANIDAE

Die Sägebarsche sind eine sehr diverse Familie mit mehreren Hauptgruppen, aber ihre Einteilung ist ständig im Fluß. Veränderungen auf Familienniveau können erwartet werden. Im gegenwärtigen Status gibt es fast 50 Gattungen und gut über 400 Arten weltweit. Arten aus drei Unterfamilien werden hier präsentiert: Epinephelinae, Zackenbarsche; Anthiinae, Fahnenbarsche; Grammistinae, Seifenbarsche. Sogar innerhalb dieser Gruppen, besonders letzterer, gibt es verschiedene Gruppierungen, unterschieden durch Größe, Form und Verhalten.

Die Epinephelinae sind die großen Zackenbarsche. Die meisten der großen Arten erreichen ein oder sogar zwei Meter Länge und sind wirtschaftlich wichtig. Sie haben winzige, oft eingebettete Schuppen und als Adulte kleine, eiförmige Pupillen. Streng territorial in Riffen lebend, sind einige Arten anfällig gegen Harpunieren, was in gewissen Gebieten bereits zu einer bedrohlichen Abnahme der Bestände geführt hat. Die meisten leben einzeln und territorial in Höhlen, größere Arten beanspruchen weite Riffareale. Einige Arten sammeln sich jährlich an bestimmten Plätzen. Ihre Nahrung umfaßt diverse Fische, Tintenfische und Krebse.

Die Anthiinae werden Fahnenbarsche genannt. Es sind kleine, tropische Arten, die meisten sind schwarmbildende Planktivoren, aber einige leben substratnah wie Zackenbarsche. Sie haben kleine bis mittelgroße ctenoide (kammförmige) Schuppen sowie große Augen. Die Form der Schwanzflosse ist tief ausgerandet bis stark sichelförmig. Bei Planktivoren sind die Männchen oft lebhaft gefärbt und von den Weibchen völlig verschieden. Die Weibchen sind den Männchen zahlenmäßig weit überlegen. Männchen entwickeln sich aus den größten, dominanten Weibchen und übernehmen dann einen Harem.

Die Grammistinae oder Seifenbarsche haben einen giftigen Hautschleim. Dies ist die diverseste Gruppe innerhalb der Serranidae, und einige Gattungen werden ohne Zweifel eigenen Unterfamilien- oder sogar Familienstatus bekommen. Zur Zeit wird jede dieser unterschiedlichen Gruppierungen als Tribus (Stamm, Volk) bezeichnet. Die Seifenbarsche leben meist versteckter als andere Familienmitglieder in Höhlen oder unter Überhängen, dicht am oder versteckt im Substrat. Einige Arten leben in lockeren Gruppen und sind Tauchern gegenüber nicht scheu.

Zackenbarsche   Epinephelinae

Rotmeer-Forellenbarsch
Red Sea coral grouper
Länge: bis 110 cm.
Verbreitung: Rotes Meer und Golf von Aden.
Tiefe: 10 - 50 m.
Allgemein: eine besonders im nördlichen Roten Meer häufige Art. In Korallenriffen, über Sandflächen und Seegras. Der große Räuber wurde sogar schon beim Angriff auf Röhrenaale in ihrer Kolonie an einem Sandhang mit Korallenblöcken beobachtet. Oft auch in Schiffswracks. Grundfärbung sehr variabel, vergleiche Foto auf der Vorseite (Shaab Marsa Alam, Ägypten).

Plectropomus pessuliferus marisrubri   Ras Mohamed, Sinai

Zackenbarsche — Epinephelinae

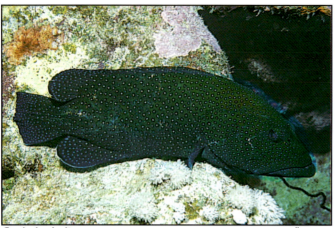
Cephalopholis argus — Elphinstone, Ägypten

Pfauen-Zackenbarsch
Peacock grouper
Länge: bis 40 cm.
Verbreitung: im Roten Meer selten, gelegentlich im südlichen Arabischen Meer.
Tiefe: 1 - 40 m.
Allgemein: in Lagunen und an Außenriffen, besonders in klarem Wasser mit reichem Korallenwuchs. Juvenile scheinen seichte, geschützte Korallendickichte zu bevorzugen. Adulte paarweise oder in kleinen Gruppen.

Cephalopholis hemistiktos — Marsa Galeb, Ägypten

Rotmeer-Zackenbarsch
Halfspotted grouper
L: bis 35 cm. V: Rotes Meer, um die ganze Arabische Halbinsel herum. T: 10 - 55 m. A: häufiger in offenen Fleckriffgebieten als in gut entwickelten, geschlossenen Korallenriffen. Grundfärbung im Roten Meer rot, braun im Arabischen Meer (siehe kleines Foto, Oman).

Cephalopholis sexmaculata — Marsa Bareka, Sinai

Sattel-Zackenbarsch
Saddle grouper
Länge: bis 45 cm.
Verbreitung: Rotes Meer, Arabisches Meer.
Tiefe: 10 - 150 m und tiefer.
Allgemein: dieser große Zackenbarsch lebt im klaren Wasser der Küstenriffe bis zu den Drop-offs am Außenriff, oft in großen Höhlen mit Schwämmen. Häufig kopfüber schwimmend oder senkrecht an der Höhlenwand. Frißt hauptsächlich die verwandten Fahnenbarsche, auch Kardinalbarsche und Garnelen.

Zackenbarsche   Epinephelinae

Juwelen-Zackenbarsch
Coral grouper
Länge: bis 40 cm.
Verbreitung: RM, AM.
Tiefe: 2 -100 m.
Allgemein: meist auf gut entwickelten Korallenriffen in klarem Wasser, oft an exponierten Stellen mit reichem Korallenwuchs. Beachte die Farbunterschiede der abgebildeten Tiere.

Cephalopholis miniata   Dahab, Sinai

Rotmaul-Zackenbarsch
Redmouth grouper
Länge: bis 60 cm.
Verbreitung: Rotes Meer, Arabisches Meer.
Tiefe: 5 - 40 m.
Allgemein: ein distinkter Zackenbarsch mit hohem Körperbau, insgesamt dunkler Färbung mit hellerer Hinterkante der Schwanzflosse (weiß bei Juvenilen) und orange-rot angehauchtem Maul und Kopf. Die einzige Art der monotypischen Gattung wurde bereits 1775 von dem dänischen Forscher und Wissenschaftler Peter Forsskal aus dem Roten Meer beschrieben. Frißt hauptsächlich kleine Fische, bevorzugt die klaren Gewässer der Korallenriffe und lebt meist nahe bei oder in Höhlen. Subadulte sind noch scheuer als Adulte und teilen ihren Unterschlupf mit anderen Fischen wie dem roten Großaugenbarsch *Priacanthus hamrur* (siehe Artbeschreibung weiter unter), wie auf dem unteren Foto aus Ägypten zu sehen ist. Die Art ist nicht besonders häufig - aber regelmäßig - im Roten Meer zu finden, wurde bis jetzt an der Südküste Omans noch nicht nachgewiesen und wird nur gelegentlich im Golf von Oman und dem Arabischen Golf angetroffen.

Shaab Marsa Alam, Ägypten

Aethaloperca rogaa   Nakari, Ägypten

55

Zackenbarsche — Epinephelinae

Polygon-Zackenbarsch
Brownspotted grouper
L: bis 70 cm. V: Rotes Meer. T: 4 - 180 m. A: die Art lebt in diversen Habitaten in einem großen Tiefenbereich. Sie ist weißlich mit vielen dunkelbraunen, dichtstehenden Flecken, die einen runden bis hexagonalen Umriß haben.

Epinephelus chlorostigma — Safaga, Ägypten

Gabriellas Zackenbarsch
Gabriella's grouper
L: bis 42 cm. V: südliches Rotes Meer, Golf von Aden bis Süd-Oman. T: 5 - 88 m. A: in Seegraswiesen, Riffen und auf Felsgrund. Beachte die typische Form der Serraniden-Pupille (vorne schmaler als hinten) auf dem kleinen Foto unten.

Epinephelus gabriellae — Salalah, Oman

Stierkopf-Zackenbarsch
Brownmarbled grouper
Länge: bis 90 cm.
Verbreitung: Rotes Meer, Arabisches Meer.
Tiefe: 12 - 60 m.
Allgemein: in Korallenriffen und über Felsböden. Ähnlich *E. polyphekadion* (siehe weiter unten), aber die großen, unregelmäßigen, braunen Flecken an den Seiten sind diffuser, und der dunkle Fleck auf dem Schwanzstiel ist kleiner. Im Vergleich zu den meisten anderen Zackenbarschen scheu. Frißt hauptsächlich Fische, Tintenfische und Krebse.

Epinephelus fuscoguttatus — Shaab Samadai, Ägypten

Zackenbarsche — Epinephelinae

Rotflecken-Zackenbarsch
Greasy grouper
Länge: bis 70 cm.
Verbreitung: Rotes Meer, Arabisches Meer.
Tiefe: 6 - 65 m.
Allgemein: dieser Zackenbarsch lebt im klaren Wasser der Korallenriffe. Seine braunen Punkte auf weißlichem Hintergrund sind rund, verschieden groß, mit diffusen Rändern und liegen weiter auseinander als bei ähnlichen, weiter oben genannten Arten.

Das Foto Mitte rechts zeigt eine Gruppe von vier Individuen zusammen mit einem einzelnen (dunkleren) *E. polyphekadion* (in der oberen linken Ecke, siehe Artbeschreibung weiter unten) in einem Korallenriff. Überraschend für den Fotografen, der das Bild mittags schoß, hatten alle Zackenbarsche ihren Unterschlupf verlassen und störten sich nicht an dem Taucher. Es wurde aber kein Balzverhalten beobachtet.

Ras Nasrani, Sinai

Epinephelus tauvina — Safaga, Ägypten

Getarnter Zackenbarsch
Marbled grouper
Länge: bis 65 cm.
Verbreitung: Rotes Meer, Golf von Aden.
Tiefe: 3 - 50 m.
Allgemein: diese Zackenbarschart lebt in Buchten und geschützten Innenriffen, von seichten Plattformriffen bis in tiefe Lagunen und entlang der Basis von Drop-offs. Sie ist am besten an den beiden dunklen Punkten dorsal auf der Schnauze zu erkennen, die auch im Foto zu sehen sind.

Epinephelus polyphekadion — Dahab, Sinai

Zackenbarsche — Epinephelinae

Epinephelus summana — Gubal, Ägypten

Summana-Zackenbarsch
Summana grouper
Länge: bis 52 cm.
Verbreitung: Rotes Meer, Golf von Aden.
Tiefe: 2 - 20 m.
Allgemein: eine Flachwasser-Art, meist in Riffen, in Lagunen oder anderen geschützten Gebieten. Ihre Färbung ist dunkelbraun mit großen hellbraunen rundlichen Flecken, von vielen kleinen, weißen Punkten überlagert. Die Art geht ins Brackwasser. Nahe verwandt ist *E. ongus,* der von Ostafrika bis Mikronesien verbreitet ist.

Ras Atar, Sinai

Malabar-Zackenbarsch
Malabar grouper
Länge: bis 120 cm.
Verbreitung: Rotes Meer, Golf von Oman.
Tiefe: 2 - 60 m.
Allgemein: eine große küstennahe Art, oft in Ästuaren und geschützten Riffen, auch in Kanälen am Außenriffhang. Adulte sind sehr scheu und schwer anzuschwimmen. Das Foto Mitte links zeigt einen Subadulten, der noch nicht den typischen massiven Kopf des Adulten im Foto unten zeigt. Das Foto unten links zeigt einen Adulten auf Sand unter Korallen ruhend, begleitet von juvenilen Schwarzgoldenen Pilotmakrelen *Gnathanodon speciosus.* Erstaunlicherweise bleiben die unruhigen Begleiter bei ihrem Gastgeber, auch wenn dieser bewegungslos auf dem Grund liegt. Dieser Zackenbarsch ist im Roten Meer ziemlich selten, jedoch häufiger vom Golf von Aden bis zum Golf von Oman.

Epinephelus malabaricus — Masirah, Oman

Zackenbarsche   Epinephelinae

Arabischer Zackenbarsch
Epaulet grouper
Länge: bis 38 cm.
Verbreitung: Rotes Meer, Golf von Aden bis Golf von Oman.
Tiefe: 5 - 25 m.
Allgemein: um kleine Korallenblöcke auf Sand in seichtem Wasser. Selten in Korallenriffen. Häufig im Golf von Oman.

Epinephelus stoliczkae   Ras Mirbat, Oman

Riesen-Zackenbarsch
Giant grouper
Länge: bis 250 cm.
Verbreitung: Rotes Meer, Golf von Aden, Golf von Oman.
Tiefe: 5 - 100 m.
Allgemein: eine weitverbreitete, aber seltene Riesen-Art von bis zu mindestens 300 kg. Jungtiere oft in Ästuaren, Adulte einzeln in Korallenriff-Höhlen, Wracks, auch in Häfen und tiefen Ästuaren. Lieblingsspeise dieser Räuber in Riff- und Felsengebieten sind Langusten und große Krabben. Sie fressen auch diverse Knochenfische, kleine Haie und Rochen. Tiere in Ästuaren bevorzugen Mangrovenkrebse. Die Art wurde oft als für den Menschen gefährlich bezeichnet, es gibt aber keine bestätigten unprovozierten Angriffe. Verletzungen resultierten immer aus dem Füttern der Riesen mit der Hand. Im Gegensatz dazu ist die seltene Art durch Angeln und Harpunieren in vielen Gebieten bedroht und sollte durch Gesetze geschützt werden, wie es bereits in Südafrika der Fall ist.

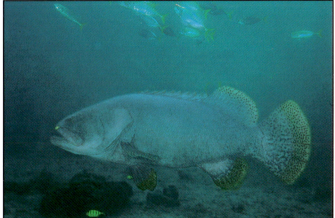

Ras Raheita, Jemen

Epinephelus lanceolatus   Sabargad, Ägypten

Zackenbarsche — Epinephelinae

Baskenmützen-Zackenbarsch
Blacktip grouper
L: bis 40 cm. V: Rotes Meer, Golf von Aden. T: 3 - 160 m. A: häufig in Korallenriffen und über Felsen, frißt Fische und Krebse. Die Art ist leicht an ihrem haubenartigen, dunklen Kopffleck zu erkennen (siehe kleines Foto unten).

Epinephelus fasciatus Wingate, Sudan

Gelbflossen-Zackenbarsch
Blue-and-yellow grouper
Länge: bis 100 cm.
Verbreitung: Golf von Aden, Arabisches Meer.
Tiefe: 10 - 150 m.
Allgemein: Juvenile leben im Flachwasser, Adulte in tieferen Riffen. Kleine Adulte (siehe Foto) sind blau, gelb auf Schwanzstiel und Flossen. Große Adulte verlieren das Gelb und werden fast schwarz. Die Art ist wenig scheu.

Epinephelus flavocaeruleus Daymaniyat, Oman

Weißflecken-Zackenbarsch
White-blotched grouper
Länge: bis 100 cm.
Verbreitung: Golf von Aden bis zum Arabischen Golf.
Tiefe: 1 - 100 m.
Allgemein: in Küsten- bis tiefen Außenriffen. Das Beispiel dieser Art zeigt, daß es Zackenbarsche gibt, die nur im Arabischen Meer vorkommen und sich bislang nicht durch die Straße von Bab-el-Mandeb ins Rote Meer hineingewagt haben. Nach dem Warum gefragt, verweigerten die Fische jede Antwort.

Epinephelus multinotatus Jeddah, Saudi-Arabien

Zackenbarsche   Epinephelinae

Kartoffel-Zackenbarsch
Potato grouper
Länge: bis 200 cm.
Verbreitung: Rotes Meer, Arabisches Meer.
Tiefe: 3 - 80 m.
Allgemein: obwohl in Australien als einer der am wenigsten scheuen Zackenbarsche bekannt, gilt dies nicht für unser Gebiet. Die Art ist nicht häufig. Das auf dem großen Foto abgebildete Exemplar lebt stationär in einer Höhle in 50 m und wurde dort über einige Jahre hinweg beobachtet. Das kleine Foto wurde an der Küste Omans gemacht.

Epinephelus tukula   Ras Mohamed, Sinai

Mondsichel-Juwelenbarsch
Moon grouper
Länge: bis 80 cm.
Verbreitung: Rotes Meer, Arabisches Meer.
Tiefe: 1 - 150 m.
Allgemein: eine häufige Art in unserem Gebiet. In Gegenden mit klarem Wasser, besonders um Inseln oder Außenriffe. Leicht an der sichelförmigen Schwanzflosse zu erkennen. Wie auf beiden Fotos zu sehen, ist diese Art ein regelmäßiger Besucher der Putzerstationen, wo Parasiten und alte Haut von den Putzerfischen entfernt werden.

Variola louti   Shaab Marsa Alam, Ägypten

Fahnenbarsche — Anthiinae

Rotstreifen-Fahnenbarsch
Redstripe fairy basslet
Länge: bis 11 cm.
Verbreitung: Rotes Meer.
Tiefe: 50 - 60 m.
Allgemein: weitverbreitete Art, aber erst kürzlich aus tieferem Wasser im Roten Meer beschrieben und nicht häufig. Dem Männchen (Foto oben) fehlt der attraktive rote Seitenstreifen des Weibchens (kleines Foto unten). Männchen haben Harems und zeigen Balzverhalten (Foto Mitte). Da dieses im Roten Meer in tieferem Wasser (um 50 m) geschieht und daher extrem schwer zu fotografieren ist, bleibt dieses Foto ein seltener Schuß sogar für erfahrene UW-Fotografen. Fotos der Männchen beweisen, daß ihre Färbung sehr verschieden ist von der von Individuen der gleichen Art aus Japan oder um die Ostküste Australiens. Weibchen von *Pseudanthias fasciatus* aus dem Roten Meer sind fast identisch mit Weibchen aus Japan, die dort jedoch größer werden.

Marsa Bareka, Sinai

Pseudanthias fasciatus   Aqaba, Jordanien

Juwelen-Fahnenbarsch
Jewel fairy basslet
L: bis 15 cm. V: RM, AM. T: 1 - 35 m. A: in riesigen Schulen vor Drop-offs (siehe Vorseite, Safaga). Häufigster aller Fahnenbarsche im Roten Meer. Ziel aller UW-Fotografen, während sie Plankton fressen. Links: Männchen; unten: Weibchen.

Pseudanthias squamipinnis   Shaab Suadi, Sudan

Fahnenbarsche — Anthiinae

Pseudanthias heemstrai — Ras Mohamed, Sinai

Heemstras Fahnenbarsch
Heemstra's fairy basslet
L: bis 13 cm. V: Rotes Meer. T: 20 - 67 m. A: an der Basis tiefer Saumriffhänge. Manchmal mit *P. taeniatus* assoziiert. Mit den verlängerten Bauch- und Afterflossen eine sehr schöne Art. Links: Männchen; unten: Weibchen.

Pseudanthias lunulatus — Sanganeb, Sudan

Gelbaugen-Fahnenbarsch
Yellow-eye fairy basslet
L: bis 10 cm. V: Rotes Meer. T: 20 - 67 m. A: erst kürzlich beschriebene Art, lebt in kleinen Gruppen entlang tieferer Außenriffe. Links: Männchen; unten: Weibchen und Männchen (im Hintergrund).

Marcias Fahnenbarsch
Marcia's fairy basslet
L: bis 16 cm. V: Süd-Oman bis Golf von Oman. T: 14 - 30 m. A: eine gerade erst beschriebene Art, die in Schulen über Felsgrund anzutreffen ist. Links: Männchen; unten: eine Gruppe von Weibchen.

Pseudanthias marcia — Al Hallaniyat, Oman

Fahnenbarsche — Anthiinae

Rotmeer-Fahnenbarsch
Red Sea fairy basslet
Länge: bis 13 cm.
Verbreitung: Rotes Meer.
Tiefe: 10 - 50 m.
Allgemein: diese Art lebt in riesigen Schulen an korallenbedeckten Hängen. Sie ist nicht aggressiv gegen andere Fahnenbarsche im selben Gebiet. Das Foto oben rechts zeigt das Männchen mit charakteristischem hellen Bauch und Seitenstreifen, das Foto Mitte rechts eine Gruppe von Weibchen um eine Koralle. Dieser Harem enthält einige Individuen (z. B. oben links), die dabei sind, sich in Männchen zu verwandeln, erkennbar an dem beginnenden weißen Streifen. Vielleicht fiel das alte Männchen einem Räuber zum Opfer, und der Harem braucht nun einen neuen Führer, zu dem sich das stärkste Weibchen entwickeln wird.

Pseudanthias taeniatus — beide Fotos Marsa Bareka, Sinai

Oman-Fahnenbarsch
Oman fairy basslet
L: bis 13 cm. V: Arabisches Meer und Arabischer Golf. T: 5 - 63 m. A: über Felsgrund und offensichtlich mit *P. taeniatus* verwandt, aber zu unterscheiden am spezielleren Farbmuster, besonders beim Männchen (großes Foto). Kleines Foto: Weibchen-Gruppe.

Pseudanthias townsendi — Muscat, Oman

Seifenbarsche — Grammistinae

Sechsstreifen-Seifenbarsch
Sixstriped soapfish
Länge: bis 25 cm.
Verbreitung: Rotes Meer, Arabisches Meer.
Tiefe: 5 - 40 m.
Allgemein: bewohnt Korallenriffe und Felsböden mit guten Versteckmöglichkeiten, oft in sehr seichtem Wasser. Carnivor. Haut mit giftigem Schleim.

Das Balzverhalten dieser meist scheuen Art wurde an diesem Paar im Roten Meer beobachtet (Foto oben links). Geschlechter äußerlich nicht zu unterscheiden. Das aggressivere Tier scheint das Männchen zu sein, das wiederholt die Rückenflosse aufstellte und seinen Kopf mehrmals in die Seite des Partners stieß. Beide waren weit von ihrem Versteck entfernt und kümmerten sich nicht um den Fotografen. Normalerweise sucht die Art Schutz im Dunkeln, sobald ein Taucher erscheint.

Grammistes sexlineatus — beide Fotos Dahab, Sinai

Rotmeer-Seifenbarsch
Red Sea soapfish
Länge: bis 14 cm.
Verbreitung: Rotes Meer und Golf von Aden.
Tiefe: 5 - 40.
Allgemein: dieser ungewöhnliche Seifenbarsch wurde beobachtet, wie er neben oder direkt hinter großen, nicht-räuberischen Fischen schwimmt, um so näher an seine Beute (kleine Fische und Krebse) heranzukommen.

Diploprion drachi — Jackson Reef, Sinai

ZWERGBARSCHE — PSEUDOCHROMIDAE

Eine große Familie kleiner und oft bunter Fische. Zur Zeit gibt es mindestens 6 Gattungen und über 70 Arten, aber diese komplizierte Familie kleiner und versteckt lebender Arten ist unter Revision, da vor kurzem einige neue Arten entdeckt wurden. Die meisten gehören zu *Pseudochromis*. Zwergbarsche finden sich häufig in allen Sorten von Riffen mit zahlreichen kleinen Verstecken wie Felsspalten, Ritzen, Höhlen oder überwachsenen Korallenskeletten, auch in Mischhabitaten mit Algen, Schwämmen und Korallen. Einige Arten bevorzugen siltige Küstenriffe, andere leben nur entlang ungestörter Außenriffwände. Die meisten Arten sieht man einzeln, aber ihr Partner ist vielleicht nur gerade außer Sichtweite. Einige Arten leben in kleinen Gruppen verschiedener Größenklassen und können so eine große Höhle als Territorium beanspruchen; andere besetzen die schmalen Grate und zahlreichen engen Passagen, die an Korallenriff-Drop-offs so typisch sind. Alle sind Räuber und fressen fast alles, was sich bewegt, meist Krebse und kleine Fische. Größere Arten sind territorial und aggressiv. Einige Arten legen Eiklumpen, die von den Männchen bewacht werden. Die Brut schlüpft mit 2,5 mm, die Postlarven gehen mit etwa 15 mm zum Boden. Juvenile sind weniger farbenprächtig als Adulte, und bei einigen Arten haben Männchen und Weibchen unterschiedliche Farbkleider. Die Farbvariationen einer Art können enorm sein und wechseln mit Habitat und geographischer Lage. Sie führen bis zur Annahme, es handele sich um eine andere Art.

Fridmans Zwergbarsch
Fridman's dottyback
Länge: bis 7 cm.
Verbreitung: endemisch im Roten Meer.
Tiefe: 1 - 60 m.
Allgemein: diese fantastisch gefärbte Art lebt meist einzeln in Spalten und kleinen Löchern der Drop-offs oder unter Überhängen, aber manchmal nahe bei einigen artgleichen Nachbarn. Das ergibt eine relativ hohe Dichte der Art in einem bestimmten Korallenriff, die 6 Individuen pro Quadratmeter erreichen kann. Die Art ist auch als König-Salomo-Fisch bekannt. Die häufigste Zwergbarsch-Art im nördlichen Roten Meer, trotzdem erst vor wenigen Jahrzehnten beschrieben. Die dunkelpurpurne Färbung trägt auch eine verwandte Art im südlichen Indischen Ozean.

Giftun, Ägypten

Pseudochromis fridmani — Ras Atar, Sinai

ZWERGBARSCHE   PSEUDOCHROMIDAE

Pseudochromis pesi Dahab, Sinai

Bleicher Zwergbarsch
Pale dottyback
Länge: bis 12 cm.
Verbreitung: Rotes Meer.
Tiefe: 10 - 45 m.
Allgemein: diese Zwergbarschart ist einzeln oder paarweise an isolierten Korallenblöcken und Felsen in Sandflächen im Korallenriff zu finden.

Springers Zwergbarsch
Springer's dottyback
L: bis 4 cm. V: Rotes Meer. T: 2 - 60 m. A: dieser Zwergbarsch hält sich oft zum Schutz zwischen Korallenzweigen auf und ist generell sehr scheu. Seine Färbung ist ähnlich der von *P. aldabraensis* (siehe unten), aber die Hauptfarbe ist Schwarz, nicht Orange.

Pseudochromis springeri Safaga, Ägypten

Gabelschwanz-Zwergbarsch
Lyretail dottyback
Länge: bis 7 cm.
Verbreitung: zentrales und südliches Rotes Meer.
Tiefe: 20 - 60 m.
Allgemein: die Art lebt in Höhlen an Drop-offs. Dieser längsgestreifte Zwergbarsch hat im Gegensatz zu den meisten anderen Arten seiner Gattung eine deutlich gegabelte Schwanzflosse. Der sehr scheue Fisch läßt sich nur schwer vom UW-Fotografen anschwimmen.

Pseudochromis dixurus Jeddah, Saudi-Arabien

ZWERGBARSCHE PSEUDOCHROMIDAE

Sankeys Zwergbarsch
Sankey's dottyback
Länge: bis 8 cm.
Verbreitung: südliches Rotes Meer und Golf von Aden.
Tiefe: 2 - 10 m.
Allgemein: unter Fels- und Korallengraten, in kleinen Löchern und Spalten. Meist in kleinen Gruppen.

Pseudochromis sankeyi Al Mukalla, Jemen

Gelbrücken-Zwergbarsch
Yellowback dottyback
Länge: bis 8 cm. Verbreitung: Rotes Meer und Golf von Aden. Tiefe: 2 - 30 m.
Allgemein: einzeln oder paarweise an Korallenblöcken und Felsen. Männchen (großes Foto) gelb und blau, Weibchen hauptsächlich gelb (siehe kleines Foto unten).

Pseudochromis flavivertex Wadi Gimal, Ägypten

Oliver Zwergbarsch
Olive dottyback
Länge: bis 9 cm.
Verbreitung: Rotes Meer.
Tiefe: 2 - 20 m.
Allgemein: in seichten, korallenreichen Gebieten zwischen Korallenästen. Ähnlich *P. linda* (siehe weiter unten).

Pseudochromis olivaceus Aqaba, Jordanien

ZWERGBARSCHE — PSEUDOCHROMIDAE

Schwarzband-Zwergbarsch
Darkline dottyback
L: bis 7,5 cm. V: Arabischer Golf bis Golf von Aden. T: 1 - 12 m. A: lebt in seichten Korallengebieten. Es gibt zwei Farbphasen: mit schwarzem Seitenstreifen (kleines Foto); hellere Körperfärbung mit blauen Punkten (großes Foto).

Pseudochromis nigrovittatus — Ras Mirbat, Oman

Lindas Zwergbarsch
Linda's dottyback
L: bis 8 cm. V: Arabischer Golf bis Golf von Aden. T: 1 - 6 m. A: sehr ähnlich dem Rotmeer-Endemiten *P. olivaceus*. Kleines Foto (Oman): der **Mimikry-Zwergbarsch** *P. leucorhynchus* (6 cm, 1 - 18 m) ahmt den Schleimfisch *Oman ypsilon* des gleichen Habitats nach.

Pseudochromis linda — Ras Abu Daud, Oman

Schwanzband-Zwergbarsch
Bandtail dottyback
Länge: bis 11 cm.
Verbreitung: Arabisches Meer.
Tiefe: 12 - 30 m, vielleicht sogar tiefer.
Allgemein: dieser Zwergbarsch lebt über Felsgrund. Er ist bräunlichgelb mit einem dunklen bläulichen Fleck in der Mitte jeder Schuppe auf dem Oberkörper. Ein größerer, schwarzgerandeter, leuchtendblauer Fleck hinter dem Auge am oberen Vorkiemendeckelrand. Große Adulte haben zwei zusammenlaufende submarginale Bänder auf der Schwanzflosse.

Pseudochromis caudalis — Khor Fakkan, VAE

ZWERGBARSCHE PSEUDOCHROMIDAE

Oman-Zwergbarsch
Oman dottyback
Länge: bis 12, max. 15 cm.
Verbreitung: Küsten von Zentral- und Süd-Oman. Tiefe: 1 - 15 m. Allgemein: im Seichtwasser über Hartböden. Zwei Farbvarianten: mit schwarzem Seitenstreifen (kleines Foto); mit dunklerer Körperfarbe und blauen Punkten (großes Foto).

Pseudochromis omanensis Muscat, Oman

Arabischer Zwergbarsch
Arabian bluestriped dottyback
Länge: bis 10 cm.
Verbreitung: Arabischer Golf, Golf von Oman, Süd-Oman. Tiefe: 7 - 40 m.
Allgemein: einer der am brilliantesten gefärbten Zwergbarsche im Arabischen Meer. Sehr ähnlich der afrikanischen Art *Pseudochromis dutoiti*, die einen blauen Streifen vom Operculum bis zum Unterrand der Schwanzflosse trägt.

Pseudochromis aldabraensis Daymaniyat, Oman

Blaupunkt-Zwergbarsch
Bluespot dottyback
Länge: bis 15 cm.
Verbreitung: Arabischer Golf und nördliches Arabisches Meer.
Tiefe: 1 - 25 m.
Allgemein: dieser Zwergbarsch lebt zwischen korallinen Algen und Felsen, aber auch in siltigen Habitaten. Es gibt vier Farbvarianten: hell gelblichbraun auf dem Rücken und weiß abrupt darunter, dunkelgrau auf dem Rücken und weiß unten, orangebraun zu einem weißlichen Bauch übergehend, und sehr dunkelbraun. Alle sind von vielen, kleinen, leuchtendblauen Punkten übersät.

Pseudochromis persicus Daymaniyat, Oman

ZWERGBARSCHE   PSEUDOCHROMIDAE

Haliophis diademus — Al Hallaniyat, Oman

Sternenbanner-Aalbarsch
Stars-and-stripes snakelet
Länge: bis 10 cm.
Verbreitung: Süd-Oman.
Tiefe: 8 - 11 m.
Allgemein: Arten dieser Gattung wurden in die eigene Unterfamilie Congrogadinae gestellt, die erst vor zehn Jahren in die Familie Pseudochromidae eingegliedert wurde. Die Art wurde zuerst bei Mahallah, Süd-Oman, zwischen den Stacheln eines Diadem-Seeigels gefunden, daher ihr wissenschaftlicher Name.

Haliophis guttatus — Elat, Sinai

Gepunkteter Aalbarsch
Spotted snakelet
Länge: bis 15,5 cm.
Verbreitung: Rotes Meer, Süd-Oman.
Tiefe: 1 - 15 m.
Allgemein: die Art wurde bereits von Forsskal aus dem Roten Meer (Typus-Lokalität) beschrieben, aber erst vor einigen Jahren auch im Arabischen Meer an der Küste Süd-Omans gefunden. Ihre Färbung ist braun mit dunkleren Vertikalbändern oder Punktreihen und einem Augenfleck (so groß wie das Auge) über der Kiemenöffnung.

Rusichthys explicitus — Ras Abu Daud, Oman

Orangegestreifter Aalbarsch
Orangestriped snakelet
Länge: bis 5,2 cm.
Verbreitung: Süd-Oman.
Tiefe: 27 m.
Allgemein: nur bekannt durch wenige Exemplare, die an der Küste Süd-Omans gefunden und 1996 als neue Art beschrieben wurden. Nur ein sehr aufmerksamer Taucher kann einen solch kleinen Fisch unter Wasser als noch unbekannt erkennen.

MIRAKELBARSCHE — PLESIOPIDAE

Echter Mirakelbarsch
Comet longfin
L: bis 16 cm. V: RM, AM. T: 3 - 45 m. A: einzeln in Verstecken im Korallenriff. Die Art droht mit Aufreißen des Mauls, das innen weiß ist. Die Anzahl der Punkte nimmt mit dem Alter zu, während die Punkte selbst kleiner werden.

Calloplesiops altivelis — Marsa Bareka, Sinai

Blauflossen-Mirakelbarsch
Crimsontip longfin
Länge: bis 8 cm.
Verbreitung: Rotes Meer.
Tiefe: 2 - 23 m.
Allgemein: tagsüber versteckt in Korallenriffen und am Riffhang, kommt nachts heraus, um kleine Krebse, Fische und Schnecken zu fressen.

Die Familie Plesiopidae umfaßt 6 Gattungen und etwa 20 Arten. Alle Arten unseres Gebietes sind klein, führen ein sehr verstecktes Leben und werden von Tauchern nur selten gesehen. Die Mirakelbarsche nisten zwischen Steinen oder in kleinen Höhlen unter Korallen, wo die Männchen die Eier bewachen. Einige kleine und unauffällig gefärbte Arten von *Plesiops* leben in der Gezeitenzone und werden hier nicht aufgeführt.

Plesiops coeruleolineatus — Shaab Rumi, Sudan

TIGERBARSCHE — TERAPONIDAE

Terapon jarbua — Elat, Sinai

Grunzender Tigerbarsch
Crescent-banded grunter
Länge: bis 32 cm.
Verbreitung: Rotes Meer, Arabisches Meer.
Tiefe: 1 - 30 m.
Allgemein: mit typischen schwarzen Seitenstreifen auf dem silbrigen Körper. Meist in seichten Küstengewässern einschließlich Brackwasser. Juvenile in Ästuaren (Kinderstuben). Beute sind kleine Krabben, Garnelen und sogar Insekten von der Wasseroberfläche.

BIGEYES — PRIACANTHIDAE

Priacanthus hamrur — Salalah, Oman

Gewöhnlicher Großaugenbarsch
Common bigeye
L: bis 40 cm. V: RM, AM. T: 15 - 250 m. A: oft in großen Gruppen an Außenriffhängen, in tiefen Lagunen. Unten der sehr ähnliche *P. blochii* (35 cm, 15 - 30 m), im gesamten Gebiet.

Heteropriacanthus cruentatus — Aqaba, Jordanien

Glasauge
Glasseye
Länge: bis 30 cm.
Verbreitung: Rotes Meer, Arabisches Meer.
Tiefe: 5 - 300 m.
Allgemein: im Gegensatz zu den anderen Arten der Familie auf dieser Seite ist das Glasauge streng nachtaktiv, daher kann es der UW-Fotograf nur bei einem Nachttauchgang finden, wenn es seinen Unterschlupf verläßt, um kleine Planktonkrebse zu fressen. Es ist bekannt, daß das Plankton nachts aus der Tiefe emporsteigt und so viele Oberflächenarten mit einem späten Abendessen versorgt.

INS GRAS GEBISSEN

Pflanzen sind die Grundlage allen Lebens im Meer. Ohne sie würde marines Leben einfach nicht existieren. Sie sind die sogenannten Primärproduzenten, die Wasser, Kohlendioxyd und gelöste Mineralstoffe mit Hilfe der Energie des Sonnenlichtes in organische Substanzen umwandeln. Pflanzen sind die Nahrungsgrundlage für zahlreiche Kleinlebewesen, aber auch für größere Tiere, besonders Weichtiere, Krebse und Fische. Diese wiederum stellen die Nahrung von noch größeren Räubern dar. Pflanzen sind daher die Grundlage des komplexen Nahrungsnetzes im Meer, in das alle lebenden Organismen des Riffs eingeschlossen sind.

Es gibt zwei Hauptgruppen mariner Pflanzen. Davon sind Algen (populär werden die großen Arten "Seetange" genannt) bei weitem am häufigsten. Im Vergleich zu den höheren Pflanzen besitzen sie einen ursprünglichen, noch einfachen Bauplan. Im Gegensatz zu den Seegräsern, der zweiten großen Gruppe mariner Pflanzen, haben sie weder echte Blätter und Stämme noch Wurzeln. Seegräser erzeugen dagegen wie Landpflanzen Blüten, Früchte und Samen.

Seegräser wachsen auf Sandboden in kleinen Gruppen innerhalb des Riffs oder auch in großen, flächigen Beständen in Riffnähe. Diese

Vom Seegras ernährt sich der Papageifisch *Calotomus viridescens*.

Seegraswiesen bestehen oft aus mehreren Arten und dienen unter anderem zahlreichen epiphytischen (auf den Blättern wachsenden) Algen als Lebensraum. Solche Bestände sind produktiver als gleichgroße landwirtschaftlich genutzte Flächen. Im Gegensatz zu Algen werden Seegräser nur von relativ wenigen Tierarten gefressen. Dazu gehören Seeigel, diverse Schneckenarten, Meeresschildkröten und Dugong-Seekühe. Als die Wissenschaftler des ägyptischen Ras Muhamed Nationalparks 1994 die von Land aus oft unzugängliche Sinai-Küste vom Meer her untersuchten, entdeckten sie große Seegrasflächen und waren fasziniert, die angeblich dort ausgestorbenen Dugongs vorzufinden. Von kleinen Mangrovenbeständen aus schwimmen diese regelmäßig zum Fressen in die Seegraswiesen.

Darüberhinaus verbirgt sich im Seegras-Biotop ein unglaublich reiches Leben. Wissenschaftler zählten pro Quadratmeter nicht weniger als 20.000 kleine Schnecken, mehr als 8000 Muscheln und 72 Garnelen. Hochgerechnet auf einen einzigen Quadratkilometer sind das rund doppelt so viele Muscheln wie Menschen auf der ganzen Erde!

Im Roten Meer grenzt Seegras oft direkt ans Korallenriff.

Der juvenile Anglerfisch *Antennarius pictus* fühlt sich im Seegras geschützt.

Trotz einiger Ausnahmen ist es meist einfach, Algen allein aufgrund ihrer Färbung zu unterscheiden. Auch in der wissenschaftlichen Klassifikation sind die Farben Braun, Rot, Grün und Blau für die Hauptgruppen namengebend.

Blaualgen sind am ursprünglichsten. Ihre fädigen Kolonien sehen meist wie dunkler Schleim aus, der die Felsen in der Spritzwasserzone direkt oberhalb der Hochwasserlinie überzieht. Die übrigen Algengruppen kommen in jedem Riff vor, von flachen Gezeitentümpeln bis in tiefere Bereiche, die nur noch tauchend zu erreichen sind. Rot-, Braun- und Grünalgen sind in ihrer Form äußerst vielgestaltig. Einige verzweigen sich blatt- oder buschartig. Andere bilden

Rotmeer-Anemonenfisch und Domino-Riffbarsche leben in einer Seegraswiese. Ihr eigentlicher Bezug ist aber die Wirtsanemone *Stichodactyla haddoni*.

schwammartige Überzüge auf Felsen. Wieder andere lagern Kalziumkarbonat ein und besitzen einen fiederartigen Bau. Besonders rote Kalkalgen sind in flachen Bereichen, die stark der Brandung ausgesetzt sind, sehr häufig. Sie können die Felsküste derart überziehen, daß diese aussieht, wie rosa oder rot gestrichen. Korallenalgen der Gattung *Halimeda* wiederum sehen aus wie rundliche grüne Waffeln. Ihre abgestorbenen Reste sind dünne Plättchen, die in vielen Riffen häufig am Boden im Substrat zu finden sind.

Braunalgen sind in den gemäßigten Breiten dort am zahlreichsten, wo sie regelrechte Tangwälder bilden können. *Sargassum* und *Turbinaria* sind wohl die bekanntesten tropisch verbreiteten

Die Graue Muräne *Siderea grisea* auf nächtlichem Beutezug.

Gattungen. *Sargassum*-Tange bilden oft ausgedehnte Bestände in der Nähe von Riffen. Durch die ständige Wellenbewegung werden große Klumpen losgerissen. Flöße oder gar riesige Teppiche aus diesen Tangen kann man gelegentlich noch weit ab vom Land auf dem Meer treibend finden. Hat man dieses Glück, ist es sehr lohnend, auch ein nur kleines Floß mit Maske und Schnorchel zu erkunden. Gewöhnlich wimmelt es von Leben. Krabben, Garnelen, kleine Schnecken und junge Fische sind besonders häufig. Der Sargassum-Anglerfisch ist der bestgetarnte Bewohner solcher Tangflöße. Farbe und Form dieses gefräßigen Räubers sind perfekt an den Lebensraum angepaßt. Der Anglerfisch zeigt ein einzigartiges Verhalten: nähert man sich

Beim Wechsel von Tag und Nacht wird die Seegraswiese auch für den Blaupunkt-Rochen *Taeniura lymma* interessant.

Im Golf von Aqaba in einem treibenden Algenteppich gefunden: der Sargassum-Anglerfisch *Histrio histrio*.

(für den Fisch als potentieller Freßfeind) mit der Kamera, springt er auf das Algenbett und wartet außerhalb des Wassers, bis die Gefahr vorüber ist!

Auf den ersten Blick für eine tropische Küste ungewöhnlich reiche Vorkommen der Braunalgen *Ecklonia* und *Sargassum* findet man um Dhofar und Salalah im Süden Omans. Doch die Erklärung dafür ist einfach: El Kharif, der Monsun, weht von April bis September vom Indik her und erzeugt vor der Küste Auftrieb, mit dem nährstoffreiches, kaltes Tiefenwasser an die Oberfläche und somit auch in die flachen Buchten an der Küste gelangt. Hier gedeihen dann bei 15 bis 18 °C Wassertemperatur üppige Braunalgen-Bestände, die sich im Frühjahr geradezu explosionsartig ausbreiten. Diese wiederum sind Nahrungsgrundlage für eine wirtschaftlich nutzbare Population des Seeohrs *Haliotis mariae*. Auch der Plankton- und Fischreichtum der Region gehen letztlich auf den saisonalen Auftrieb zurück. Die Produktivität ist in diesen Monaten vergleichbar mit der in den ganzjährigen Auftriebsgebieten wie etwa vor den amerikanischen und afrikanischen Westküsten.

Die Folgen kalten und nährstoffreichen Auftriebswassers: *Ecklonia*-Algen an der Küste Omans.

KARDINALBARSCHE — APOGONIDAE

Die Apogonidae sind eine große Familie kleiner Fische: Kardinalbarsche leben nicht nur in den Korallenriffen, sondern auch in Felsgebieten im Roten Meer und Arabischen Meer, in Tiefen von wenigen Metern bis etwa 100 m, manchmal sogar im Brackwasser von Mangrovensümpfen. Viele Arten ziehen den Schutz von Graten oder Überhängen vor, während andere das Sonnenlicht suchen. Daraus geht hervor, daß nicht alle Kardinalbarsche nur nachts aktiv sind, wie es oft in der Literatur steht. Die mittlere Länge der meist langsam schwimmenden Arten ist etwa 10 cm. Sie leben bodennah in Gruppen und bleiben gern an einem einmal gewählten Ort, anstatt rastlos durchs Riff zu schwimmen, wie viele andere seiner Bewohner. Ein Territorium von der Größe eines Seeigels ist genau richtig, seine Stacheln liefern den perfekten Schutz, besonders für Juvenile.

Die typischen Kardinalbarsche der Gattung *Apogon* leben nicht gerade versteckt und werden beim Tauchen in den meisten Regionen, die in diesem Buch erwähnt werden, angetroffen. Nachmittags fangen sie an zu fressen, wobei sie zwischen Korallenästen umherschwimmen. In der Dämmerung, wenn die Lichtintensität auf etwa 400 Lumen fällt, steigen sie ins offene Wasser und suchen nach Zooplankton. Das beinhaltet ein ziemlich großes Risiko von Lauerräubern wie Zackenbarschen gefressen zu werden. Dagegen schützen sie sich, indem sie in dichten Gruppen schwimmen. Die Brutsaison einiger *Apogon*-Arten beginnt im März und erreicht ihren Höhepunkt mitten im Sommer. Forscher haben vier Phasen des Reproduktionsverhaltens entdeckt: 1. Paarbildung, 2. Balz, 3. Laichen, 4. Brüten. Hat sich ein Paar erst einmal aus der Gruppe gelöst, beansprucht es ein kleines Territorium, von dem andere verjagt werden. Der Balztanz dauert eine halbe Stunde, das Laichen selbst dauert nur zwei bis vier Minuten. Das Paar schwimmt Seite an Seite, dann plötzlich im rechten Winkel, das Weibchen laicht etwa 3.000 Eier, die sofort vom Männchen besamt werden. Dann nimmt es die Eier auf, die bereits zusammenkleben, und behält sie in seinem Maul, bis die 2,5 mm lange Brut nach etwa 8 Tagen schlüpft. Maulbrütende Männchen können leicht an ihren aufgeblähten Backen erkannt werden.

Sonnen-Kardinalbarsch
Golden cardinalfish
Länge: bis zu 14 cm.
Verbreitung: Rotes Meer, Arabisches Meer.
Tiefe: 3 - 25 m.
Allgemein: nicht sehr scheu, in kleinen Schulen um Korallenblöcke im Seichtwasser. Im Gegensatz zu vielen anderen Kardinalbarschen tagaktiv und oft sogar in Schulen vor dem Riff kleines Zooplankton fressend. Wie der Name sagt, einer der attraktivsten Kardinalbarsche unseres Gebietes. Der Autor hat diese Art häufiger an den Küsten des Arabischen Meeres als im Roten Meer in Erinnerung.

Apogon aureus — Mirbat, Oman

KARDINALBARSCHE — APOGONIDAE

Höhlen-Kardinalbarsch
Cave cardinalfish
Länge: bis zu 12 cm.
Verbreitung: Arabisches Meer.
Tiefe: 3 - 70 m mindestens, meist oberhalb 25 m.
Allgemein: eine weitverbreitete Art, aber durch den sehr ähnlichen Rotmeer-Höhlen-Kardinalbarsch A. isus im Roten Meer vertreten. Von klaren Küstengewässern bis zu Außenriff-Habitaten, meist in großen Höhlen kopfüber unter der Höhlendecke.

Apogon evermanni — Musandam, Oman

Pselion-Kardinalbarsch
Anklet cardinalfish
Länge: bis zu 5 cm.
Verbreitung: nördliches Rotes Meer.
Tiefe: 2 - 35 m.
Allgemein: diese endemische Kardinalbarsch-Art ist nur aus dem Golf von Suez und dem Golf von Aqaba im nördlichen Roten Meer bekannt. Sie ist dem viel weiter verbreiteten *Apogon fleurieu* aus dem Arabischen Meer ähnlich.

Apogon pselion — Elat, Sinai

Irisierender Kardinalbarsch
Iridescent cardinalfish
L: bis zu 12 cm. V: RM, AM. T: 3 - 60 m. A: diese weitverbreitete Art lebt einzeln in klaren Lagunen mit abgelegenen Korallenblöcken unter Überhängen auf weißem Sand bis etwa 20 m und an tiefen Außenriffwänden bis etwa 60 m. Nachts verläßt sie das Riff, um Planktonkrebse zu fressen. Der Fleck auf der Schwanzflossenbasis ist in der Größe sehr variabel und tagsüber am deutlichsten. Nachmittags wird er blaß und kann nachts sogar völlig verschwunden sein.

Apogon fraenatus — Shaab Samadai, Ägypten

KARDINALBARSCHE   APOGONIDAE

Apogon annularis   Wadi Gimal, Ägypten

Schwarzring-Kardinalbarsch
Black-ring cardinalfish
Länge: bis zu 7 cm.
Verbreitung: Rotes Meer.
Tiefe: 2 - 20 m.
Allgemein: dieser Kardinalbarsch ist vielleicht ein Rotmeer-Endemit, da er anderswo noch nicht gesehen wurde. Sein Körper ist düstergrau mit blassem Schwanzstiel und einem breiten schwarzen Ring direkt vor der Schwanzflossenbasis. Die Flossen sind einfarbig hellgrau. Eine deutliche graue Linie verläuft unter dem Auge. Wie andere ähnliche Arten lebt er versteckt in geschützten Riffgebieten.

Apogon urostigma   Safaga, Ägypten

Stachelkopf-Kardinalbarsch
Spiny-head cardinalfish
Länge: bis zu 15 cm. Verbreitung: Rotes Meer, Arabisches Meer. Tiefe: 3 - 30 m. Allgemein: die weitverbreitete Art bewohnt seichte Küstenriffhänge und Lagunen mit Felsen oder Graten. Ihre dunklen Seitenstreifen sind gleichmäßig dick, deutlich bei Jungtieren, weniger so oder sogar fehlend bei Adulten, je nach Habitat. Dunkler Fleck über der Seitenlinie an der Schwanzflossenbasis, groß bei Juvenilen und oft auch fehlend bei Adulten. Adulte mit gelber erster Rückenflosse, zweite verlängert.

Apogon dhofar   Ras al Hadd, Oman

Dhofar-Kardinalbarsch
Dhofar cardinalfish
Länge: bis zu 14 cm.
Verbreitung: Oman, Arabisches Meer. Tiefe: 1 - 10 m.
Allgemein: dieser Oman-Küsten-Endemit lebt auf Felsboden. Farbe bräunlich, Jungtiere mit deutlichem Fleck an der Schwanzflossenbasis (siehe unten).

KARDINALBARSCHE   APOGONIDAE

Schimmernder Kardinalbarsch
Shimmering cardinalfish
L: bis zu 8 cm. V: Rotes Meer. T: 12 - 35 m. A: scheinbar auf das Rote Meer beschränkt, Meldungen aus anderen Gebieten basieren auf anderen Arten. Ähnlich *A. fucata* (siehe unten), aber die vertikalen Körperstreifen stehen viel weiter auseinander, es sind weniger, und viel von der schwarzen Pigmentierung ist mit den orangen Streifen gemischt. Großer, schwarzer Fleck auf dem Schwanzstiel. Lebt sehr versteckt in kleinen Gruppen in Riffhöhlen und ist meist nur nachts zu sehen.

Archamia lineolata — Shaab Sharm, Ägypten

Orangebänder-Kardinalbarsch
Orangelined cardinalfish
Länge: bis zu 10 cm. Verbreitung: RM, AM. Tiefe: 3 - 35 m. Allgemein: die weitverbreitete Art variiert mit dem Habitat und lebt in geschützten Buchten und Lagunen-Fleckriffen, dichte Aggregationen direkt über Korallenzweigen bildend. Schwarzer Fleck auf dem Schwanzstiel, meist groß und rund bei Adulten und oft mit zusätzlichem Schwarz drum herum. In Küstenhabitaten kann das Gelb und Blau auf Schnauze und Körper auffallend und leuchtend sein. Afterflosse mit kleiner, weißer Spitze.

Archamia fucata — Safaga, Ägypten

Fünffleck-Kardinalbarsch
Fivespot cardinalfish
Länge: bis zu 8 cm. Verbreitung: RM, AM. Tiefe: 3 - 25 m. Allgemein: die einfach gefärbte Art ist an einem Muster von 5 blassen Flecken an den Flossenbasen und Körperseiten zu erkennen. Alle anderen der etwa 10 Arten von *Archamia* haben nur ein oder zwei Flecken. Juvenilen fehlt oft die distinkte Färbung der Adulten, und einige Arten variieren sehr mit dem Habitat. Die meisten Arten bilden Schulen, bleiben bei Tage nahe am Substrat und fressen nachts darüberschwebend.

Apogon heptastygma — Abu Dabab, Ägypten

81

KARDINALBARSCHE — APOGONIDAE

Arabischer Kardinalbarsch
Arabian cardinalfish

L: bis zu 15 cm. V: RM, AM. T: 1 - 15 m. A: Juvenile dieser Art haben wenige Streifen, einen großen, runden Fleck an der Schwanzflossenbasis mit einem zusätzlichen schwarzen Sattel darüber. Adulte haben viele Streifen und einen breiten, schwarzen Balken auf der Schwanzflossenbasis. Die Art lebt in Küstenhabitaten, meist über Sand oder Silt. Das untere Foto gibt einen guten Eindruck davon, was ein Vater für seinen Nachwuchs tun kann: dieses *Cheilodipterus*-Männchen trägt einen Ball zusammenklebender Eier im Maul. Es können tausende sein, die für etwa eine Woche vor Laichräubern geschützt werden müssen, bis die Brut schlüpft. Sieht man einen Kardinalbarsch mit aufgeblähten Backen, so ist das immer ein "schwangerer" Vater. Dieses Verhalten ist bei Meeresfischen nicht einmalig, da auch Männchen von Seepferdchen und Seenadeln ihre Eier in speziellen Beuteln oder Hautfalten am Bauch schützen. Bei Apogoniden jedoch beinhaltet der Schutz eine strikte Unterscheidung zwischen eigenen Jungen und Beute, was in einer Freßsperre während der "Tragzeit" resultiert. Ein ähnliches Verhalten ist von einigen der zahlreichen Arten der Süßwasser-Fischfamilie Cichlidae (Buntbarsche) bekannt..

Elphinstone, Ägypten

Cheilodipterus arabicus — Jeddah, Saudi-Arabien

Indischer Tiger-Kardinalbarsch
Indian tiger cardinalfish

Länge: bis zu 25 cm.
Verbreitung: Rotes Meer, Arabisches Meer.
Tiefe: 3 - 35 m.
Allgemein: weitverbreitete Art, links adult, unten juvenil mit hellgelbem Kopf und großem, runden Schwanzstiel-Fleck.

Cheilodipterus lineatus — Shaab Mansour, Ägypten

KARDINALBARSCHE — APOGONIDAE

Tiger-Kardinalbarsch
Tiger cardinalfish
Länge: bis zu 25 cm.
Verbreitung: Rotes Meer, Arabisches Meer.
Tiefe: 5 - 40 m.
Allgemein: dies ist einer der größten Kardinalbarsche, er bewohnt Höhlen und Grate klarer Lagunen und Außenriffe. Die Art lebt einzeln oder in kleinen Gruppen und ist tagaktiv (siehe Foto), anders als viele andere Familienmitglieder. Der Name bezieht sich auf die relativ großen Fangzähne, mit denen er kleine Fische fängt. Die braunen Streifen werden während des Wachstums größer und zahlreicher.

Cheilodipterus macrodon — Safaga, Ägypten

Fünflinien-Kardinalbarsch
Fiveline cardinalfish
Länge: bis zu 12 cm.
Verbreitung: Rotes Meer, Arabisches Meer.
Tiefe: 3 - 40 m.
Allgemein: in kleinen bis großen Gruppen zwischen Korallen und Felsen. Die Stacheln des Seeigels *Diadema setosum* bieten besonders Juvenilen Schutz. Frißt kleine Krebse, Schnecken und Fische. Als Ausnahme in der Familie Apogonidae ist die Art tagaktiv, wie man auf dem Foto sehen kann. Es gibt einige ähnliche Arten, die unter Wasser schwer zu unterscheiden sind.

Cheilodipterus quinquelineatus — Hurghada, Ägypten

Persischer Kardinalbarsch
Persian cardinalfish
Länge: bis zu 20 cm.
Verbreitung: Arabischer Golf, Arabisches Meer.
Tiefe: 2 - 20 m. Allgemein: Adulte sind nachtaktiv und meist einzeln zu finden. Für Apogoniden haben sie eine bemerkenswerte Bezahnung. Juvenile leben in kleinen Gruppen an geschützten Stellen im Riff. Die Flachwasserart ist zur Zeit nur vom Arabischen Golf bis zur Küste von Süd-Oman bekannt und durch 10 bis 13 dunkle Streifen und einen gelben und schwarzen Schwanzfleck charakterisiert.

Cheilodipterus persicus — Ras Raysut, Oman

SILBERLINGE   GERREIDAE

Langschwanz-Silberling
Longtail silverbelly
L: bis zu 37 cm. V: RM, AM. T: 0,2 - 18 m. A: in seichten Küstengewässern und Ästuaren, meist in Schulen über Sandboden. Frißt bodenlebende Wirbellose. Maul vorstreckbar, formt eine abwärts gerichtete Röhre. Eier pelagisch, Postlarven im Brackwasser.

Gerres acinaces   Safaga, Egypt

Schlanker Silberling
Slender silverbelly
L: bis zu 20 cm. V: RM, AM. T: 0,2 - 15 m. A: in geschützten Küsten- und Inselbuchten. Juvenile (Rückenflosse mit schwarzer Spitze, siehe unten) in kleinen Gruppen auf Sandflächen zwischen Riff und Strand, Adulte einzeln auf tieferen Sandhängen und -flächen.

Gerres oyena   Aqaba, Jordan

SÜSSLIPPEN   HAEMULIDAE

Die Familie umfaßt die Unterfamilien Plectorhinchinae, Süßlippen (Gattungen *Plectorhinchus* und *Diagramma*), und Haemulinae, ästuarine Grunzer (Gattung *Pomadasys*). Es ist eine große Familie mit etwa 120 Arten in Atlantik und Indo-Pazifik. Die Taxonomie war nicht eindeutig wegen der sehr verschiedenen Juvenilen und Adulten, einige wurden erst kürzlich einander zugeordnet. In der Gattung *Diagramma*, lange Zeit für monotypisch gehalten, gibt es nun zwei Arten in unserem Gebiet, eine im Roten Meer *(D. pictum)* und eine zuerst von der Küste Omans gemeldet *(D. labiosum)*. Süßlippen sind hauptsächlich Riffbewohner, tagsüber in Höhlen und Wracks versteckt, nachts über Sand und Kies auf der Suche nach bodenlebenden Wirbellosen. Sie leben einzeln oder in Gruppen, abhängig von der Art oder der Gegend, und laichen pelagische Eier. Die Postlarven sind beim Übergang zum Bodenleben noch klein, oft weniger als 10 mm lang. Kleine Juvenile leben einzeln und haben ein eigenes Farbmuster. Die meisten schwimmen dicht über dem Substrat, indem sie auf ungewöhnliche Weise ihre Schwanzflosse übertrieben bewegen. Die Adulten unterscheiden sich von Juvenilen durch ein proportional kleineres Maul mit dicken Lippen.

Rechte Seite: Schule von **Schwarztupfen-Süßlippen** *Plectorhinchus gaterinus*..

SÜSSLIPPEN   HAEMULIDAE

Orangetupfen-Süßlippe
Netted sweetlips
Länge: bis zu 60 cm.
Verbreitung: südliches Rotes Meer, Arabisches Meer.
Tiefe: 3 - 35 m.
Allgemein: man findet diese Art in Küstenriffen und Hafenbecken ab etwa 3 m Tiefe. Die gestreiften Juvenilen leben meist in Algen- oder Seegrasgebieten, wie an der Südküste Omans.

Plectorhinchus flavomaculatus   Ras Mirbat, Oman

Weißbänder-Süßlippe
Whitebarred sweetlips
Länge: bis zu 90 cm.
Verbreitung: südliches Rotes Meer, Arabisches Meer.
Tiefe: 5 - 50 m.
Allgemein: solitäre Art, die sich aber in Gruppen anderer Süßlippen-Arten mischt. Teile des Körpers sind purpurn. Häufig an der Küste Omans.

Plectorhinchus playfairi   Salalah, Oman

Schotaf-Süßlippe
Minstrel sweetlips
Länge: bis zu 80 cm.
Verbreitung: Rotes Meer, Arabisches Meer.
Tiefe: 1 - 25 m.
Allgemein: um Felsen und Korallenblöcke von der Brandungszone bis 25 m in kleinen Gruppen. Nutzt Gezeitentümpel als Kinderstuben.

Plectorhinchus schotaf   Salalah, Oman

SÜSSLIPPEN   HAEMULIDAE

Schwarztupfen-Süßlippe
Blackspotted sweetlips
L: bis zu 45 cm. V: RM, AM.
T: 5 - 55 m. A: die meisten häufigen Süßlippen-Arten des Roten Meeres verstecken sich tagsüber unter Korallen. Juvenile (kleines Foto unten) tragen drei Doppelstreifen, die bei Adulten zu schwarzen Flecken werden. Während eines Abenddämmerungs-Tauchgangs am Sanganeb-Riff vor Port Sudan beobachtete der Autor ein seltenes Spektakel: in 20 m schwammen tausende Schwarztupfen-Süßlippen an dem wie verzauberten Taucher vorbei, der nie zuvor eine solche Menge gesehen hatte. Offensichtlich versammelten sie sich hier zu Werbung und Paarung: die Süßlippen schwammen durcheinander, in Kreisen und in Schüben zur Oberfläche. Nach etwa einer halben Stunde wurde es dunkel, und der Zuschauer kehrte mitten durch den riesigen Fischschwarm zur Oberfläche zurück. In etwa 5 m war das Wasser milchig von Eiern und Sperma, beides hatten die Fische bei ihrem Paarungstanz ins Wasser abgegeben.

Daedalus Reef, Ägypten

Plectorhinchus gaterinus   Marsa Alam, Ägypten

Schwarten-Süßlippe
Gibbus sweetlips
Länge: bis zu 60 cm.
Verbreitung: südliches Rotes Meer, Arabisches Meer.
Tiefe: 10 - 40 m.
Allgemein: diese Süßlippe bevorzugt die trüben Gewässer der Innenriffe. Eine solitäre Art. Kleines Foto unten: ein juveniles Tier.

Plectorhinchus gibbosus   Jeddah, Saudi-Arabien

SÜSSLIPPEN HAEMULIDAE

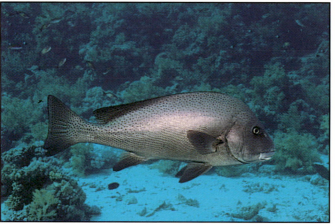

Diagramma punctatum Ras Mohamed, Sinai

Silber-Süßlippe
Silver sweetlips
Länge: bis zu 90 cm.
Verbreitung: Rotes Meer, Arabisches Meer.
Tiefe: 3 - 30 m.
Allgemein: diese Süßlippen-Art lebt einzeln oder in kleinen Gruppen in Lagunen und Innenriffen. Das kleine Foto unten zeigt ein juveniles Tier.

Diagramma cinerascens Ras al Hamra, Oman

Schiefer-Süßlippe
Slate sweetlips
L: bis zu 100 cm. V: RM, AM. T: 1 - 30 m. A: Adulte in kleinen Gruppen, wird oft mit *D. labiosum* verwechselt. Wird taxonomisch bearbeitet, erste Fotos aus Oman. Juvenile einzeln, erst in Gruppen, wenn sie das Streifenmuster verlieren (siehe unten).

Pomadasys commersonni Ras al Hadd, Oman

Brackwasser-Süßlippe
Smallspotted grunt
Länge: bis zu 80 cm.
Verbreitung: Arabisches Meer.
Tiefe: 1 - 15 m.
Allgemein: in Küstengewässern, Mangrovengebieten, geschützten Ästuaren und Tidenflüssen. Die Art frißt hauptsächlich Krebse und Fische, indem sie diese aus Löchern in Sand und Schlamm bläst. Erreicht 10 kg und ist in unserem Gebiet ein geschätzter Speisefisch. Die Art ist scheu und schwierig zu fotografieren.

SÜSSLIPPEN   HAEMULIDAE

Schulen-Süßlippe
Schooling grunt
Länge: bis zu 25 cm.
Verbreitung: Golf von Oman bis Golf von Aden.
Tiefe: 3 - 20 m.
Allgemein: in Schulen von 100 oder mehr Tieren. Die Art lebt über Sandboden mit Korallenriff-Flecken. Erst 1995 beschrieben und vorher mit *Pomadasys furcatum* aus dem Indo-Malayischen Raum verwechselt.

Pomadasys taeniatus — Ras Mirbat, Oman

Gelbrücken-Süßlippe
Yellowback grunt
Länge: bis zu 27 cm.
Verbreitung: Golf von Aden bis Golf von Oman.
Tiefe: 2 - 18 m.
Allgemein: küstennah, eher über Fels- als über Sandgrund. Erst 1995 beschrieben und nahe verwandt mit *Pomadasys guoraca* aus Indien und Sri Lanka, mit gelben Streifen unter der Seitenlinie, gelber Anal- und paarigen Flossen und einem weißen Hinterrand der Schwanzflosse. Juvenile *P. aheneus* (nicht abgebildet) haben drei verschieden breite, braune Längsstreifen auf dem Rücken. Diese Streifen sind bei 13 cm Länge noch zu sehen und verblassen später.

Pomadasys aheneus — Al Mukalla, Jemen

89

SCHNAPPER — LUTJANIDAE

Eine große Familie mit 4 Unterfamilien, 17 Gattungen und 103 Arten weltweit, die meisten von ihnen leben im West-Pazifik. Die größte Unterfamilie sind die Lutjaninae mit 6 Gattungen und 72 Arten (43 im West-Pazifik). Viele Schnapper sind aufs Tiefwasser beschränkt, andere kommen in Ästuaren und sogar im Süßwasser vor. Hier werden die Riffbewohner vorgestellt, die dem Taucher begegnen. Die meisten aller schulenden Fische im Roten Meer sind Lutjaniden. Arten anderer Familien mischen sich häufig mit Schnappern, wie auf einigen der folgenden Fotos zu sehen.

Schnapper leben hauptsächlich benthisch, viele Arten wechseln ihr Habitat während des Wachstums. Sie wandern oft aus Ästuaren oder Süßwasser (Juvenile) in vollmarine Habitate (Adulte) ab. Ihre Eier sind pelagisch, sehr zahlreich und messen weniger als 1 mm im Durchmesser. Die Postlarven gehen je nach Art mit etwa 20 - 40 mm Länge zum Bodenleben über. Alle Schnapperarten sind carnivor, sie fressen kleine Fische und benthische oder planktonische Wirbellose. Das Verhalten ist bei den verschiedenen Familienmitgliedern sehr unterschiedlich, einige Arten leben einzeln, andere schulen nach Größe.

Viele Schnapper behalten einen Augenfleck des Jugendmusters auf der Rückenseite zurück, wenn sie heranwachsen. Daher sind einige blaugestreifte Arten mit Augenfleck als Adulte schwer zu identifizieren.

Eng mit den Schnappern verwandt sind die Füsiliere, die kleine tropische Familie Caesionidae mit 4 Gattungen und 20 Arten. Sie sind auf die indopazifische Region beschränkt, einige kommen bis in warm-temperierte Zonen vor. Auch sie leben in Schulen, sind planktivor und haben stromlinienförmige Körper. Am Riff haben die leuchtenden Farben dieser Fische hohen Schmuckwert. Sie bilden sogar größere Schulen als die Schnapper, man sieht sie oft an den Riffhängen und -wänden auf der Jagd nach Zooplankton patrouillieren. Ei- und Larvalentwicklung verlaufen wie bei den Schnappern. Die Eier sind klein und pelagisch, mit unter 1 mm Durchmesser; die Larven schlüpfen mit etwa 2 mm Länge; die Postlarven sind etwa 30 mm lang, wenn sie sich in kleinen Gruppen an der Basis seichter Riffe niederlassen.

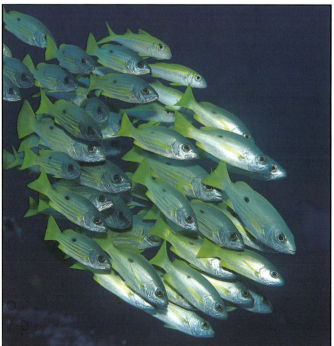

Lutjanus fulviflamma Marsa Alam, Ägypten

Schwarzflecken-Schnapper
Dory snapper
L: bis zu 35 cm. V: Rotes Meer, Arabisches Meer. T: 1 - 35 m. A: lebt in kleinen Gruppen im trüben Wasser von Innenriffen oder Mangrovengebieten, oft auch über Felsgrund. Juvenile im Brackwasser. Der auffällige, längliche, schwarze Fleck auf der Seitenlinie unter dem vorderen weichstrahligen Teil der Rückenflosse ist leider kein artspezifisches Merkmal, da andere Familienmitglieder einen sehr ähnlichen Fleck an der selben Stelle haben.
  Rechts der häufigste Schnapper unseres Gebietes, der **Blaustreifen-Schnapper** *Lutjanus kasmira* (Länge: bis zu 35 cm. Tiefe: 5 - 60 m).

SCHNAPPER   LUTJANIDAE

Ehrenbergs Schnapper
Ehrenberg's snapper
Länge: bis zu 35 cm, aber selten über 25 cm.
Verbreitung: Rotes Meer, Arabisches Meer.
Tiefe: 5 - 20 m.
Allgemein: eine Küstenart, meist in Schulen über seichten Riffen nahe Mangroven, in Lagunen, manchmal in großer Zahl nahe Flußmündungen. Juvenile hauptsächlich im Brackwasser, in Mangroven und Ästuaren. Kleine Juvenile haben breitere und weniger orange Streifen. Der häufigste küstennah lebende Schnapper im Golf von Oman.

Lutjanus ehrenbergii   Safaga, Ägypten

Blaulinien-Schnapper
Bluelined snapper
L: bis zu 40 cm. V: Rotes Meer bis Golf von Oman.
T: 3 - 26 m. A: einer der gelben Schnapper mit 7 bis 8 blauen Streifen und einem großen, ovalen, schwarzen Seitenfleck. Das kleine Foto unten zeigt ein Jungtier.

Lutjanus coeruleolineatus   Al Mukalla, Jemen

Fünflinien-Schnapper
Five-line snapper
Länge: bis zu 38 cm.
Verbreitung: Rotes Meer, Arabisches Meer.
Tiefe: 2 - 40 m.
Allgemein: in Küstenriffen, Lagunen und an Außenriffhängen. In kleinen Gruppen oder großen Schulen. Juvenile in Ästuaren, auf Sandgrund fressend. Sie ähneln den Adulten, sind aber weniger gelb, ihr dunkler Fleck ist immer auffällig. Adulte können diesen Fleck "abschalten" und sind leicht mit dem Blaustreifen-Schnapper *Lutjanus kasmira* zu verwechseln, haben aber 5 statt 4 blaue Längsstreifen.

Lutjanus quinquelineatus   Muscat, Oman

SCHNAPPER   LUTJANIDAE

Doppelfleck-Schnapper
Twinspot snapper
L: bis zu 80 cm. V: RM, AM. T: 10 - 55 m. A: Adulte in riesigen Schulen an Außenriffhängen (großes Foto). Auch über Riffen oder Sandflächen mit Fleckriffen. Name wegen der zwei weißen Rückenflecken der Juvenilen (kleines Foto unten). Kann ciguatoxisch sein und ist daher in vielen Gebieten vom Markt verbannt.

Lutjanus bohar — Ras Mohamed, Sinai

Einfleck-Schnapper
One-spot snapper
Länge: bis zu 60 cm.
Verbreitung: Rotes Meer, Golf von Oman und Süd-Oman.
Tiefe: 5 - 30 m.
Allgemein: im Roten Meer häufig. Adulte in geschützten Riffen mit Höhlen, oft nahe Wracks. Meist einzeln oder in kleinen, losen Gruppen, die sofort mit attraktivem Formationsschwimmen beginnen, sobald sie einen UW-Fotografen bemerken. Juvenile sind unbekannt und vielleicht wegen ihrer Ähnlichkeit zu anderen Arten bisher übersehen worden. Nachtaktiv, frißt hauptsächlich Fische.

Lutjanus monostigma — Marsa Alam, Ägypten

SCHNAPPER LUTJANIDAE

Lutjanus rivulatus — Ras al Khayran, Oman

Blaulippen-Schnapper
Blubberlip snapper
Länge: bis zu 80 cm.
Verbreitung: Rotes Meer, Arabisches Meer.
Tiefe: 3 - 150 m.
Allgemein: einzeln oder in kleinen Gruppen in Lagunen und über Außenriffhängen. Adulte im tieferen Wasser. Die dicken Lippen lassen sie mehr wie Süßlippen als Schnapper aussehen, daher der Populärname. Man muß sehr nahe herankommen, um das hellblaue Fleckenmuster auf dem gesamten Körper dieses Schnappers sehen und genießen zu können.

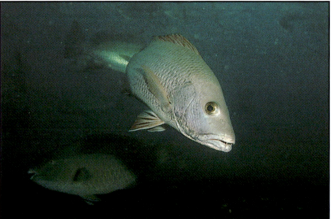

Lutjanus argentimaculatus — Masirah, Oman

Mangroven-Schnapper
Mangrove snapper
Länge: bis zu 100 cm, vielleicht bis 120 cm.
Verbreitung: Rotes Meer, Arabisches Meer.
Tiefe: 1 - 120 m.
Allgemein: Juvenile in Mangrovengebieten und den Unterläufen von Flußsystemen. Größere Juvenile in Schulen an Küstenriffen und allmählich in tieferes Wasser abwandernd.

Lutjanus gibbus — Shaab Rumi, Sudan

Buckel-Schnapper
Humpback snapper
Länge: bis zu 45 cm.
Verbreitung: Rotes Meer, im Arabischen Meer selten.
Tiefe: 2 - 35 m.
Allgemein: dieser Schnapper wurde von dem berühmten schwedischen Rotmeerforscher Peter Forsskal beschrieben. Im Gegensatz zu den Schulen bei den Riffen der Malediven, sieht man diese Art im Roten Meer eher einzeln oder paarweise entlang der Rifflächen und Drop-offs. Schwimmt oft zusammen mit anderen Schnapperarten. Adulte sind leicht an ihrem großen Stirnbuckel zu erkennen.

SCHNAPPER   LUTJANIDAE

Schwarzweiß-Schnapper
Black-and-white snapper
L: bis zu 60 cm. V: RM, AM. T:
5 - 20 m. A: Adulte oft in
Gruppen entlang der Steilhänge von Lagunen, Kanälen und Außenriffen. Zum Fressen lösen sich die Schulen nachts wohl auf. Der Populärname stammt vom Jugendfarbmuster, siehe kleines Foto unten. Der ähnliche *M. macularis* ist aus unserem Gebiet nicht bekannt.

Macolor niger   Ras Mohamed, Sinai

Füsilier-Schnapper
Fusilier snapper
Länge: bis zu 25 cm.
Verbreitung: Rotes Meer,
Arabisches Meer.
Tiefe: 20 - 200 m.
Allgemein: zunächst sieht diese semipelagische Art aus wie ein Füsilier, wenn auch mit kräftigerem Körperbau. Morphologische Daten beweisen aber die Zugehörigkeit zu den Schnappern. Sie frißt wie die Füsiliere ausschließlich Zooplankton und schwimmt auch in Schulen. Ihre Hauptnahrung sind Planktonkrebse, wie durch Magenuntersuchungen bestätigt wurde.
   Dies ist das erste Foto der recht seltenen Art in der populären Literatur.

Paracaesio caeruleus   Radir el Bar, Ägypten

SCHNAPPER   LUTJANIDAE

Pinjalo-Schnapper
Pinjalo snapper
L: bis zu 60 cm. V: südliches Rotes Meer, Arabisches Meer. T: 15 - 60 m. A: trotz ihrer weiten Verbreitung sieht der Taucher diese seltene Art nicht oft. Sie lebt in kleinen Gruppen im Flachwasser. Die typische rote Färbung ist nur im Kunstlicht zu sehen.

Pinjalo pinjalo   Bab el Mandeb, Jemen

Großer Jobfisch
Big jobfish
Länge: bis zu 100 cm.
Verbreitung: Rotes Meer, Arabisches Meer.
Tiefe: 10 - 100 m.
Allgemein: großer Räuber, schießt in die Riffe, um Kraken, Tintenfische und Fische zu jagen. Große Individuen können ciguatoxisch sein. Der Große Jobfisch ist sehr scheu, wenn sich ein Taucher nähert, und immer auf Abstand bedacht. Sein Fleisch wird von Anglern und den Fischern rund um die Arabische Halbinsel hoch geschätzt.

Aprion virescens   Zugar Island, Jemen

Kleiner Jobfisch
Small jobfish
Länge: bis zu 40 cm.
Verbreitung: Rotes Meer, Arabisches Meer.
Tiefe: 6 - 70 m.
Allgemein: wie der Populärname andeutet, wird diese Art nicht so groß wie *Aprion virescens*. Das Verhalten beider Arten ist ähnlich: sie leben einzeln und fressen hauptsächlich pelagische Krebse und Fische. Der Kleine Jobfisch lebt im offenen Wasser nahe klaren Lagunen und Außenriffen.

Aphareus furca   Jeddah, Saudi-Arabien

FÜSILIERE   CAESIONIDAE

Rotmeer-Füsilier
Red Sea fusilier
Länge: bis zu 25 cm.
Verbreitung: nur Rotes Meer.
Tiefe: 1 - 20 m.
Allgemein: gut am weißen Rand vor dem schwarzen Fleck an den Schwanzflossenspitzen zu erkennen. Das kleine Foto unten zeigt den mutigsten Putzerfisch des Roten Meeres.

Caesio suevica — El Quseir, Ägypten

Streifen-Füsilier
Striped fusilier
Länge: bis zu 18 cm.
Verbreitung: nur Rotes Meer.
Tiefe: 2 - 25 m.
Allgemein: an vier schmalen schwarzen Streifen und dem rosa Bauch zu erkennen. Der schlankste Füsilier im Roten Meer lebt in großen Schulen.

Caesio striata — Sanganeb, Sudan

Himmelblauer Füsilier
Lunar fusilier
L: bis zu 28 cm. V: Rotes Meer, Golf von Aden, Arabischer Golf. T: 2 - 20 m. A: in Gruppen über Rifflächen und Saumriffen; frißt Plankton. Adulte weiter im tiefen, klaren Wasser von den Riffen entfernt als andere Füsilierarten.

Caesio lunaris — Al Mukalla, Jemen

FÜSILIERE   CAESIONIDAE

Caesio caerulaurea — Towartit, Sudan

Goldstreifen-Füsilier
Gold-striped fusilier
Länge: bis zu 24 cm.
Verbreitung: Rotes Meer, nicht im nördlichen Arabischen Meer.
Tiefe: 3 - 18 m.
Allgemein: leicht an dem goldenen Seitenstreifen zu erkennen, der sich bis auf die obere Schwanzflossenhälfte zieht. Schulender Dauerschwimmer, in Gruppen von bis zu 50 Tieren. Nur über Korallenriffen oder auf Patrouille entlang steiler Riffhänge und Drop-offs zu sehen. Nachts wie alle anderen Füsilier-Arten in Spalten oder zwischen Korallen versteckt.

Vielstreifen-Füsilier
Manylined fusilier
Länge: bis zu 22 cm.
Verbreitung: Rotes Meer, Arabisches Meer.
Tiefe: 3 - 25 m.
Allgemein: erst kürzlich beschrieben. In kleinen Gruppen über Felsen und Korallenriffen. Mischt sich mit anderen Füsilier-Arten.

Caesio varilineata — Hurghada, Ägypten

Gelbband-Füsilier
Yellow-band fusilier
Länge: bis zu 30 cm.
Verbreitung: Rotes Meer.
Tiefe: 3 - 25 m.
Allgemein: Juvenile und Adulte in der Färbung verschieden, gelbes Band im Alter breiter. Auf üppigen Korallenriffhängen, in Küsten- und Außenrifflagunen, meist in kleinen Gruppen. In unserem Gebiet nur aus dem nördlichen Roten Meer bekannt.

Pterocaesio chrysozona — Ras Atar, Sinai

STRASSENKEHRER   LETHRINIDAE

Blauschuppen-Straßenkehrer
Bluescale emperor
Länge: bis zu 80 cm.
Verbreitung: Rotes Meer, Arabisches Meer.
Tiefe: 2 - 50 m.
Allgemein: eine häufige Art, oft in kleinen Gruppen über Korallenriffen, Seegraswiesen, Geröll- und Sandflächen, Selten in so großen Schulen zu sehen wie auf dem Foto oben rechts. Im Roten Meer mehrmals dabei beobachtet worden, wie sie über Seegras-bewachsenen Hängen zwischen den Pflanzen versteckte Tintenfische jagt.

Lethrinus nebulosus   Ras Mohamed, Sinai

Goldstreifen-Straßenkehrer
Goldenstriped emperor
Länge: bis zu 40 cm.
Verbreitung: Rotes Meer, Arabisches Meer.
Tiefe: 10 - 30 m.
Allgemein: einzeln lebend, nur selten in kleinen Gruppen zu sehen. Dieser Straßenkehrer lebt zwischen Fleckriffen auf Sandgrund. Das große Foto zeigt einen Adulten in einer *Rumphella*-Fächerkoralle, die Orte mit hoher Lichtintensität und starker Strömung bevorzugt; das kleine Foto unten zeigt einen Juvenilen in Seegras.

Lethrinus obsoletus   Shaab Samadai, Ägypten

STRASSENKEHRER	LETHRINIDAE

Gesprenkelter Straßenkehrer
Variegated emperor
Länge: bis zu 25 cm.
Verbreitung: RM, AM.
Tiefe: 10 - 160 m. Allgemein: in Algen- und Seegrasfeldern mit einzelnen Korallenblöcken. Kleines Foto: zwei Juvenile in einer Hydrozoenkolonie in einer Seegraswiese.

Lethrinus variegatus — Muscat, Oman

Schwarzfleck-Straßenkehrer
Blackpatch emperor
Länge: bis zu 60 cm.
Verbreitung: Rotes Meer, Arabisches Meer.
Tiefe: 5 - 20 m.
Allgemein: solitäre Flachwasserart auf Sand-, Geröll- und Seegrasböden der Innenriffe und Küstenlagunen. Manchmal auch in Mangrovengebieten zu finden. Frißt viele verschiedene benthische Wirbellose wie Vielborstenwürmer, Krebstiere, Mollusken und Stachelhäuter sowie kleine Fische.

Lethrinus harak — Aqaba, Jordan

Gelblippen-Straßenkehrer
Yellowlips emperor
Länge: bis zu 70 cm.
Verbreitung: Rotes Meer, nicht im Arabischen Golf.
Tiefe: 5 - 50 m.
Allgemein: dieser Straßenkehrer ist ein aggressiver Jäger bei Korallenköpfen und Saumriffen. Der schnelle Schwimmer lebt einzeln. Er ist leicht an seiner gelben Oberlippe zu erkennen, wovon auch wissenschaftlicher und populärer Name abgeleitet sind.

Lethrinus xanthochilus — Elphinstone, Ägypten

STRASSENKEHRER   LETHRINIDAE

Mahsena-Straßenkehrer
Mahsena emperor
L: bis zu 65 cm. V: Rotes Meer, Golf von Oman, nicht im Arabischen Golf. T: 3 - 100 m. A: einzeln oder in kleinen Gruppen in küstennahen Korallenriffen. Frißt verschiedene Wirbellose, besonders Diadem-Seeigel (siehe die Stachelnarben am Kopf des Adulten).

Lethrinus mahsena — Rocky Island, Ägypten

Langnasen-Straßenkehrer
Longnosed emperor
Länge: bis zu 100 cm.
Verbreitung: Rotes Meer, Arabisches Meer.
Tiefe: 1 - 185 m.
Allgemein: ohne auffällige Körperzeichnung, hat aber die längste Schnauze aller Gattungsmitglieder. Schneller, aggressiver Schwimmer in Lagunen und Korallenriffen, frißt hauptsächlich bodenlebende Fische, weniger Krebstiere, Kraken, Kalmare, Muscheln und Stachelhäuter. Juvenile sind oft in Schulen in seichten Sandgebieten zu sehen.

Lethrinus olivaceus — Ras Umm Sid, Sinai

Großaugen-Straßenkehrer
Bigeye emperor
L: max. bis zu 60 cm, meist nur bis 40 cm. V: RM, AM. T: 5 - 50 m. A: relativ häufig über Sandflecken. Adulte tagsüber in Gruppen. Während Juvenile (siehe kleines Foto unten) braune und weiße Streifen haben, sind Adulte silbern.

Monotaxis grandoculis — Ras Nasrani, Sinai

MEERBRASSEN　　　　　　SPARIDAE

Diplodus noct　　　　Safaga, Ägypten

Rotmeer-Brasse
Red Sea seabream
Länge: bis zu 25 cm.
Verbreitung: Rotes Meer.
Tiefe: 1 - 15 m. Allgemein: lebt küstennah im Flachwasser, häufig in Gruppen über Felsriffen, aber auch unter Bootsstegen. Der schwarze Schwanzstielfleck der Juvenilen (siehe unten) verblaßt im Alter.

Diplodus omanensis　　　　Ras Raysut, Oman

Zebra-Brasse
Zebra seabream
Länge: bis zu 50 cm.
Verbreitung: Arabisches Meer.
Tiefe: 5 - 40 m.
Allgemein: einzeln oder paarweise in küstennahen Felsriffen. Zum Laichen in Mangrovengebieten. Frißt Fische, Mollusken, Krebstiere und Würmer. Die Unterart *D. c. cervinus* lebt im Atlantik und im östlichen Mittelmeer

Boops lineatus　　　　Ras Abu Daud, Oman

Streifenstrieme
Striped boga
L: bis zu 25 cm. V: AM. T: 2 - 17 m. A: einzeln oder in Schulen im Flachwasser.
　Kleines Foto unten:
Haffara-Brasse *Rhabdosargus haffara* (35 cm), einzeln oder in Schulen im Flachwasser über Sand und Silt vom Roten Meer bis zum Arabischen Golf.

MEERBRASSEN   SPARIDAE

Zweibandbrasse
Twobar seabream
Länge: bis zu 50 cm.
Verbreitung: Rotes Meer,
Arabisches Meer.
Tiefe: 2 - 25 m.
Allgemein: diese attraktive Meerbrasse lebt einzeln oder in losen Gruppen in geschützten Buchten, Ästuaren und flachen Korallenriffen: Saumriffe im Roten Meer, Fleckriffe vor der Küste Omans. Durch die zwei vertikalen schwarzen Bänder auf dem Kopf leicht von anderen Meerbrassen zu unterscheiden. Tieren aus dem Roten Meer fehlt der schwarze Rand der gelben Rückenflosse der Exemplare aus dem Arabischen Meer (vergleiche die beiden großen Fotos). Das kleine Foto unten zeigt eine typische Gruppe von Zweibandbrassen, die langsam ein Rotmeer-Saumriff an der ägyptischen Südküste in hellem Sonnenschein durchqueren.

Tiran, Sinai

Acanthopagrus bifasciatus   Ras Mirbat, Oman

Flußbrasse
River seabream
Länge: bis zu 75 cm.
Verbreitung: Rotes Meer,
Arabisches Meer.
Tiefe: 2 - 50 m.
Allgemein: diese Brasse ist ein sehr scheuer Bodenfisch. Meist über steinigen oder schlammigen Sandböden in küstennahem und brackigem Wasser, besonders in Ästuaren, geht sogar ins Süßwasser. Juvenile häufig in Mangrovengebieten, Adulte im Meer bevorzugen trübes Wasser. Die Art mischt sich in kleine Gruppen von Süßlippen, die im Substrat nach Bodenwirbellosen graben (Seeigel, besonders Sanddollars).

Acanthopagrus berda   Muscat, Oman

SCHEINSCHNAPPER — NEMIPTERIDAE

Arabischer Scheinschnapper
Arabian threadfin bream
L: bis zu 20 cm. V: RM, AM. T: 3 - 20 m. A: einer der häufigsten Scheinschnapper. Oft paarweise, auch in Gruppen über küstennahen Rifflächen. Nicht scheu gegenüber Tauchern. Kleines Foto unten aus Ägypten: Jugendfärbung.

Scolopsis ghanam — Dahlak, Eritrea

Daumenabdruck-Scheinschnapper
Thumbprint threadfin bream
Länge: bis zu 30 cm.
Verbreitung: Rotes Meer, Arabisches Meer.
Tiefe: 10 - 60 m.
Allgemein: dieser Scheinschnapper lebt auf oder bei Fleckriffen in Sand- oder Siltflächen. Frißt viele verschiedene Bodenwirbellose wie Krebstiere, Mollusken, Stachelhäuter und auch kleine Fische. Sein Populärname stammt offensichtlich von dem großen, länglichen dunklen Fleck ("Daumenabdruck") auf jeder Körperseite.

Scolopsis bimaculatus — Wingate, Sudan

Weißwangen-Scheinschnapper
Whitecheek threadfin bream
Länge: bis zu 25 cm.
Verbreitung: Rotes Meer, Arabisches Meer.
Tiefe: 5 - 45 m.
Allgemein: in Innenriffen und Lagunen, auch im schlammigen Wasser von Flußmündungen. Einzeln oder paarweise, gräbt im Substrat nach Bodenwirbellosen.

Rechts eine Gruppe des **Rundkopf-Fledermausfisches** *Platax orbicularis* zwischen reichem Korallenwuchs bei Shadwan, Ägypten (siehe auch folgende Seite).

Scolopsis torquata — Daymaniyat, Oman

FLEDERMAUSFISCHE EPHIPPIDAE

Rundkopf-Fledermausfisch
Circular batfish
L: bis zu 50 cm. V: RM, AM. T: 5 - 35 m. A: adult paarweise oder in Gruppen nahe Riffen (siehe auch SCHUTZZONE). Juvenile küstennah, in Brackwasser oder Mangroven, imitieren auf der Seite liegend treibende braune Blätter. Die Art frißt Algen, Wirbellose und Fische. P. orbicularis hat einen runden Kopf, der dunkle Brustflossenfleck von P. teira fehlt. Bauch- und Afterflossen mit schwarzen Rändern. P. pinnatus, oft für unser Gebiet angegeben, lebt nur im Westpazifik. Siehe auch Vorseite.

Platax orbicularis — Jeddah, Saudi-Arabien

Langflossen-Fledermausfisch
Longfin batfish
L: bis zu 50 cm. V: RM, AM. T: 1 - 35 m. A: adult paarweise dicht über dem Boden. Die Art frißt Zooplankton und Quallen. Wenig scheu, auch bei Wracks. Der Name rührt von den Flossen der Juvenilen her (siehe kleines Foto).

Platax teira — Shaab Abu Nuhas, Ägypten

Streifen-Sichelflosser
Barred sicklefish
Länge: bis zu 32 cm.
Verbreitung: Rotes Meer, Arabisches Meer.
Tiefe: 5 - 20 m.
Allgemein: die Sichelflosser werden hier als Unterfamilie der Fledermausfische angesehen, werden aber manchmal auch in eine eigene Familie Drepanidae gestellt.
Sichelflosser leben meist über Sand- und Schlammböden, aber auch in Korallenriffen, wie im Foto zu sehen. Außerdem sind sie im schlammigen Wasser von Ästuaren zu finden.

Drepane longimana — Hanish Island, Jemen

PUTZFIMMEL

Viele Tiere haben unter Hautparasiten zu leiden, so auch die Fische im Wasser. Allerdings ist es für sie nicht so einfach wie für Hund und Katze, die sich dort kratzen können, wo die Plagegeister jucken. Ein zweites Lebewesen wäre nützlich, um als Helfer da eingreifen zu können, wo Fischläuse an der Haut schmarotzen oder Pilze und Bakterien dauerhafte Infektionen erzeugt haben, denn der sprichwörtlich gesunde Fisch im Wasser ist eine Legende. Genau solche Helfer von außen gibt es in der Tat: im Laufe der Evolution haben sich nämlich die unterschiedlichsten Putzsymbiosen gebildet. Diese werden als Partnerschaft definiert, in der bestimmte Tiere andere von äußeren Parasiten und loser oder kranker Haut befreien. Da beide Seiten Vorteile haben - Linderung für den "Kunden", Nahrung für den "Barbier" - spricht man von einer Symbiose. Nun sind diese Helfer nicht etwa Tiere der gleichen Art, wie man aus menschlicher Sicht annehmen könnte, sondern immer andere, spezialisierte Fisch- und Krebstierarten.

Eine große Gruppe putzender Meeresbewohner sind - hauptsächlich in tropischen Korallenriffen - Garnelen der Familien Palaemonidae (Partnergarnelen) und Hippolytidae (Putzergarnelen). Neben den Parasiten und Hautfetzen der Wirtsfische werden aber auch Detritus und sogar kleine Fische als Nahrung aufgenommen. Auch signalisieren nicht alle Arten so deutlich wie die ortstreue Weißband-Putzergarnele *Lysmata amboinensis* durch charakteristische Bewegungen der weißen Antennen ihre Putzerdienste. Doch nach erfolgreicher Verständigung über das Problem läßt sich der Arabische Kaiserfisch *Pomacanthus maculosus* sogar von einer Rotmeer-Anemonengarnele *Periclimenes longicarpus* geduldig mit abgespreiztem Kiemendeckel den Kiemenraum säubern. Bislang war über die Ernährungsweise dieser Partnergarnele, die zu mehreren auf

Anemonen lebt, nichts bekannt. Erstmalig liegt der Nachweis der Putzertätigkeit einer Art dieser Familie vor.

Bekannter als Putzer sind Fische diverser Arten der Familien Lippfische (Labroidae), Grundeln (Gobiidae), Schildbäuche (Gobiesocidae), Falterfische (Chaetodontidae) und sogar junge Kaiserfische (Pomacanthidae). Auch einige der Schiffshalter (Echeneidae) ernähren sich vornehmlich von den Parasiten ihrer "Reittiere".

Wenn vom Putzerfisch die Rede ist, meint man meist den bis 10 cm langen, hellblau und schwarz längsgestreiften Putzer-Lippfisch *Labroides dimidiatus*. Einzeln oder paarweise, nur ganz selten in Gruppen, lebt er standorttreu im Riff. Oft fallen seine "Barbierstuben" auch dem aufmerksamen Taucher allein durch ihre Besonderheit auf: eine große Tischkoralle, ein einzelnstehender Korallenblock, etwas, das aus dem Wirrwarr des Rifflebens optisch hervorsticht. Das ist der Ort, den die Kunden ansteuern müssen und den sich die lokale Klientel merkt. Die Putzerfische selbst schwimmen nur mit den Brustflossen mit unablässig schlängelnden und wippenden Bewegungen. So geben sie sich den Kunden zu erkennen und verhindern, daß sie von den meist viel größeren Raubfischen als leichte Beute gefressen werden.

Es sind nicht nur Kleintierfresser wie der prächtige Halbmond-Kaiserfisch *Pomacanthus asfur* und die Schwarztupfen-Süßlippe *Plectorhinchus gaterinus*, die geputzt sein wollen. Auch zähnestarrende Räuber wie der Rotmeer-Forellenbarsch *Plectropomus pessuliferus marisrubri* (hier von einem juvenilen Schweinslippfisch *Bodianus axillaris* geputzt), der dicht unter der

Wasseroberfläche lauernde Krokodil-Hornhecht *Tylosurus crocodilus* und sogar die nachts auf Beutefang schwimmende Riesenmuräne *Gymnothorax javanicus* und die Rußkopfmuräne *Gymnothorax flavimarginatus* (hier von dem juvenilen Lippfisch *Halichoeres hortulanus* geputzt) halten bei der Behandlung durch einen akzeptierten Helfer still.

Auch die Kunden haben eine "Zeichensprache", um dem Putzer ihr Anliegen nahezubringen. Sie signalisieren durch langsames Heranschwimmen, das in eine Schräghaltung mit dem Kopf nach oben übergeht, ihre Bedürfnisse. Schließlich werden Maul und Kiemendeckel weit geöffnet, um den nur scheinbar nervös wippenden Putzerfischen den Zugang zu den wichtigsten Stellen zu gewähren. Jetzt werden eifrig Nahrungsreste zwischen den Zähnen herausgepickt und lästige parasitische Ruderfuß-Krebse (Copepoda) von den Kiemenfilamenten gesammelt. Anschließend wird die gesamte Hautoberfläche sozusagen im Vorbeischwimmen auf schadhafte Stellen und Fischläuse (Meerasseln, Isopoda) überprüft, die so weit wie möglich weggeknabbert werden. Ist der Kunde abgefertigt, entfernen sich die zwergenhaften Helfer, ist der Kunde zufrieden, schließt er Maul und Kiemendeckel langsam und schwimmt ohne ein Trinkgeld zu geben davon.

Versuche im Riff haben es bestätigt: nach dem Entfernen der Putzerfische wurden die verbliebenen Fische zunehmend von Hautkrankheiten geplagt und wanderten schließlich in benachbarte Gebiete mit besserer sanitärer Versorgung ab! Trotz gegenteiliger Ergebnisse bei gleichen Unternehmungen in anderen Gebieten geht man heute von der Tatsache aus, daß die Putzer eine wesentliche Rolle im ökologische Gleichgewicht des Korallenriffes spielen.

BEILBAUCHFISCHE — PEMPHERIDAE

Pempheris vanicolensis — Al Mukalla, Jemen

Höhlen-Beilbauchfisch
Cave sweeper
Länge: bis zu 18 cm.
Verbreitung: Rotes Meer, Arabisches Meer.
Tiefe: 3 - 40 m.
Allgemein: tagsüber in Schulen unter Überhängen oder in Höhlen. Nachts über dem Riff auf Futtersuche. Vor der Küste Omans sogar mittags in kleinen Gruppen auf Sandflecken mit einzelnen Korallenköpfen beobachtet.

Pempheris adusta — Ras Nasrani, Sinai

Düsterer Beilbauchfisch
Dusky sweeper
L: bis zu 17 cm. V: Rotes Meer, Arabisches Meer. T: 10 - 50 m. A: in Schulen über Felsen- und Korallenriffen. Tagsüber unter schützenden Überhängen und in dunklen Höhlen (siehe Foto links). Nachts über dem Riff verteilt auf der Jagd nach Zooplankton.

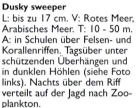

Parapriacanthus ransonneti — Elphinstone, Ägypten

Gelber Feger
Yellow sweeper
L: bis zu 10 cm. V: RM, AM. T: 10-50 m. Allgemein: nachtaktiv, in großen, dichten Schulen, oft große Höhlen in Drop-offs füllend (siehe großes Foto). Verteilen sich nachts im offenen Wasser, um Plankton zu fressen. Besitzt Leuchtorgane am Darm.

RUDERBARSCHE   KYPHOSIDAE

Heller Ruderbarsch
Snubnose rudderfish
L: bis zu 45 cm. V: RM, AM. T:
1 - 15 m. A: über Hartböden
exponierter Außenriffflächen.
Omnivor. Kleines Foto unten:
der ähnliche **Dunkle Ruderbarsch** Kyphosus vaigiensis
erreicht bis zu 60 cm Länge.
Häufig unter Bootsstegen.
Frißt hauptsächlich Algen.

Kyphosus cinerascens   Ras Atantur, Sinai

FLOSSENBLÄTTER   MONODACTYLIDAE

Silber-Flossenblatt
Silver batfish
Länge: bis zu 23 cm.
Verbreitung: Rotes Meer,
Arabisches Meer.
Tiefe: 0,5 - 8 m.
Allgemein: schulende Art, häufig in Süßwasser, Ästuaren,
Hafenbecken, manchmal über
siltigen Küstenriffen. Frißt tags
und nachts Plankton im Freiwasser, auch an der Ober-
fläche treibende Insekten.
Jugendfärbung dunkel, adult silbern. Juvenile im Brackwasser,
manchmal bis ins Süßwasser
vordringend.

Monodactylus argenteus   Seven Brothers, Jemen

DREISCHWÄNZE   LOBOTIDAE

Dreischwanz
Tripletail
Länge: bis zu 100 cm, 15 kg.
Verbreitung: Rotes Meer.
Tiefe: 0,2 - 20 m. Allgemein:
eine tropische, weltweit verbreitete Art der einzigen Gattung der Familie. Juvenile treiben unter Sargassum-Algen-
flößen oder terrestrischem
Treibgut und imitieren Blätter
durch Körperform, -färbung
(siehe Foto des Subadulten)
und Auf-der-Seite-Liegen.
Adulte einheitlicher gefärbt,
meist in siltigen Küstenhabitaten. Auch in Ästuaren. In unserem Gebiet selten.

Lobotes surinamensis   Jeddah, Saudi-Arabien

111

MEERBARBEN — MULLIDAE

Durch ein Paar Kinnbarteln sind alle Familienmitglieder einfach zu erkennen. Die Familie umfaßt sechs Gattungen und insgesamt etwa 35 Arten mit weltweiter Verbreitung in tropischen und subtropischen Meeren. Typisch sind längliche Körper und große Schuppen. Alle Flossen sind zugespitzt oder winklig, es gibt zwei getrennte Rückenflossen und eine gegabelte Schwanzflosse. Außer durch die Lebendfärbung sind die Arten einer Gattung durch Körpermerkmale allein nur schwer zu unterscheiden.

Meerbarben fressen Bodentiere und nutzten ihre kräftigen Barteln, um im Substrat Beute aufzustöbern. Die größeren Arten graben einzeln oder in kleinen Gruppen. Oft enthalten die Gruppen Mitglieder anderer, nicht verwandter Arten wie Lippfische oder sogar Stachelmakrelen, die immer auf die Arbeit der Meerbarben achten und darauf warten, daß etwas Schmackhaftes ausgegraben wird. Einige der kleineren Arten (und die juvenilen größerer Arten) schulen und wandern über das Substrat, während sie hastig Bodenwirbellose fressen. Auf Schlammböden kann dieses Verhalten zu großen Trübstoffwolken im Wasser hinter der fressenden Gruppe führen. Meerbarben-Eier sind pelagisch und haben weniger als 1 mm Durchmesser. Die pelagischen Larven können recht groß werden und erreichen 50 mm Länge, bevor sie zum Bodenleben übergehen.

Gelbstreifen-Meerbarbe
Yellowstripe goatfish
Länge: bis zu 40 cm.
Verbreitung: RM, AM.
Tiefe: 5 - 20 m.
Allgemein: deutlich verschieden von der Großschulen-Meerbarbe (siehe unten) durch den schwarzen Fleck, der immer auf dem gelben Streifen sitzt.

Mulloides flavolineatus — Safaga, Ägypten

Großschulen-Meerbarbe
Yellowfin goatfish
Länge: bis zu 38 cm.
Verbreitung: Rotes Meer, Arabisches Meer.
Tiefe: 2 -25 m.
Allgemein: die einzige Meerbarbe, die regelmäßig in Schulen bis zu 200 Exemplaren im offenen Wasser schwimmt. Mischt sich oft mit verschiedenen Süßlippen- und Schnapper-Arten. Siehe auch Foto rechts von Shaab Marsa Alam, Ägypten.

Mulloides vanicolensis — Ras Nasrani, Sinai

MEERBARBEN   MULLIDAE

Rottupfen-Meerbarbe
Small-spot goatfish
Länge: bis zu 35 cm.
Verbreitung: Rotes Meer,
Arabisches Meer.
Tiefe: 3 - 60 m.
Allgemein: häufige Küstenart,
meist auf Schlamm- oder Silt-
böden. Juvenile ähnlich den
Adulten, aber schlanker, in
kleinen Gruppen auf seichten
Rifflächen. Adulte meist tiefer
entlang der Riffhänge, einzeln
oder in kleinen Gruppen.
Erscheint im natürlichen Licht
fast weiß, besonders ab 10 m
Tiefe.

Parupeneus heptacanthus   Safaga, Ägypten

Rotstreifen-Meerbarbe
Redstriped goatfish
Länge: bis zu 30 cm.
Verbreitung: Rotes Meer,
Arabisches Meer. Tiefe: 5 -
35 m. Allgemein: oft küstennah
über Fels- und Geröllgrund.
Das kleine Foto unten von der
ägyptischen Küste zeigt sehr
schön den typischen Sattelfleck
oben auf dem Schwanzstiel.

Parupeneus rubescens   Mirbat, Oman

Langbartel-Meerbarbe
Longbarbel goatfish
Länge: bis zu 32 cm.
Verbreitung: Rotes Meer,
Arabisches Meer.
Tiefe: 2 - 25 m
Allgemein: die Art lebt einzeln
oder paarweise über Sand-
und Algenflächen. Sie ist an
den relativ langen, gelben Barteln zu erkennen, ansonsten
ähnlich der vorhergehenden
rötlichen Art, aber der Fleck
auf dem Schwanzstiel ist kleiner, nicht sattelförmig und seitlich gelegen. Der dunkle Seitenstreifen kann bei beiden
Arten schwach oder stark entwickelt sein.

Parupeneus macronema   Abu Dabab, Ägypten

MEERBARBEN   MULLIDAE

Gelbsattel-Meerbarbe
Yellowsaddle goatfish
Länge: bis zu 50 cm.
Verbreitung: Rotes Meer, Arabisches Meer.
Tiefe: 5 - 35 m.
Allgemein: die Art bevorzugt Korallen-, Fels- oder Geröllböden. Frißt, anders als andere Meerbarben, die sich von Bodenwirbellosen ernähren, hauptsächlich (bis zu 70 %) kleine Fische. Es gibt 2 Farbphasen: gelblich-grau mit blauer Zeichnung auf jeder Schuppe und einem gelben Sattelfleck auf dem Schwanzstiel (Schule auf dem großen Foto); völlig gelb mit einem leuchtenden gelben Fleck auf dem Schwanzstiel. Das kleine Foto zeigt ein gelbes Exemplar mit ausgestreckten Barteln.

Parupeneus cyclostomus   Marsa Bareka, Sinai

Rotmeer-Barbe
Red Sea goatfish
Länge: bis zu 28 cm.
Verbreitung: Rotes Meer und Golf von Aden.
Tiefe: 3 - 30 m.
Allgemein: die häufigste Meerbarbe im Flachwasser des Roten Meeres, meist auf Sandböden in und um Riffe. Sehr oft zusammen mit Lippfischen. Während die Meerbarbe Beute mit den Barteln aus den Korallen stöbert, nutzt der Vogel-Lippfisch *Gomphosus caeruleus* dazu seine verlängerte Schnauze. Meerbarbe und Lippfisch folgen einander von Riff zu Riff, um Korallen von beiden Seiten zugleich anzugehen, so daß vom einen Fisch aufgescheuchte Beute vom andern gefangen wird.

Parupeneus forsskali   Ras Nasrani, Sinai

TORPEDOBARSCHE   MALACANTHIDAE

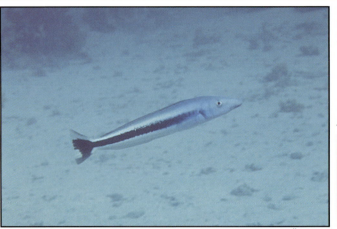

Riesen-Torpedobarsch
Blue blanquillo
Länge: bis zu 45 cm.
Verbreitung: Rotes Meer,
Arabisches Meer.
Tiefe: 10 - 70 m.
Allgemein: über Korallen und
Sandflächen. Oft hoch über
dem Boden Plankton fressend.
Das kleine Foto zeigt einen
Juvenilen im Roten Meer.

Malacanthus latovittatus   Wadi Gimal, Ägypten

Silber-Torpedobarsch
Flagtail blanquillo
L: bis zu 30 cm. V: RM, AM. T:
20 - 80 m. A: bodenlebend,
bewohnt paarweise selbstge-
grabene Höhlen, oft unter Fels-
überhängen. Merkmal sind
zwei schwarze Schwanzflos-
senstreifen, die von Juvenilen
(kleines Foto) den Adulten
gezeigt werden.

Malacanthus brevirostris   Shaab Samadai, Ägypten

SCHIFFSHALTER   ECHENEIDAE

Gestreifter Schiffshalter
Striped remora
L: bis zu 80 cm. V: RM, AM. T:
3 - 45 m. A: häufigster Schiffs-
halter. Erste Rückenflosse zu
Saugscheibe umgewandelt, an
Haie, Rochen, große Fische
und Seeschildkröten angesaugt.
Unten: an Weißspitzen-Riffhai.

Echeneis naucrates   Wingate, Sudan

KAISERFISCHE   POMACANTHIDAE

Die Familie umfaßt einige der schönsten Riffische, vergleichbar den nahe verwandten Falterfischen, sie sind jedoch meist größer und majestätischer. Außerdem unterscheiden sie sich von ihnen durch einen großen Dorn am unteren Kiemendeckel. Sieben Gattungen mit etwa 80 Arten bilden mehrere verschiedene Gruppen: die größeren Arten, von denen *Pomacanthus* 35 cm erreicht; die kleineren Zwergkaiserfische, *Centropyge,* von denen manche nur 10 cm erreichen; und die planktivoren, leierschwänzigen *Genicanthus* mit ihrer typischen Form. Die größeren Arten haben juvenile mit auffällig anderen Farbmustern, die nicht im geringsten an das Farbkleid der Adulten erinnern. *Genicanthus* hat verschieden gefärbte Geschlechter. Die Juvenilen der meisten Arten führen ein verstecktes Leben im Riff und sind streng territorial, besonders wenn sie Artgenossen bekämpfen, aber auch gegenüber nahe verwandten Arten. Außer *Genicanthus* fressen alle am Boden, indem sie Algen, Schwämme und Korallen einschließlich mit den assoziierten Wirbellosen abschaben und -beißen, eine Tätigkeit, die die meiste Zeit des Tages zu benötigen scheint. Kaiserfische können niederfrequente Trommel- oder Stampflaute erzeugen, die der größeren Arten sind erstaunlich laut und überraschen sogar Taucher. Ihre Eier sind klein und pelagisch, die schlüpfenden Larven kleiner als 2 mm und 10 mm, wenn sie zum Bodenleben übergehen. Kaiserfische werden von Aquarianern sehr geschätzt und gesucht.

Pygoplites diacanthus   Jeddah, Saudi-Arabien

Pfauen-Kaiserfisch
Royal angelfish
L: bis zu 25 cm. V: RM, AM. T: 1 - 48 m. A: unverwechselbar, paarweise oder in kleinen Gruppen in Gebieten mit reichem Korallenwuchs und an Außenriffen, auch in der Nähe von Höhlen. Siehe auch das fressende Paar auf der Vorseite. Das Foto vom Daedalus Reef, Ägypten, zeigt nicht nur, daß es keinen Sexualdimorphismus der Körperfärbung gibt, sondern auch was die Art am liebsten frißt: Schwämme. Sie ist im Indo-Pazifik weit verbreitet, aber nirgends sind ihre Farben so schön wie im Roten Meer.

Centropyge multispinis   Safaga, Ägypten

Brauner Zwergkaiserfisch
Brown dwarf-angelfish
L: bis zu 10 cm. V: RM, AM. T: 1 - 30 m. A: häufigster Zwergkaiser unseres Gebietes. Über Geröll in Korallenriffen. Verschiedene Farbvarianten in anderen Regionen des Indischen Ozeans. Frißt fast ausschließlich Algen und Detritus.

KAISERFISCHE   POMACANTHIDAE

Orangerücken-Zwergkaiserfisch
African dwarf-angelfish

L: bis zu 8 cm. V: Süd-Oman und Golf von Aden. T: 10 - 40 m. A: ein unermüdlicher Schwimmer in korallenreichen Gebieten. Bevorzugt dick mit Algen bewachsenes Substrat. Sieht aus und bewegt sich wie ein Riffbarsch (siehe Foto), ist aber ein echter Kaiserfisch mit Kiemendeckelstachel. Man glaubte, seine Verbreitung im Indischen Ozean reiche nur bis Ostafrika, neuere Beobachtungen (siehe Aufnahmeort) belegen eine viel nördlichere Verbreitung. Bis jetzt nicht im Roten Meer gesehen.

Centropyge acanthops — Ras Mirbat, Oman

Arabischer Rauchkaiserfisch
Arabian smoke-angelfish

Länge: bis zu 15 cm.
Verbreitung: Rotes Meer und Arabisches Meer, um die gesamte Arabische Halbinsel herum bis in den Arabischen Golf.
Tiefe: 5 - 35 m.
Allgemein: diese Kaiserfischart lebt in kleinen Gruppen und frißt Algen, Schwämme und andere Wirbellose. Das Foto Mitte rechts aus dem Oman zeigt eine typische Fressgruppe. Das Foto unten rechts stammt aus dem Roten Meer, wo die Art eher einzeln als in Gruppen zu finden ist. Das kleine Foto aus Al Mukalla, Jemen, zeigt einen Juvenilen, dessen Schnauzenregion nicht von dem dunklen, vertikalen Kopfstreifen bedeckt ist.

Im Golf von Aqaba kann das folgende Phänomen beobachtet werden: während die Art an der Küste Jordaniens in relativ flachem Wasser (etwa 10 m) vorkommt, lebt sie an der Sinai-Küste in größeren Tiefen bis zu 70 m, wie vom Autor bei Ras Mohamed beobachtet.

— Muscat, Oman

Apolemichthys xanthotis — Aqaba, Jordanien

KAISERFISCHE   POMACANTHIDAE

Imperator-Kaiserfisch
Emperor angelfish
L: bis zu 40 cm. V: RM, AM. T: 3 - 70 m. A: Adulte offen unter Überhängen und nahe Höhlen in korallenreichen Gebieten klarer Lagunen, Kanäle oder Außenriffe. Einzeln oder paarweise (links). Anders gefärbte Juvenile (unten) versteckt, einzeln.

Pomacanthus imperator   Ras Mohamed, Sinai

Halbmond-Kaiserfisch
Crescent angelfish
L: bis zu 40 cm. V: Rotes Meer (Bab el Mandeb nördlich bis Safaga, Ägypten), westlicher Golf von Aden. T: 3 - 20 m. A: lebt einzeln in geschützten Innenriffen von Lagunen, bevorzugt das trübe Wasser über schlammigen Riffen. Immer in der Nähe von Höhlen und Spalten, um bei Bedrohung Schutz zu haben. Ändert die Färbung sehr schnell (das kleine Foto unten zeigt einen Juvenilen von 4 cm Länge), hat bereits bei etwa 6 cm Länge die Adultfärbung (siehe unteres kleines Foto). Mit seinen langen Rücken- und Afterflossenfäden und dem imposanten Farbkleid ist der Halbmond-Kaiserfisch eine wahre Pracht.

Kamaran Island, Yemen

Pomacanthus asfur   Paradise Hausriff, Safaga

KAISERFISCHE   POMACANTHIDAE

Arabischer Kaiserfisch
Arabian angelfish
Länge: bis zu 50 cm, meist bis etwa 35 cm.
Verbreitung: Rotes Meer und Arabisches Meer, um die ganze Arabische Halbinsel herum.
Tiefe: 2 - 60 m.
Allgemein: oft einzeln in Saumriffen mit reichem Korallenwuchs, aber auch über Schlammgrund. Wurde auch bei der Nahrungssuche in nahe beim Riff gelegenen Seegraswiesen beobachtet. Der Name **Arabischer Kaiserfisch** ist wegen der Verbreitung vom nördlichsten Golf von Aqaba bis zum westlichsten Arabischen Golf sinnvoll. Sehr ähnlich der vorigen Art, man sieht sie aber nur selten zusammen im gemeinsamen Verbreitungsgebiet. Eine gute Unterscheidungsmöglichkeit bietet der große gelbe Seitenfleck, der bei adulten Arabischen Kaiserfischen am Rand unregelmäßiger ist und selten die Rückenflosse erreicht. Beide Geschlechter gleich gefärbt. Wie auf dem unteren großen Foto zu sehen, findet man die Art nicht nur im gut durchlichteten oberen Teil des Riffs, sondern auch in der dunklen Tiefe von 55 m, wo Schwarze Korallen wachsen. Das kleine Foto unten zeigt einen Juvenilen von 3 cm Länge. Für einen UW-Fotografen ist es eine große Herausforderung, Juvenile auf Film zu bannen, da diese im Gegensatz zu den Adulten sehr scheu sind und sich sofort im Korallendickicht verstecken, wenn sich ein Taucher nähert.
Unteres kleines Foto: juvenil, 10 cm, in Umfärbung.

Ras Mohamed, Sinai

Pomacanthus maculosus   Shaab Rumi, Sudan

KAISERFISCHE   POMACANTHIDAE

Koran-Kaiserfisch
Koran angelfish
L: bis zu 40 cm. V: AM (selten), vielleicht auch im südlichen Roten Meer. T: 3 - 30 m. A: Adulte in Küstenriffen mit starkem Korallenwuchs. Meist einzeln. Frißt Schwämme, Manteltiere und Algen. Das kleine Foto unten (Oman) zeigt ein juveniles Tier.

Pomacanthus semicirculatus   Salalah, Oman

Rotmeer-Lyrakaiserfisch
Lyretail angelfish
L: bis zu 20 cm. V: Rotes Meer, Golf von Aden und südwärts. T: 15 - 60 m. A: sowohl an korallenreichen Saumriffen wie auch an steilen Drop-offs. Frißt Zooplankton im Freiwasser. Das kleine Foto zeigt eine Weibchen-Gruppe, die großen Fotos ein Männchen (links) und ein balzendes Paar mit dem zitternden Männchen vorne (unten). Letzteres Foto ist einzigartig, da es schwierig ist, die Fische während der Balz in einer solch exzellenten Pose einzufangen. Die Art wechselt das Geschlecht von weiblich nach männlich, zuerst wandeln sich die inneren Geschlechtsorgane um, erst danach ändert sich die äußere Körperfärbung (durch anatomische Untersuchungen bewiesen).

Genicanthus caudovittatus   alle Fotos Aqaba, Jordanien

FALTERFISCHE   CHAETODONTIDAE

Diese große Familie farbenfroher Fische ist bei Tauchern und Aquarianern gleichermaßen populär. Sie umfaßt 10 Gattungen mit etwa 120 Arten, die meist in Korallenriffen leben, einige sind an warmtemperiertes Wasser, andere an größere Tiefen angepaßt. Die Mehrheit der Arten lebt im tropischen Indo-Pazifik mit vielen Vertretern in den Riffen des Roten und Arabischen Meeres, nur vier sind aus dem Ostpazifik und 12 aus den Atlantik bekannt. *Chaetodon* ist mit 114 Arten in 13 Untergattungen die artenreichste Gattung. *Heniochus* hat acht Arten, die verbleibenden Gattungen sind monotypisch oder umfassen nur wenige Arten. In unserem Gebiet fällt der hohe Anteil an Endemiten auf, das heißt, viele der Arten kommen nur im Roten und/oder Arabischen Meer vor.

Die meisten Arten leben im Flachwasser der Korallenriffe, viele von ihnen paarweise oder sogar in großen Schulen, was auch eine Spezialität unseres Gebietes ist. Manche Arten leben in einer Gegend paarweise, anderswo in Schulen. Die Nahrung der Falterfische besteht meist aus Korallen- und Hydrozoenpolypen und/oder anderen kleinen Wirbellosen wie Borstenwürmern, die vom Substrat aufgepickt werden. Andere Arten fressen Zooplankton. Möglicherweise gibt es unter den Falterfisch-Arten im Roten Meer eine deutliche Aufteilung der Ressourcen: manche fressen hauptsächlich Korallen, eine bevorzugt Arten von *Pocillopora*, eine andere solche von *Goniastrea*, eine dritte die von *Acropora*. Entsprechende Falterfisch-Arten des Pazifiks sind ähnlich obligate Korallenfresser. Auch konnte gezeigt werden, daß - abgesehen von den Korallenpolypen selbst - der Schleim, den die Korallen produzieren, von hohem Nährwert ist und für diese Fische als Nahrung von Bedeutung sein könnte. Üblicherweise fressen alle Familienmitglieder tagsüber, aber hin und wieder sieht man sie auch in der Dämmerung auf Nahrungssuche.

Die kugeligen, pelagischen Eier der Falterfische sind winzig und haben weniger als 1 mm Durchmesser. Die Larven haben einen Kopfpanzer aus Knochen, oft mit gesägten Stacheln. Man nennt dieses stachlige Larvenstadium Tholichthys. Die Postlarven gehen mit nur 10 mm Länge zum Bodenleben zwischen Korallen und Steinen über. Danach leben die meisten Arten eher versteckt.

Masken-Falterfisch
Masked butterflyfish
L: bis zu 23 cm. V: Rotes Meer, Golf von Aden. T: 3 - 20 m. A: eine der auffälligsten Arten im Roten Meer, paarweise oder in Gruppen (siehe Vorseite). Das Gelb zieht jeden Taucher an, sobald es erscheint. Die Art frißt Weich- und Hartkorallenpolypen und ist spät nachmittags am aktivsten. Ruht oft unter Tischkorallen.

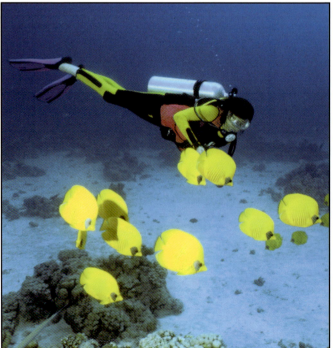

Chaetodon semilarvatus   Safaga, Ägypten

FALTERFISCHE   CHAETODONTIDAE

Polypen-Falterfisch
Polyp butterflyfish
L: bis zu 13 cm. V: endemisch im (häufig im nördlichen) RM. T: 0,5 - 20 m. A: in korallenreichen Zonen der Lagunen und Saumriffe. Frißt meist Korallenpolypen, aber auch Schneckenlaich und Anemonententakel. Juvenile (unten) häufig auf dem Riffdach.

Chaetodon austriacus   Ras Nasrani, Sinai

Arabischer Falterfisch
Arabian butterflyfish
L: bis zu 12 cm. V: Arab. Golf südwärts. RM (S-Eritrea häufig, N-Jemen selten). T: 2 - 16 m. A: paarweise oder in losen Gruppen von bis zu 10 Tieren. Über Sand und auf Flachriffen. Frißt Korallenpolypen und Bodenwirbellose. Unten: juvenil. Kamaran Island, RM, Jemen.

Chaetodon melapterus   Ras al Hadd, Oman

Rotfleck-Falterfisch
Redback butterflyfish
L: bis zu 14 cm. V: Rotes Meer. T: 4 - 30 m. A: paarweise oder in losen Gruppen von bis zu 12 Tieren (großes Foto) auf Fleckriffen und Seegraswiesen. Legt beim Fressen von Hart- und Weichkorallenpolypen lange Strecken zurück. Unten: juvenil.

Chaetodon paucifasciatus   Aqaba, Jordanien

FALTERFISCHE — CHAETODONTIDAE

Gemalter Falterfisch
Painted butterflyfish
L: bis zu 18 cm. V: Oman bis südliches Rotes Meer. T: 2 - 20 m. A: meist paarweise (großes Foto) in flachen Küstengewässern mit algenbedeckten Felsen. Frißt Korallenpolypen und Algen. Kleines Foto aus dem Oman, wo dies die häufigste Falterfischart ist.

Chaetodon pictus — Seven Brothers, Jemen

Sri Lanka-Falterfisch
Sri Lanka butterflyfish
Länge: bis zu 18 cm.
Verbreitung: Oman.
Tiefe: 1 - 30 m.
Allgemein: die Art findet sich über Fels- und Geröllböden, auch bei Korallenriffen. Sie lebt solitär und territorial, ähnelt der vorigen Art, ist aber klar durch das Farbmuster zu unterscheiden, besonders wenn man auf die Verteilung von Schwarz und Gelb in der hinteren Körperhälfte der Tiere achtet. C. pictus und C. decussatus gehören zum Artenkomplex C. vagabundus.

Chaetodon decussatus — Ras Mirbat, Oman

Somali-Falterfisch
Somali butterflyfish
Länge: bis zu 18 cm.
Verbreitung: südliches Rotes Meer bis Süd-Oman.
Tiefe: 12 - 75 m.
Allgemein: selten, solitär, in Riffen, meist tiefer als 20 m, vor der Küste Omans aber auch in 12 bis 15 m. Häufig vor Dhofar, nicht im Golf von Oman, im Roten Meer selten. Zu den Ähnlichkeiten im Farbkleid siehe vorige Art.

Chaetodon leucopleura — Hanish Island, Jemen

FALTERFISCHE   CHAETODONTIDAE

Gardiners Falterfisch
Gardiner's butterflyfish
Länge: bis zu 17 cm.
Verbreitung: vom Golf von Aden bis zum Arabischen Golf.
Tiefe: 2 - 40 m.
Allgemein: einzeln oder paarweise, bevorzugt das Flachwasser entlang der Küsten, wo er meist unterhalb 15 m angetroffen wird. Frißt Algen und Bodenwirbellose. Aus dem Arabischen Golf sind nur wenige Nachweise bekannt, ist im Golf von Oman häufiger als im südlichen Oman. Nahe mit *Chaetodon selene* aus dem Westpazifik verwandt.

Chaetodon gardineri   Muscat, Oman

Riesen-Falterfisch
Lined butterflyfish
Länge: bis zu 30 cm.
Verbreitung: Rotes Meer, Arabisches Meer.
Tiefe: 5 - 35 m.
Allgemein: die größte Art der Gattung lebt in Lagunen und an Außenriffen, meist über reichem Korallenwuchs. Frißt hauptsächlich Korallenpolypen und kleine Anemonen, aber auch Algen. Meist paarweise (siehe Foto), aber eine Gruppe von 14 Tieren wurde im Flachwasser der Sinaiküste beobachtet.

Chaetodon lineolatus   Safaga, Ägypten

Fähnchen-Falterfisch
Threadfin butterflyfish
L: bis zu 18 cm. V: RM, AM.
T: 5 - 40 m. A: häufig über gemischten Sand-, Geröll- und Korallenböden seichter Riffflächen und Lagunen. Im Arabischen Meer oft mit einem dunklen Rückenflossenfleck (grosses Foto), im Roten Meer ohne diesen Fleck (unten, Sinai).

Chaetodon auriga   Jeddah, Saudi-Arabien

127

FALTERFISCHE   CHAETODONTIDAE

Oman-Falterfisch
Oman butterflyfish
Länge: bis zu 12 cm.
Verbreitung: bisher nur von der Küste Omans aus dem Arabischen Meer bekannt.
Tiefe: 5 - 25 m.
Allgemein: die Art wurde erst vor 10 Jahren entdeckt. Meist paarweise oder in kleinen Gruppen bis zu 8 Tieren über Felsen mit Corallimorpharien oder um Korallenblöcke auf Sandhängen. Frißt kleine Bodenwirbellose und fädige Algen.

Chaetodon dialeucos   Mirbat, Oman

Weißkopf-Falterfisch
Whitehead butterflyfish
L: bis zu 16 cm. V: zentrales Rotes Meer bis zum Golf von Aden. T: 5 - 20 m. A: paarweise, aber selten frei schwimmend im Riff anzutreffen. Sucht Schutz in Wracks wie dem der "Umbria" vor Port Sudan. Nahe mit *Chaetodon dialeucos* verwandt. Eine seltene Art.

Chaetodon mesoleucos   Kamaran Island, Jemen

Schwarzpunkt-Falterfisch
Blackspotted butterflyfish
Länge: bis zu 13 cm.
Verbreitung: Arabischer Golf bis Zentral-Oman.
Tiefe: 2 - 18 m. Allgemein: einzeln oder paarweise in sandigen Lagunen und Felsriffen. Häufigste Falterfischart im Arabischen Golf und dem Golf von Oman. Wie zuvor gezeigt, ähneln sich auch die drei Falterfischarten dieser Seite und gehören in einen eigenen Artenkomplex. Sie haben einen gemeinsamen Vorfahren und leben heute in mehr oder weniger geographisch getrennten Verbreitungsgebieten.

Chaetodon nigropunctatus   Muscat, Oman

FALTERFISCHE   CHAETODONTIDAE

Tabak-Falterfisch
Striped butterflyfish
Länge: bis zu 23 cm.
Verbreitung: Rotes Meer und Golf von Aden.
Tiefe: 2 - 25 m.
Allgemein: oft paarweise, selten einzeln oder in losen Gruppen bis zu 15 Tieren entlang von Saumriffen (alle drei Fotos). Frißt Korallenpolypen, auch Würmer und kleine Krebse, die sich zwischen den Korallenästen verstecken. Ähnlich und nahe verwandt mit dem Masken-Falterfisch *Chaetodon lunula* aus dem Indischen Ozean, der im Roten Meer und dem Golf von Oman fehlt und an der Südküste Omans nur selten ist. Zwei separate Arten, Fähnchen- und Tabak-Falterfisch, bilden Hybriden, einer wurde im Golf von Aqaba gesammelt. Üblicherweise sind diese Hybriden unfruchtbar. Das Phänomen der Hybridisierung ist bei den Arten der Familie Falterfische nicht ungewöhnlich.

Hurghada, Ägypten

Chaetodon fasciatus   Shaab Sharm, Ägypten

Orangekopf-Falterfisch
Orangehead butterflyfish
L: bis zu 12 cm. V: Rotes Meer, Golf von Aden. T: 3 - 12 m.
A: lebt einzeln oder paarweise an Saumriffen mit reichem Korallenwuchs und sehr klarem Wasser. Verteidigt Territorien lebender *Acropora*-Korallen und frißt hauptsächlich deren Korallenpolypen.

Chaetodon larvatus   Sanganeb, Sudan

FALTERFISCHE — CHAETODONTIDAE

Chaetodon trifascialis — Wadi Gimal, Ägypten

Sparren-Falterfisch
Chevron butterflyfish
L: bis zu 18 cm. V: RM bis Oman. T: 0,5 - 5 m. A: territorial und aggressiv gegen Artgenossen. Besetzt Tischkorallen im Flachwasser, die oft einige "Stockwerke" mit Juvenilen belegt haben (kleines Foto). Frißt hauptsächlich Korallenpolypen, aber auch Algen.

Chaetodon collare — Salalah, Oman

Halsband-Falterfisch
Red-tailed butterflyfish
Länge: bis zu 16 cm.
Verbreitung: Golf von Oman bis Socotra.
Tiefe: 1 - 20 m.
Allgemein: an Außenriffhängen und Felsküsten, auch in Korallenriffen. Frißt hauptsächlich Korallenpolypen und Vielborstenwürmer. An der Küste Omans wurde die Art beim Picken an Algen-bedeckten Felsen beobachtet, Korallen sind dort weniger häufig. Paarweise, oft auch in Schulen von bis zu 25 Tieren. Nicht scheu. Das Foto zeigt die Art zusammen mit Meerbarben und Süßlippen.

Chaetodon melannotus — Jeddah, Saudi-Arabien

Schwarzrücken-Falterfisch
Blackbacked butterflyfish
Länge: bis zu 15 cm.
Verbreitung: Rotes Meer, Golf von Aden, Socotra.
Tiefe: 10 - 30 m.
Allgemein: bewohnt Rifflächen, Lagunen und Außenriffe mit reichem Korallenwuchs. Relativ häufig in Geweihkorallendickichten, aber selten an exponierten Außenriffen. Meist einzeln oder paarweise, frißt hauptsächlich Octo- und Steinkorallenpolypen. Trägt wie viele andere Gattungsmitglieder schwarze Augenbinden, um die Augen gegen Angriffe von Räubern zu schützen.

FALTERFISCHE CHAETODONTIDAE

Rotmeer-Wimpelfisch
Red Sea bannerfish
L: bis zu 20 cm. V: RM, westlicher Golf von Aden.
T: 3 - 50 m. A: frißt tagsüber in Gruppen Zooplankton. Zu Zeiten auch paarweise und dann sehr territorial. Ein Territorium hat oft eine Tischkoralle im Zentrum. Am Spätnachmittag verteidigen beide Fische die Grenzen gegen arteigene Konkurrenten, während passierende Gattungsgenossen unbehelligt bleiben.

Heniochus intermedius Wadi Gimal, Ägypten

Schwarm-Wimpelfisch
Schooling bannerfish
Länge: bis zu 18 cm.
Verbreitung: RM bis Arabischer Golf. Weit verbreitet im Indischen Ozean. Tiefe: 1 - 210 m.
Allgemein: diese Gattung aus der Familie Falterfische hat einen verlängerten vierten Rückenflossenstrahl. Die Art lebt in großen Gruppen in der Wassersäule hoch über den Riffen und jagt Zooplankton. Juvenile sind mehr bodennah in der Nähe von Fleckriffen zu finden, wohingegen die Adulten den ganzen Tag im Freiwasser durch ihr Schwarmverhalten geschützt verbringen. Territoriale Schulen von bis zu 1.000 Individuen sind außerhalb unseres Gebietes beobachtet worden.

Heniochus diphreutes Sabargad, Ägypten

131

SOUVENIRS AUS DEM MEER

Tauchurlaub! Eintauchen in eine Welt voller Licht und Leben und bizarrer Formen. Entspannung, Begeisterung und bald schon der Wunsch, das ein oder andere unter Wasser einzustecken oder an Land zu kaufen und nach Hause mitzunehmen. Die Euphorie unter Wasser soll in den trüben Alltag hinübergerettet werden. Doch die Erinnerung verblaßt, das Souvenir verstaubt auf dem Regal und landet schließlich in der Mülltonne. War es das wert?

Meerestiere als Urlaubserinnerungen, gesammelt oder gekauft, finden sich immer wieder im Reisegepäck von Touristen. Leider hat der Erwerb dieser Souvenirs auch seine Schattenseiten. Nicht nur, daß für die Reisenden die Urlaubsfreude bei der Ankunft zu Hause durch Konflikte mit dem Zoll ein jähes Ende findet – schlimmer ist es für die betroffenen Tiere und deren Lebensräume.

Mitbringsel von Tauchurlauben in den Tropen sind sehr beliebt. Schnell ist hier ein Korallenstück abgebrochen, dort eine Muschel aufgehoben, und schon ist wieder ein Stückchen Natur unwiederbringlich verloren. Oft sind es gerade ihre Besonderheiten, derentwegen manche Tiere ihr Leben lassen müssen, sei es die bizarre Schönheit der Seepferdchen oder das ungewöhnliche Aussehen der Kugel- und Igelfische. Die selbst gesammelten Mitbringsel aus einem tropischen Korallenriff sind jedoch nur ein kleiner Teil des Problems, denn sie stellen einen zunächst nicht offensichtlichen, nichtsdestotrotz wichtigen Baustein des Ökosystems Riff dar. Wenn Objekte und Tiere aber gezielt für den Souvenirhandel gefangen, getötet und verarbeitet werden, kann dies gravierende Folgen haben.

Haigebisse als Wandschmuck, Riesenmuscheln als Seifenablage oder Obstschale, Igelfische als Lampen, Rote, Rosa und Schwarze Korallen als Schmuck, getrocknete Seepferdchen und Steinkorallenskelette als Blickfang wirken zwar exotisch - aber muß das sein?

Kugel- und Igelfische schützen sich vor Freßfeinden, indem sie ihre Körper durch das Schlucken von Wasser oder Luft in den extrem dehnungsfähigen Magen zu regelrechten Ballons aufblähen. Daraufhin paßt entweder der Fisch nicht mehr in das Maul des Angreifers, oder der Räuber läßt erschrocken von der Beute ab. Doch genau diese Fähigkeit ist die Ursache dafür, daß diese Fische mittlerweile mancherorts aufgrund von Überfischung durch Souvenirjäger nahezu ausgerottet wurden. Zudem sind sie leicht zu sammeln, da sie nur relativ langsam schwimmen können und bei Gefahr auf ihre "Aufpumpstrategie" vertrauen. Doch leider findet man immer häufiger ganze "Schwärme" aufgeblähter Igelfische zu Lampen oder Fensterschmuck pervertiert in den Souvenirshops.

Meeresschildkröten verdienen besondere Aufmerksamkeit. Zum einen zählt eine Begegnung mit diesen großen, majestätisch dahingleitenden Tieren zu den großartigsten Erlebnissen unter Wasser. Zum anderen unterscheidet sie ihre Reptilien-Biologie stark von anderen Meerestieren: sie erreichen erst nach einigen Jahrzehnten die Geschlechtsreife, haben relativ wenige Nachkommen, die starkem Räuberdruck (inklusive Eier sammelnden Menschen!) ausgesetzt sind, und werden sehr alt, einige Arten so alt wie Menschen. Daher kann es auch durch Souvenirjäger schnell zur Ausrottung lokaler Populationen kommen. Die Gefährdung durch den Souvenirhandel ist so groß, daß die Meeresschildkröten strengsten internationalen Schutzgesetzen (s. u.) unterliegen. Dies gilt nicht nur für komplette Panzer, sondern auch für Produkte aus diesen wie z. B. Schmuck oder Brillengestelle aus Schildpatt.

Auch die Haie, Mythos der Gefahr, sind in zunehmendem Maße gefährdet. Immer wieder findet man präparierte Haie oder einfach nur aufgerissene

Gebisse in Souvenirshops, die von der Eleganz der Tiere unter Wasser nichts mehr ahnen lassen. Haie sind noch nicht durch internationale Artenschutzbestimmungen geschützt. Doch ist der Wert eines lebenden Hais durch den Tauchtourismus nach Untersuchungen auf den Malediven mehr als hundertmal höher als der eines zu Andenken und Haifischflossensuppe verarbeiteten.

Der Verzicht auf die Mitnahme möglicherweise sogar noch lebender oder besiedelter Unterwassersouvenirs sollte für jeden Meeresurlauber selbstverständlich sein. Unter Wasser oder am Strand "herumliegende" Korallenstücke, Muschel- und Schneckenschalen sind für viele festsitzende Meerestiere wie Moostierchen, Schwämme, Manteltiere oder Weichtiere ein lebensnotwendiges Siedlungssubstrat. Sicherlich macht eine einzelne mitgenommene Muschelschale oder ein Korallenstück noch kein Riffsterben aus. Lokal kann es jedoch durch Sammeln, Harpunieren und Überfischung von Meerestieren zu einer Übernutzung und damit zu einer beträchtlichen und eventuell sogar dauerhaften Störung des Ökosystems kommen.

Auch für das Souvenirgeschäft gelten die Gesetze von Angebot und Nachfrage. So können durch Verzicht alle dazu beitragen, daß dieser Handel abnimmt. Doch darf man diese Problematik nicht einseitig betrachten. Neben traditionellem Sammeln und Fang von Riffbewohnern zur Nahrungsgewinnung und für die Aquaristik ist die Herstellung von Souvenirs eine weitere Einnahmequelle. So sind die international geschützten Riesenmuscheln vielerorts eine wertvolle Ressource, deren Nutzung und Verkauf eine wichtige Nahrungs- beziehungsweise Erwerbsquelle ist. Der Verkauf ihrer Schalen kann als Zubrot verstanden werden. Wenn lebende Tiere ausschließlich für den Souvenirhandel gesammelt werden,

kann dies allerdings zu einer Bedrohung für das betroffene Riff werden. Eine Übernutzung ihrer Bestände auf einigen Pazifik-Inseln hat dazu geführt, daß die entsprechenden Arten dort ausgerottet worden sind.

Oft ist für einheimische Souvenirjäger das Sammeln und Verkaufen von Meerestieren die Haupteinkommensquelle. Eine "ökologischere" Tätigkeit wäre daher z. B. ein Einsatz dieser Leute als Touristenführer, was deren Erwerb sichern und gleichzeitig negative Auswirkungen auf die Umwelt vermindern würde. Da Einheimische über bessere Ortskenntnisse verfügen, könnten sie Tauchern reizvolle Gebiete zeigen und Unterwasserführungen anbieten, wobei selbstverständlich die Überbeanspruchung einzelner Zonen vermieden werden muß.

Freilebende Tier- und Pflanzenarten, die durch den internationalen Handel bedroht sind, zu schützen, ist Ziel des Washingtoner Artenschutzübereinkommens (WA, international: CITES). Die Einordnung der Arten erfolgt nach Gefährdungskategorien. Je gefährdeter eine Art ist, desto strenger sind die Schutzmaßnahmen. Anhang I zum WA enthält alle von der Ausrottung bedrohten Tier- und Pflanzenarten (z. B. alle Meeresschildkröten). Um ihr Überleben zu sichern, ist eine Ein- und Ausfuhr dieser Arten und Produkte aus ihnen sowie der Handel mit ihnen bis auf strenge Ausnahmen verboten. Im Anhang II sind Tier- und Pflanzenarten (z. B. Steinkorallen, Riesenmuscheln, Tritonshörner) aufgeführt, deren Erhaltung gefährdet ist, wenn der Handel nicht kontrolliert wird. Die Ein- und Ausfuhr dieser Arten und der Produkte aus ihnen ist an die Vorlage bestimmter Dokumente gebunden. Das gilt auch für am Strand angeschwemmte Korallenstücke, Muschelschalen und Schneckengehäuse.

Daher sollte jeder, der als Tourist partout meint, das ein oder andere Urlaubssouvenir nach Europa mitbringen zu müssen, unbedingt die gesetzlichen Bestimmungen beachten. Ohne die amtlich notwendigen Dokumente drohen böse Überraschungen am Zoll in Form von Beschlagnahme und empfindlichen Geldbußen bis hin zu Gefängnisstrafen. Taucher schließlich haben die Möglichkeit, viel schönere Urlaubssouvenirs in Form von Fotografien und Filmen mit nach Hause zu nehmen. Von all diesen Überlegungen und den gesetzlichen Bestimmungen einmal abgesehen, wirken Meerestiere in ihrem natürlichen Lebensraum schlichtweg schöner als in einer Wohnzimmervitrine. Durch einen verantwortungsbewußten Umgang mit der Natur können gerade Taucher ihren Beitrag zum Arten- und Naturschutz leisten.

BÜSCHELBARSCHE   CIRRHITIDAE

Die Büschelbarsche sind eine tropische Familie mit 9 Gattungen und derzeit 35 bekannten Arten, wovon sich die meisten im Indo-Pazifik und nur drei im Atlantik finden. Die kleinen Fische leben dicht am Boden, aufgestützt auf ihre verdickten unteren Brustflossenstrahlen. Anders als die meisten Bodenfische sind sie sehr rege und ändern oft rastlos ihre Position. Meist jedoch hocken sie auf Korallenblöcken oder -ästen und lauern mit gespreizten Brustflossen auf Beute. Sie scheinen Teil der Rifflandschaft zu sein und gehen voll in der Rolle des Lauerräubers auf. Wenn eine kleine Garnele oder ein Jungfisch vorbeischwimmt, schießt der Büschelbarsch wie ein Pfeil von der Sehne und überrascht das Opfer völlig. Nur eine Art schwimmt über dem Substrat und jagt Plankton.

Die meisten Familienmitglieder leben im Flachwasser, auf Riffgraten in starker Strömung, manche auch tiefer als 30 m. Viele Arten sind habitatspezifisch und leben assoziiert mit bestimmten Schwämmen oder Korallen. Manche kommen auch in losen Gruppen vor. Alle sind carnivor und fressen kleine Fische und Wirbellose. Meist bleiben sie unter 10 cm lang, nur zwei Arten erreichen fast 30 cm Länge. Büschelbarsche legen pelagische Eier, die mit dem Plankton driften. Ihre Postlarven sind relativ groß, meist länger als 20 mm, maximal etwa 40 mm. Hautfilamente an den Spitzen der Rückenflossenstrahlen, oft in Büscheln, sind das Kennzeichen aller Familienmitglieder, besonders gut zu sehen auf dem oberen Foto auf S. 135.

Oman-Büschelbarsch
Oman hawkfish
L: bis zu 16 cm. V: AM und Arabischer Golf. T: 5 - 20 m. A: typischer Lauerräuber, wartet bewegungslos auf Korallenblöcken. Von anderen Büschelbarschen leicht durch ein weißes Band auf der Schwanzflosse zu unterscheiden (siehe großes Foto).

Cirrhitichthys calliurus   Ras Mirbat, Oman

Gefleckter Büschelbarsch
Spotted hawkfish
L: bis zu 10 cm. V: RM, selten im AM. T: 1 - 40 m. A: in Gebieten mit reichem Korallenwuchs und in Lagunen, Kanälen oder an Außenriffen von unterhalb der Brandungszone bis mindestens 40 m. Sitzt auf Hart- und Weichkorallen oder anderem Bewuchs.

Cirrhitichthys oxycephalus   Aqaba, Jordanien

BÜSCHELBARSCHE   CIRRHITIDAE

Fadenflossen-Büschelbarsch
Blotched hawkfish
L: bis zu 12 cm. V: Oman. Weit verbreitet im Indo-Pazifik. T: 5 - 40 m. A: Fleckmuster variabel, bei manchen Populationen als Streifen. In Riffen und Ästuaren, oft mit Schwämmen und Korallen assoziiert (siehe Foto). Paarweise oder in kleinen Gruppen, mancherorts häufig. Das kleine Foto zeigt **Forsters Büschelbarsch** *Paracirrhites forsteri* (bis zu 22 cm, RM, 1 - 40 m). Obwohl häufig und im Indischen Ozean weit verbreitet, ist die Art im AM noch nicht nachgewiesen. Frißt kleine Fische, die blitzschnell von der Lauerposition aus gefangen werden.

Cirrhitichthys aprinus   Masirah, Oman

Langschnauzen-Büschelbarsch
Longnose hawkfish
L: bis zu 13 cm. V: Rotes Meer. Weit verbreitet im Indischen Ozean. T: 5 - 70 m. A: primär ein Tiefwasserbewohner, meist auf Hängen unterhalb 30 m zu finden, in manchen Gegenden auch in nur 5 m Tiefe, wenn dort schwarze Korallen oder Gorgonarien wachsen, mit denen die Art assoziiert ist und von denen aus sie jagt (siehe Foto). Frißt benthische und planktonische Krebse. Eier demers (sinken zu Boden). Im Roten Meer nicht selten, offensichtlich aus dem AM noch nicht gemeldet.

Oxycirrhites typus   Shaab Rumi, Sudan

RIFFBARSCHE   POMACENTRIDAE

Riffbarsche sind eine sehr große Familie mit vielen Arten und Individuen, besonders in tropischen Riffhabitaten. Einige Arten sind so zahlreich vertreten, daß sie wahrscheinlich die häufigsten Fische in diesen Gebieten sind. Es gibt weltweit etwa 300 Arten in tropischen und subtropischen Meeren. Die hier vorgestellten Arten gehören zu 3 Unterfamilien: Amphiprioninae, Anemonenfische; Chromininae, Schwalbenschwänze; Pomacentrinae, Demoisellen. Die meisten Gattungen sind gut durch Form und andere Merkmale zu unterscheiden. Aber innerhalb der Gattungen sind sich viele Arten ähnlich und zeigen geographische Variationen. Juvenile sind oft von den Adulten sehr verschieden, während Geschlechtsunterschiede klein sind und Farbwechsel nur in der Laichzeit auftreten.

Habitat sind meist Riffe, die viel Schutz in Form kleiner Spalten bieten und die immer nahe der Nahrungsquelle liegen. Prinzipiell leben die algenfressenden Arten auf den seichten Riffplattformen, die Planktivoren an den felsigen Rifftürmen. Nur wenige Arten wandern über offenes Substrat.

Die Laichmethode ist artspezifisch und reicht vom paarweisen bis zum Gemeinschaftslaichen in großen Gruppen. Einige Arten zeigen ein im Vergleich zu anderen Riffischen hochspezialisiertes Brutverhalten, das von vielen Verhaltensforschern studiert wurde. Einige Tage vor dem Laichen wählt das Männchen eine geeignete Stelle aus, die unter einem Stein, einem abgestorbenen Korallenblock oder in einer leeren Muschel liegen kann. Algenbewuchs wird weggeknabbert, störende Objekte werden entfernt. Währenddessen balzt das Paar ausgiebig. Dieses Verhalten scheint die Laichbereitschaft zu signalisieren. Schließlich gleitet das Paar über das Nest, laicht und befruchtet je nach Art 50 bis 1.000 Eier. Die demersen Eier kleben am Substrat und sind ovoid bis elliptisch und 1 bis 3,5 mm lang. Siehe auch die Nahaufnahmen in WOHNGEMEINSCHAFT auf Seite 19. Die Postlarven gehen, ebenfalls je nach Art, mit 10 bis 20 mm Länge zum Bodenleben über.

Da Anemonenfische eine allgemein sehr beliebte Gruppe sind, wurden über sie besonders viele wissenschaftliche Arbeiten und auch populäre Bücher geschrieben. Leider findet sich von den etwa 30 Arten nur eine im Roten Meer. Um die Arabische Halbinsel herum gibt es allerdings ein paar mehr, die hier ebenfalls vorgestellt werden. Eine davon wurde erst vor kurzem entdeckt.

Amphiprion omanensis   Salalah, Oman

Oman-Anemonenfisch
Oman anemonefish
Länge: bis zu 10,5 cm.
Verbreitung: Arabisches Meer, erst kürzlich von der Küste Omans beschrieben.
Tiefe: 2 - 23 m.
Allgemein: bewohnt die großen Anemonen *Entacmaea quadricolor* und *Heteractis crispa*. Meist in Familiengruppen von winzigen Juvenilen, Männchen und dem großen Alpha-Weibchen. Die Art zeigt wie alle Anemonenfische ein elaborates Balzverhalten mit Jagen, Knabbern, Nahe-zusammenschwimmen und dem Auf-und-ab-schwimmen des deutlich kleineren Männchens. Der Autor machte die ersten Fotos dieser Art in ihrem natürlichen Lebensraum im Oman.

RIFFBARSCHE   POMACENTRIDAE

Rotmeer-Anemonenfisch
Red Sea anemonefish

L: bis zu 11 cm. V: Rotes Meer und Golf von Aden.
T: 1 - 30 m. A: jeder Rotmeer-Taucher und -Schnorchler kennt diese Art. Sie lebt paarweise oder in Familiengruppen mit den Anemonen *Entacmaea quadricolor, Heteractis aurora* oder *Stichodactyla gigantea* assoziiert. Je mehr Anemonen in einem Areal zur Verfügung stehen, desto größer kann eine Familiengruppe werden. Adulte sind extrem territorial und bewegen sich nie weit von "ihrer" Anemone weg, die mit ihren Nesseltentakeln Schutz vor Räubern bietet. Die Fische selbst sind durch eine "chemische Tarnkappe" geschützt. Details hierzu in WIE MACHT MAN BABYS NESSELFEST? auf den Seiten 142-143. Ein Paar Anemonenfische verteidigt sein Heim vehement gegen jeden Eindringling. Kommt ein Taucher mit seiner Maske nahe genug, stoßen sie sogar unter Grunzlauten gegen ihr eigenes Spiegelbild in der Frontscheibe. Das kleine Foto zeigt einen Juvenilen.

Aqaba, Jordanien

Amphiprion bicinctus   Wingate, Sudan

Indischer Anemonenfisch
Northern Indian anemonefish

Länge: bis zu 12 cm.
Verbreitung: Golf von Aden bis Golf von Oman.
Tiefe: 2 - 25 m.
Allgemein: selten, paarweise in Lagunen und Küstengebieten. Soweit bekannt, nur mit der Anemone *Stichodactyla haddoni* assoziiert.

Amphiprion sebae   Daymaniyat, Oman

137

RIFFBARSCHE POMACENTRIDAE

Chromis dimidiata — Safaga, Ägypten

Zweifarb-Schwalbenschwanz
Bicolor puller
Länge: bis zu 9 cm.
Verbreitung: Rotes Meer, Arabisches Meer. Tiefe: 1 - 36 m.
Allgemein: eine häufige Art in küstennahen und -fernen Riffen. Schwimmt oft in großen Schulen über Riffplattformen. Frißt hauptsächlich Zooplankton.

Chromis flavaxilla — Shaab Mansour, Ägypten

Gelbachsel-Schwalbenschwanz
Yellowaxil puller
L: bis zu 7 cm. V: RM, AM. T: 1 - 15 m. A: am gelben Achselfleck der Brustflosse zu erkennen. Kleines Foto (Ägypten): C. trialpha (4,5 cm, 3 - 50 m) mit drei weißen Flecken. In Höhlen, Spalten und schwarzen Korallen an Außenriffen.

Chromis pelloura — Dahab, Sinai

Rotmeer-Schwalbenschwanz
Red Sea puller
Länge: bis zu 14 cm.
Verbreitung: endemisch im nördlichen Roten Meer.
Tiefe: 25 - 175 m.
Allgemein: diese endemische Art lebt in riesigen Schwärmen um isolierte Korallenblöcke, über Sandflecken oder an Drop-offs. Sie frißt hauptsächlich Zooplankton, wurde erst vor wenigen Jahren beschrieben und ist immer unterhalb 25 m zu finden. Nahe verwandt mit dem sehr ähnlichen Chromis axillaris aus dem Indischen Ozean, hat aber einen kleineren Augendurchmesser.

RIFFBARSCHE   POMACENTRIDAE

Grüner Schwalbenschwanz
Bluegreen puller
L: bis zu 9 cm. V: RM. Weit verbreitet im Indischen Ozean. T: 1 - 12 m. A: in riesigen Gruppen über Zweigkorallendickichten geschützter Riffe. Schulen von Juvenilen über isolierten Korallenköpfen, in denen sie Zuflucht finden.

Chromis viridis — Shaab Marsa Alam, Ägypten

Pemba-Schwalbenschwanz
Pemba puller
Länge: bis zu 13 cm. Verbreitung: Rotes Meer. Tiefe: 12 - 50 m. Allgemein: oft um isolierte Korallentürme an sandigen Hängen. Frißt hauptsächlich Zooplankton. Das kleine Foto unten aus Safaga, Ägypten, zeigt einen Juvenilen.

Chromis pembae — Na'ama Bay, Sinai

Arabischer Preußenfisch
Arabian damsel
Länge: bis zu 6 cm. Verbreitung: um die Arabische Halbinsel herum vom Roten Meer bis zum Arabischen Golf. Tiefe: 1 - 15 m.
Allgemein: der Arabische Preußenfisch ist einzeln oder paarweise auf Zweigkorallen *(Acropora, Stylophora* und *Porites)* in seichten Lagunen zu finden. Er ernährt sich von gemischter Kost, nämlich von Zooplankton, Bodenwirbellosen (Würmer, Kleinkrebse) und auch von Algen.

Dascyllus marginatus — Hurghada, Ägypten

RIFFBARSCHE   POMACENTRIDAE

Dascyllus trimaculatus   Na'ama Bay, Sinai

Dreifleck-Preußenfisch
Three-spot damsel
L: bis zu 8 cm. V: RM, AM.
T: 1 - 50 m. A: Juvenile (siehe kleines Foto) sind oft in großer Zahl mit Anemonen assoziiert, manchmal zusammen mit Anemonenfischen. Von seichten Riffplattformen bis zu abgelegenen Korallenköpfen auf weiten, offenen Sandflächen.

Dreibinden-Preußenfisch
Humbug damsel
Länge: bis zu 8 cm.
Verbreitung: Rotes Meer, Arabisches Meer.
Tiefe: 1 - 20 m.
Allgemein: der Dreibinden-Preußenfisch ist die häufigste Fischart flacher Lagunen und der Rifflächen unmittelbar unterhalb der Gezeitenlinie. Er findet sich in großen Gruppen über *Acropora*-Korallen oder in kleineren Gruppen über einzelnen Korallenköpfen.

Dascyllus aruanus   Safaga, Ägypten

Abudefduf vaigensis   Ras Nasrani, Sinai

Indopazifischer Sergeant
Sergeant major
L: bis zu 17 cm. V: RM, AM.
T: 1 - 12 m. A: oft in Schulen in korallenreichen, seichten Riffen. Unten: **Scherenschwanz-Sergeant** *Abudefduf sexfasciatus* (bis zu 17 cm, 1 - 12 m). Kommt von felsigen Lagunenrändern bis zu Außenriffen vor. Immer in Gruppen.

RIFFBARSCHE   POMACENTRIDAE

Zitronengelbe Demoiselle
Lemon damsel
L: bis zu 9 cm. V: RM, AM.
T: 1 - 8 m. A: in küstennahen Saumriffen, manchmal im trüben Wasser des Riffs. Das kleine Foto zeigt die **Dreilinien-Demoiselle** *P. trilineatus* (8 cm, 0,5 - 4 m, RM, AM); in seichten Riffen und an Felsküsten.

Pomacentrus sulfureus Dahab, Sinai

Mirys Demoiselle
Miry's damsel
L: bis zu 9 cm. V: um die Arabische Halbinsel herum vom Roten Meer bis zum Arabischen Meer. T: 2 - 25 m.
A: einzeln oder in Schulen bei Korallenblöcken (großes Foto), auch im Kelp vor Salalah, Oman. Frißt in Gruppen Zooplankton weit über dem Riff.

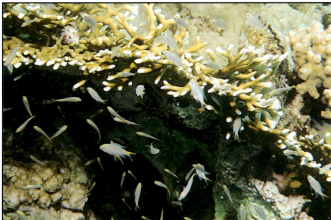

Neopomacentrus miryae Safaga, Ägypten

Gelbseiten-Demoiselle
Yellowside damsel
L: bis zu 7,5 cm. V: RM, Golf von Aden. T: 12 - 20 m. A: in Küstenriffen und an Drop-offs. Kleines Foto: **Weißbauch-Riffbarsch** *Amblyglyphidodon leucogaster* (13 cm, 2 - 35 m, RM), einzeln oder in kleinen Gruppen in korallenreichen Lagunen und Außenriffen.

Amblyglyphidodon flavilatus Safaga, Ägypten

WIE MACHT MAN BABYS NESSELFEST?

Anemonenfische sind ein Lieblingsobjekt der UW-Fotografen, weil die ungefähr 30 Arten eine angenehme Größe haben, wunderschön gefärbt sind, sich verläßlich ständig am selben Platz aufhalten und überhaupt keine Scheu zeigen. Im Gegenteil, sie verteidigen tapfer ihr Heim und versuchen vehement, jeden Eindringling abzuwehren, was das Fokussieren auf kurze Entfernung zu einem Problem werden läßt. Die Adulten leben meist paarweise in Assoziation mit Seeanemonen, sie schwimmen buchstäblich in den nesselnden Tentakeln ihres Wirtes, als würden sie darin baden. Aber wie vermeiden sie es, selbst genesselt und von dem gefräßigen Hohltier verschlungen zu werden, wie jeder andere Fisch?

1. Die Symbiose zwischen Seeanemone und Anemonenfisch ist seit vielen Jahren bekannt. Aber ihr gegenseitiges Verhältnis wurde erst in den letzten Jahren von Biologen enträtselt. Und noch immer werden nicht alle Details völlig verstanden. Die Anemone trägt in ihren Fangtentakeln - wie alle Nesseltiere - unzählige Nesselzellen, die sogenannten Nematocyten. Jede dieser Zellen ist mit einem "Sicherungsstift" versehen, dem Cnidocil, der als Auslöser dient. Wenn ein Beutetier, ein Fisch, eine Garnele oder größeres Plankton, die Tentakel berührt, werden unausweichlich Cnidocile verbogen, was wiederum zu einem sofortigen lawinenartigen Ausstoß von Nematocyten führt. Die alles geschieht extrem schnell innerhalb einiger Millisekunden und läßt der Beute keine Chance zu entkommen. Jede Nesselzelle wird praktisch umgestülpt: zuerst klappt ein Deckel auf, dann wird ein Bündel messerartiger Anhänge ausgefahren, die in die Haut der Beute schneiden. Unmittelbar danach dringt ein langer Faden aus dem Inneren der Zelle durch die Wunde in das Gewebe des Opfers ein, wobei er sich wie ein Handschuhfinger entrollt. Der Faden gibt ein Gift ab, um die Beute zu lähmen oder gar zu töten. Man halte sich stets vor Augen, daß all dies mikroskopisch klein ist und in wenigen Sekunden viele Millionen mal passiert, keine Chance also zu entwischen. Jeder Taucher oder Schnorchler kann einmal seinen Finger zwischen die Tentakel einer Seeanemone stecken und fühlen, wie sie ein bißchen "kleben" bleiben. Das bewirken die in die Haut geschossenen Fäden aus den Nesselzellen. Vorher aber sollte man sich vergewissern, eine harmlose Anemone für das Experiment ausgewählt zu haben! Das Foto vom Panorama-Riff vor Safaga zeigt, daß die Rotmeer-Anemonenfische *Amphiprion bicinctus* keine Probleme haben, zwischen den Tentakeln der großen Anemone *Heteractis magnifica* zu leben. Ein ganzer Familienklan mit einem Paar Adulter und vielen Jungtieren erfreut sich des Lebens im Schutz Hunderter Nesseltentakel. Der größte Fisch eines Paares oder einer Familiengruppe ist immer ein Weibchen. Es hat sich durch einen Geschlechtswandel aus dem dominanten Männchen der Gruppe entwickelt. In einer Gruppe gibt es von jedem Geschlecht jeweils immer ein dominantes Tier, während die übrigen subadult bleiben, bis ein dominantes Tier stirbt. Erst dann entwickelt sich ein Nachfolger, um die Lücke zu füllen.

2. Zur Laichzeit legt das Weibchen etwa 500 bis 1500 Eier unmittelbar neben der Wirtsanemone in Reichweite ihrer Tentakel ab. Nachdem es die Eier auf ein Hartsubstrat geklebt hat, werden sie vom Männchen besamt und von nun an bewacht, bis die Jungen schlüpfen. Nach ungefähr einer Woche sind die Larven entwickelt und schlüpfen, meist bald nach Sonnenuntergang, um als Plankton mit der Strömung verdriftet zu werden. Das Männchen bläst vorsichtig Wasser über seinen Nachwuchs, um die sich entwickelnden Embryonen mit sauerstoffreichem Wasser zu versorgen und gleichzeitig Pilzbefall vorzubeugen. Denn Todesursache vieler Eier, die dem Meerwasser ausgesetzt sind, ist Verschimmeln. Die allgegenwärtigen Pilzsporen keimen innerhalb einer Stunde auf einem so jungfräulichen Substrat wie der Oberfläche von Fischeiern.

3. Um die Eier vor den Anemonententakeln zu schützen, nimmt ein Elterntier einen solchen ins Maul und reibt ihn sanft gegen sie. Der Schleim des Tentakels bedeckt die Eier und immunisiert die Embryonen gegen das Nesseln, bevor die kleinen, verletzlichen Larven überhaupt geschlüpft sind. Dieses fürsorgliche Verhalten wurde bislang in der Literatur noch nicht dokumentiert.

4. Später, nach der Metamorphose von der planktischen Larve zum Jungfisch, muß sich der Anemonenfisch an "seine" erste Anemone gewöhnen. Bevor eine Anemone zum Schutzgeist erkoren wird, reibt sich der Fisch vorsichtig gegen ihre schleimbedeckten Tentakel. Der Schleim imprägniert seine Haut, und so wird er nach und nach "unsichtbar" für die Sensoren der Nesselzellen, bis der Fisch nicht mehr als Beute angesehen wird. Schließlich funktioniert das Prinzip bereits bei den Anemonententakeln, denn wer will sich schon selbst nesseln(?!)

LIPPFISCHE — LABRIDAE

Lippfische sind eine große Familie mit mindestens 60 Gattungen und etwa 500 Arten. Sie gehören zu den zahlreichsten Bewohnern aller Korallenriffe. Ihre Artenzahl wird nur von der der Grundeln übertroffen. Farbe, Form und Größe des Körpers sind in vielen Fällen so variabel, daß man eine Verwandtschaft bezweifelt. Einige Zwergarten werden nur wenige cm lang, während andere eine Länge von über 2 m erreichen! Einige sind schlank, hochrückig bis sehr massiv, die meisten zigarrenförmig. Trotz ihrer Variabilität gibt es äußerer Merkmale, die ihre Verwandtschaft bezeugen: die meisten Lippfischarten benutzen nur ihre Brustflossen zur Vorwärtsbewegung, außer wenn der Schwanz besonders hohe Beschleunigung liefern muß. Obwohl das Maul nie sehr breit ist, haben alle gut ausgebildete Lippen und viele große, überstehende Fangzähne.

Alle Lippfischarten unseres Gebietes sind protogyne Hermaphroditen (Zwitter), d. h. die meisten Männchen waren vorher voll funktionsfähige Weibchen. Obwohl Lippfische wie alle Wirbeltiere zwei Geschlechter haben (männlich und weiblich), ist ihr Geschlechtsmuster so variabel, daß man hier nur eine Zusammenfassung geben kann: es gibt "primäre" Männchen, die als solche geboren wurden, und "sekundäre", die ihr Leben als Weibchen begannen und später zu Männchen wurden. Hoden primärer Männchen gleichen denen nicht-zwittriger Fischarten, wohingegen die sekundärer Männchen ihre Herkunft von Ovarien widerspiegeln.

Schweinslippfische — Bodianinae

Zweifarben-Schweinslippfisch
Lyretail hogfish
Länge: bis zu 21 cm.
Verbreitung: RM, AM.
Tiefe: 6 - 60 m. Allgemein: meist an steilen Außenriffen unter 25 m. Solitär, häufig.
Kleines Foto: juvenil.

Bodianus anthioides — Abu Dabab, Ägypten

Zweifleck-Schweinslippfisch
Axilspot hogfish
Länge: bis zu 20 cm.
Verbreitung: RM, AM. Tiefe: 2 - 40 m. Allgemein: solitär in korallenreichen Riffen. Juvenile in Höhlen oder unter Überhängen, manchmal beim Putzen von Zackenbarschen zu sehen.
Kleines Foto: juvenil.

Bodianus axillaris — Marsa Galeb, Ägypten

Schweinslippfische   Bodianinae

Zuckerstangen-Schweinslippfisch
Candybar hogfish
Länge: bis zu 10 cm.
Verbreitung: Rotes Meer, Arabisches Meer.
Tiefe: 2 - 15 m.
Allgemein: eine der kleineren Schweinslippfischarten, leicht an den weißen und roten Streifen zu erkennen. Auch der schwarze Fleck am Hinterrand des Kiemendeckels ist charakteristisch. Carnivor, frißt kleine Bodenwirbellose auf Hartsubstrat. In Süd-Japan gibt es eine ähnliche, endemische Art mit dunklen, weißgerandeten Flossen.

Bodianus opercularis — Dahab, Sinai

Dianas Schweinslippfisch
Diana's hogfish
Länge: bis zu 25 cm.
Verbreitung: RM, AM.
Tiefe: 6 - 30 m.
Allgemein: in Fels- und Korallenriffen von der Gezeitenzone abwärts. Solitär, tagsüber meist auf Futtersuche im Riff. Kleines Foto: juvenil.

Bodianus diana — Elphinstone, Ägypten

Oman-Schweinslippfisch
Oman hogfish
L: bis zu 60 cm. V: Arabisches Meer. Tiefe: 3 - 20 m.
A: solitär auf steinigen Riffplattformen. Frißt Mollusken und Korallen, die mit den großen, schneidezahnartigen Hauern aufgenommen werden. Großes Foto: Männchen; kleines Foto: Weibchen.

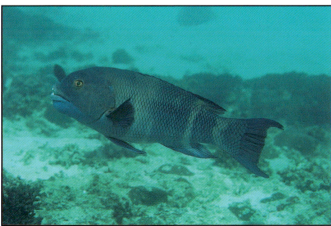

Bodianus macrognathos — Salalah, Oman

Meißelzahn-Lippfische   Pseudodacinae

Meißelzahn-Lippfisch
Chiseltooth wrasse
Länge: bis zu 20 cm.
Verbreitung: RM, AM.
Tiefe: 2 - 40 m.
Allgemein: einzeln in korallenreichen Riffen. Juvenile (kleines Foto) ähneln *Labroides* und scheinen tieferes Wasser zu bevorzugen.

Pseudodax moluccanus   Wadi Gimal, Ägypten

Prachtlippfische   Cheilinae

Abudjubbes Prachtlippfisch
Abudjubbe's splendour wrasse
L: bis zu 18 cm. V: endemisch im Roten Meer. T: 3 - 15 m. A: in seichten Riffen, vornehmlich mit reichem Korallen- und Algenwuchs. Kleines Foto unten: Weibchen.

Cheilinus abudjubbe   Aqaba, Jordanien

Wangenstreifen-Prachtlippfisch
Cheeklined splendour wrasse
Länge: bis zu 30 cm.
Verbreitung: RM, AM.
Tiefe: 3 - 120 m.
Allgemein: solitär in korallenreichen Lagunen und geschützten Außenriffen. Farbkleid variabel. Großes Foto: Männchen; kleines Foto: Weibchen.

Cheilinus digrammus   Marsa Alam, Ägypten

Prachtlippfische   Cheilinae

Napoleon
Napoleonfish
Länge: bis zu 230 cm.
Verbreitung: Rotes Meer, Arabisches Meer.
Tiefe: 0,5 - 60 m.
Allgemein: Adulte entlang der Außenriffhänge, an Drop-offs und manchmal in Lagunenriffen. Leicht an der Größe und dem Stirnbuckel zu erkennen (siehe Fotos). Juvenile besonders in Geweihkorallendickichten. An zwei dunklen, diagonalen Streifen über das Auge hinweg zu erkennen. Der Napoleon ist der größte und schwerste Lippfisch (bis zu 190 kg). Frißt hauptsächlich Mollusken, die mit flachen Zähnen hinten im Maul geknackt werden. Im nördlichen Roten Meer sind einige Exemplare mit Tauchern vertraut (siehe Foto) und nähern sich sogar Schnorchlern. Der Napoleon frißt gerne Hühnereier und anderes ihm dargebotenes Futter. Die Art ist trotz ihrer Größe vorsichtig.

Anderswo existiert eine weniger schöne Beziehung zwischen Mensch und Fisch. Vor wenigen Jahren war Napoleon ganz oben auf der Speisekarte von Hongkongs Fischrestaurants. Heute ist er durch Überfischung mit Natriumzyanid selten und daher eine teure Spezialität geworden. Auf "Jumbo"-Restaurantschiffen kostet ein Kilo US $ 200,- und steigend. Ein Gericht aus seinen dicken Lippen, die in Asien als Aphrodisiakum angesehen werden, wird sogar für US $ 300,- verkauft. Reiche Chinesen geben für Napoleon-Gerichte auf Hochzeiten wahre Vermögen aus. In Sulawesi kostet ein Kilo US $ 100,-, wenn der Fisch mindestens 20 kg wiegt. Die Methode, den riesigen Fisch zu fangen, ist grausam und zerstört nebenbei große Teile des Riffs und seine Bewohner: in die Enge getrieben, sucht der bereits geschwächte Fisch Schutz zwischen den Korallen. Zwei Fänger brechen nun alle Korallen rund um den Lippfisch ab, um an ihn heranzukommen.

Auf unterem Foto
Baby Napoleon.

Cheilinus undulatus   alle Fotos Ras Mohamed, Sinai

147

Prachtlippfische — Cheilinae

Cheilinus lunulatus — Elat, Sinai

Besenschwanz-Prachtlippfisch
Broomtail wrasse
L: bis zu 50 cm. V: RM, AM.
Tiefe: 2 - 30 m. A: scheu, solitär, auf korallenreichen Riffplattformen und -kanten. Frißt in Sand und Geröll lebende Wirbellose wie Mollusken und Krebse. Kleines Foto unten: Weibchen.

Rotbrust-Prachtlippfisch
Red-breasted splendour wrasse
Länge: bis zu 38 cm.
Verbreitung: RM, AM.
Tiefe: 4 - 40 m. Allgemein: häufig in Lagunen und Außenriffen mit Korallen- und Geröllgrund, wo die Art Bodenwirbellose frißt. Kleines Foto: mit *Parupeneus forsskali*.

Cheilinus fasciatus — Ras Nasrani, Sinai

Mentaler Prachtlippfisch
Mental wrasse
Länge: bis zu 20 cm.
Verbreitung: Rotes Meer.
Tiefe: 3 - 24 m.
Allgemein: wurde 1828 von dem berühmten Frankfurter Ichthyologen Eduard Rüppell beschrieben. Häufig im Roten Meer. Auch weiter südlich verbreitet, nicht jedoch im Arabischen Golf. Rötlichbraun, mit einem dunklen Streifen vom Maul über das Auge bis fast zur Schwanzflossenbasis, wo er in einem weißen Fleck endet. Große Männchen mit schmalen roten Bändern sternförmig ums Auge herum.

Cheilinus mentalis — Ras Burka, Sinai

Prachtlippfische Cheilinae

Stülpmaul-Lippfisch
Sling-jaw wrasse
Länge: bis zu 38 cm.
Verbreitung: RM, AM.
Tiefe: 4 - 40 m.
Allgemein: in korallenreichen Lagunen und Außenriffen. Holt mit dem langen, röhrenförmigen Maul Garnelen, Krabben und Fische aus Korallenstöcken heraus. Foto unten: Weibchen.

Epibulus insidiator — Ras Nasrani, Sinai

Blatt-Schermesserfisch
Blue razor wrasse
Länge: bis zu 40 cm.
Verbreitung: RM, AM.
Tiefe: 3 - 100 m.
Allgemein: nur auf weiten Fein- bis Grobsandflächen in Lagunen und Außenriffen. Sehr vorsichtig, verschwindet extrem schnell vollständig im Sand. Kleines Foto: juvenil.

Xyrichtys pavo — Dahab, Sinai

Fünf-Finger-Schermesserfisch
Fivefinger razor wrasse
Länge: bis zu 25 cm.
Verbreitung: RM, AM.
Tiefe: 8 - 50 m.
Allgemein: bewohnt saubere Sandflächen ohne Hindernisse nahe Korallenriffen. Wie seine Gattungsgenossen taucht er bei Störung in den Sand ab. Das Weibchen (Foto) hat einen großen, schwärzlichen Fleck auf der Seite nahe der Brustflossenspitze. Das Männchen ist generell farbiger, ohne Fleck und mit deutlicheren kleinen, schwarzen Flecken in einer Reihe hinter dem Auge. Scheu, schwierig zu fotografieren.

Xyrichtys pentadactylus — Aqaba, Jordanien

149

Prachtlippfische | Cheilinae

Cirrhilabrus rubriventralis — Jeddah, Saudi-Arabien

Sozialer Zwerglippfisch
Social dwarf wrasse
Länge: bis zu 7,5 cm.
Verbreitung: nördliches und zentrales RM. Tiefe: 3 - 43 m.
Allgemein: lebt auf Korallenkiesboden, frißt Zooplankton. Männchen mit verlängerten Bauchflossen (großes Foto) und Harems. Kleines Foto unten: Weibchen.

Cirrhilabrus blatteus — Sanganeb, Sudan

Rotkopf-Zwerglippfisch
Red Sea dwarf wrasse
Länge: bis zu 12 cm.
Verbreitung: nur Rotes Meer.
Tiefe: 40 - 70 m. Allgemein: die endemische Art lebt in tieferen Teilen des Korallenriffs. Wie andere Gattungsmitglieder frißt sie Zooplankton. Wurde zusammen mit *C. rubriventralis* beschrieben, von dem sie sich durch Färbung, Größe, tieferes Habitat und spitze Schwanzflosse unterscheidet. Das Männchen (Foto) hat ein stärkeres Farbmuster als das Weibchen: das Rot des Kopfes ist kräftiger, der Seitenstreifen dunkler, die Schwanzflossenbasis trägt leuchtenderes Gelb.

Pseudocheilinus evanidus — Nuweiba, Sinai

Verschwindender Zwerglippfisch
Disappearing wrasse
Länge: bis zu 8 cm.
Verbreitung: RM, AM.
Tiefe: 5 - 46 m.
Allgemein: eine kleine, sehr versteckt lebende Art der Spalten im Korallenriff, selten von Tauchern gesehen. Frißt kleine Bodenwirbellose. Leicht an einem bläulich-weißen Wangenstreifen unter dem Auge vom Mundwinkel bis zum Vorkiemendeckel zu erkennen. Sonst rötlich-braun (Unterseite heller) mit dünnen, weißen Linien auf Körper und dem dunkleren Kopf. Beide Geschlechter ähnlich.

Prachtlippfische   Cheilinae

Rotmeer-Zwerglippfisch
Red Sea eightline wrasse
L: bis zu 9 cm. V: nur Rotes
Meer. T: 8 - 25 m.
Allgemein: in losen Gruppen
über Mischböden aus Sand und
Korallengeröll.
Zooplanktonfresser. Prächtige
Männchen (rechts) haben
Harems von bis zu 12
Weibchen (unten).

Paracheilinus octotaenia — Safaga, Ägypten

Seegras-Zwerglippfisch
Seagrass dwarf wrasse
Länge: bis zu 15 cm.
Verbreitung: südliches RM.
Tiefe: 2 - 20 m.
Allgemein: in Seegraswiesen
(kleines Foto) und Algenfeldern.
Zeigt das gleiche kryptische
Verhalten wie der ähnliche P.
cryptus (siehe unten), der
Weichkorallen bevorzugt.

Pteragogus pelycus — Dahab, Sinai

Kryptischer Zwerglippfisch
Cryptic dwarf wrasse
Länge: bis zu 7 cm.
Verbreitung: südliches Rotes
Meer, Arabisches Meer.
Tiefe: 4 - 67 m. Allgemein:
bevorzugt reichen Weich- und
Hartkorallenwuchs oder zer-
streute Algenfelder. Lebt, wie
der Name schon sagt, ver-
steckt. Selten länger als ein
paar Sekunden beim
Umherschwimmen in der
Bodendeckung zu sehen. Kann
am weißen Streifen von der
Schnauze über Auge und
Brustflosse und am länglichen,
dunklen Fleck auf dem
Kiemendeckel erkannt werden.

Pteragogus cryptus — Ras Honkorab, Ägypten

151

Junkerlippfische   Corinae

Diamanten-Junker
Diamond wrasse
L: bis zu 42 cm. V: Rotes Meer, im Arabischen Meer nicht häufig. T: 2 - 15 m. A: in der Brandungszone von Außenriffen. Nachts im Sand vergraben. Frißt hauptsächlich bodenlebende Krebse und Mollusken. Großes Foto: Männchen; kleines Foto unten: juvenil.

Anampses caeruleopunctatus   Elat, Sinai

Twists Junker
Twist's wrasse
Länge: bis zu 18 cm.
Verbreitung: Rotes Meer, Arabisches Meer.
Tiefe: 2 - 20 m.
Allgemein: weit verbreitet, in Korallenriffen. Frißt hauptsächlich Bodenwirbellose. Großes Foto: Männchen; kleines Foto unten: juvenil.

Anampses twistii   Ras Nasrani, Sinai

Streifen-Junker
Lined wrasse
L: bis zu 13 cm. V: Rotes Meer, im Arabischen Meer selten.
T: 10 - 45 m.
Allgemein: lebt in Korallenriffen, meist unter 20 m zu finden. Ernährt sich von Bodenwirbellosen. Großes Foto: Männchen; kleines Foto unten: juvenil.

Anampses lineatus   Shaab Sharm, Ägypten

Junkerlippfische   Corinae

Gelbschwanz-Junker
Yellowtail wrasse
Länge: bis zu 22 cm.
Verbreitung: RM, AM.
Tiefe: 4 - 60 m.
Allgemein: einzeln oder paarweise auf Mischböden aus Korallen, Geröll, Kalkstein und Sand in Außenriffen. Großes Foto: Männchen; kleines Foto unten: Weibchen.

Anampses meleagrides — Wadi Gimal, Ägypten

Zigarren-Lippfisch
Cigar wrasse
Länge: bis zu 50 cm.
Verbreitung: RM, AM.
Tiefe: 2 - 35 m.
Allgemein: dieser schlanke, zigarrenförmige Lippfisch lebt meist in Seegraswiesen oder Algenfeldern. Aber auch in Korallenriffen, andere Fische begleitend (siehe auch oberes Foto auf der nächsten Seite: *C. inermis* mit einem adulten Streifen-Bannerlippfisch *Hemigymnus fasciatus*). Der Zigarren-Lippfisch frißt Bodenwirbellose wie Schnecken, Muscheln, Krabben, Einsiedlerkrebse, Garnelen und Seeigel. Seine Grundfarbe ist variabel: grün, braun, orangebraun, gelb. Oft mit schmalem Seitenstreifen, der zu einer Reihe von Flecken aufgelöst sein kann. Große Männchen ohne Streifen, dafür ein unregelmäßiger, oranger bis lachsrosa und dunkelbrauner Fleck auf der Körperoberseite an der Brustflossenspitze. Die Fotos zeigen ein Männchen (Mitte), ein Weibchen mit einer Gruppe von Gelbsattel-Meerbarben (unten) und ein Weibchen in Seegras (unten, klein).

Cheilio inermis — Abu Dabab, Ägypten

Cheilio inermis mit *Parupeneus cyclostomus* — Safaga, Ägypten

Junkerlippfische — Corinae

Hemigymnus sexfasciatus — Safaga, Ägypten

Streifen-Bannerlippfisch
Barred thicklip wrasse
L: bis zu 50 cm. V: RM, AM. T: 1 - 18 m. A: auf Korallen- und Geröllboden. Adulte kehren ihr Streifenmuster um: dunkle werden hell und umgekehrt. Das große Foto zeigt einen Adulten, begleitet von *Cheilio inermis* (vergleiche kleines Foto unten des Juvenilen).

Hemigymnus melapterus — Marsa Bareka, Sinai

Zweifarben-Bannerlippfisch
Blackeye thicklip wrasse
Länge: bis zu 80 cm.
Verbreitung: Rotes Meer, Arabisches Meer.
Tiefe: 1 - 30 m.
Allgemein: Juvenile vorne fast weiß, hinten abrupt dunkelgrün bis schwarz. Dieses Zweifarbmuster verblaßt im Alter. Lebt in Korallenriffen. Adulte verschlucken auf der Suche nach Wirbellosen auch Korallenfragmente, die sie wie die Papageifische später als Korallensand ausscheiden. Diese Riffische tragen viel zur Biogenese von Sandsubstrat in Riffen bei. Das Foto zeigt einen Adulten.

Hologymnosus annulatus — Dahab, Sinai

Gestreifter Hechtlippfisch
Ring wrasse
L: bis zu 40 cm. V: RM, AM. T: 2 - 34 m. A: in seichten Lagunen, über tiefen Sandflächen in Felsgebieten. Frißt kleinere Fische. Ändert während des Wachstums die Farbe. Großes Foto: adultes Männchen;
kleines Foto unten: juvenil.

Junkerlippfische   Corinae

Clown-Lippfisch
Clown sand wrasse
Länge: bis mindestens 60 cm.
Verbreitung: RM, AM.
Tiefe: 5 - 40 m.
Allgemein: zwischen Pflanzen auf Geröll und Sand nahe bei Korallenriffen. Das adulte Männchen (Foto oben) hat einen Stirnbuckel und einen gezackten Schwanzflossenhinterrand. Adulte Weibchen (kleines Foto) sind zweifarbig mit Punkten auf Kopf und Flossen. Juvenile (vier auf dem Foto in der Mitte) haben zwei rote und einen schwarzen "Augenfleck" auf dem weißen Körper und bereits die schwarzen Punkte der Weibchen auf Kopf und Flossen.
  Der Clown-Lippfisch dreht auf der Suche nach Beute (beschalte Weichtiere, Krabben, Einsiedlerkrebse, Seeigel) häufig Steine um. Dieses Verhalten zeigt auch der nahe verwandte Afrika-Junker (siehe unten). In unserem Gebiet wird der Clown-Lippfisch im Roten Meer recht häufig von Tauchern gesehen, aber nur gelegentlich an der Südküste Omans; im Arabischen Golf ist er sogar noch seltener.

Wadi Gimal, Ägypten

Coris aygula   Elphinstone, Ägypten

Flecken-Junker
Dapple wrasse
Länge: bis zu 20 cm.
Verbreitung: RM, AM.
Tiefe: 3 - 29 m.
Allgemein: über Sandböden nahe oder in Korallenriffen. Carnivor, frißt Bodenwirbellose. Zum Ergreifen der Beute dienen ein Paar Fangzähne vorn und ein oder zwei Paar seitlich im Kiefer. Farbe weißlich bis blaßgrün mit 6 breiten Rückenbändern, die blaß sein können. Rote bis schwärzliche Punkte auf dem Körper bilden unregelmäßige Linien. Kleine Tiere mit großem, schwarzem, gelbgerandetem Fleck in der Rückenflosse, größere Tiere mit kleinem, schwarzen Fleck.

Coris variegata   Marsa Galeb, Ägypten

155

Junkerlippfische   Corinae

Indischer Clown-Junker
Indian sand wrasse
Länge: bis zu 50 cm.
Verbreitung: südliches RM, AM.
Tiefe: 2 - 30 m. Allgemein:
zwischen Algen und Steinen in
Korallenriffen. Juvenile (kleines
Foto) in seichten, felsigen
Gezeitentümpeln. Großes
Foto: Weibchen. Männchen
ähnlich, mit rötlichem Kopf.

Coris frerei   Muscat, Oman

Afrika-Junker
African sand wrasse
L: bis zu 40 cm. V: RM, AM. T: 5
- 50 m. A: Juvenile (kleines Foto)
häufig in Gezeitentümpeln,
Adulte bis in 50 m Tiefe. In
Algen- oder Korallengebieten.
Scheu, solitär. Früher *Coris africana*. Wendet Steine, um Beute zu
finden: Weichtiere, Krabben und
Einsiedlerkrebse.

Coris cuvieri   Shaab Samadai, Ägypten

Schwanzfleck-Junker
Spottail sand wrasse
Länge: bis zu 20 cm.
Verbreitung: Rotes Meer, gelegentlich im Arabischen Meer,
selten im Golf von Oman.
Tiefe: 2 - 25 m. A: meist in
geschützten Lagunenriffen über
Mischboden aus Sand, Geröll,
Steinen und Korallen. Frißt
hauptsächlich hartschalige
Bodenwirbellose.
Erkennungsmerkmale: kleiner,
schwarzer Fleck mit gelbem
Hinterrand auf dem
Kiemendeckel; oft ein großer,
diffuser, schwärzlicher Fleck
auf der Schwanzflossenbasis.
Foto: Männchen. Weibchen
ähnlich, aber rötlichbraun statt
bläulichgrün.

Coris caudimacula   Al Mukalla, Jemen

Junkerlippfische   Corinae

Schachbrett-Junker
Checkerboard wrasse
L: bis zu 27 cm. V: RM, AM.
T: 1 - 30 m. A: Juvenile (kleines Foto) häufig auf Geröll- oder Sandflecken in Brandungskanälen oder unter Überhängen am Rande von Sandbodenlöchern. Adulte ziehen jedoch Sandflächen vor. Großes Foto: subadultes Weibchen.

Halichoeres hortulanus — Jeddah, Saudi-Arabien

Streifen-Junker
Dusky wrasse
Länge: bis zu 17 cm. Verbreitung: RM, AM. Tiefe: 1 - 30 m. Allgemein: bevorzugt korallenreiche Saumriffkanten. Frißt Bodenwirbellose. Großes Foto: Männchen; kleines Foto: Weibchen. Juvenile mit dunkelbraunen und (schmaleren) gelben Längsstreifen.

Halichoeres marginatus — Muscat, Oman

Großzahn-Junker
Vermiculate wrasse
L: bis zu 13 cm. V: RM, AM. T: 1 - 15 m. A: in Lagunen halbgeschützter Riffen auf Mischböden mit Korallen, Geröll und Sand. Zwei Paare großer Fangzähne im Oberkiefer. Männchen (großes Foto) halten sich Harems. Kleines Foto unten: Weibchen.

Macropharyngodon bipartitus — Shaab Rumi, Sudan

Junkerlippfische — Corinae

Kurzstreifen-Regenbogenjunker
Cutribbon wrasse
L: bis zu 13 cm. L: RM, AM.
T: 4 - 25 m. Allgemein: in Korallenriffen und Seegraswiesen. Großes Foto: Männchen; kleines Foto: Weibchen. Juvenile weiß mit braunem Rücken und schwarzem Seitenband.

Stethojulis interrupta — Ras Torombi, Ägypten

Vierstreifen-Regenbogenjunker
Bluelined wrasse
L: bis zu 12 cm. V: RM, AM.
T: 4 - 25 m. A: wie andere Arten der Gattung ein schneller Schwimmer mit Brustflossenantrieb. Foto: Sekundärmännchen. Primär-Färbung (kann Männchen oder Weibchen sein) anders: obere Körperhälfte dunkel, mit zahlreichen, winzigen, dicht stehenden Pünktchen, die an einen Sternenhimmel erinnern. Frißt verschiedene, sehr kleine Bodenwirbellose, die aus dem Sand gesiebt oder mit schnellen Bewegungen vom Felsboden küstennaher Korallenriffe gepickt werden.

Stethojulis albovittata — Sabargad, Ägypten

Mondsichel-Junker
Moon wrasse
Länge: bis zu 25 cm.
Verbreitung: RM, AM.
Tiefe: 1 - 25 m.
Allgemein: lebt oft in Harems über dem Riff. Häufiger in toten, trüben Riffen als andere Gattungsmitglieder. Einer der häufigsten und meistgesehenen Lippfische. Foto: Primärfärbung. Sekundärmännchen mit tiefblauem Kopf, besonders während der Balz, und sichelförmiger Schwanzflosse mit großem, gelbem Halbkreis. Diese aktive und zutrauliche Art frißt hauptsächlich Bodenwirbellose, aber hin und wieder auch kleine Fische.

Thalassoma lunare — Hurghada, Ägypten

Junkerlippfische   Corinae

Rotmeer-Junker
Klunzinger's wrasse
Länge: bis zu 20 cm.
Verbreitung: endemisch im Roten Meer.
Tiefe: 1 - 20 m.
Allgemein: einer der häufigsten Riffische im Roten Meer. Meist paarweise über Saumriffen mit reichem Korallenwuchs zu sehen. Die Art nähert sich neugierig Tauchern, immer wenn diese unter Wasser anhalten, um etwas zu begutachten. Der Lippfisch saust auch furchtlos in das Durcheinander, das entsteht, wenn UW-Fotografen Modelle mit Futter anlocken. Beide Farbphasen ähnlich, Juvenile anders gefärbt.

Thalassoma klunzingeri   Hurghada, Ägypten

Vogel-Lippfisch
Bird wrasse
Länge: bis zu 30 cm.
Verbreitung: Rotes Meer, Arabisches Meer. Tiefe: 2 - 30 m. Allgemein: wie auf den Fotos zu sehen, ist der Vogel-Lippfisch hauptsächlich in korallenreichen und felsigen Riffgebieten anzutreffen. An der typischen Schnauze, mit der die Art Beute aus verzweigten Korallenstöcken holt, leicht zu erkennen. Frißt in erster Linie kleine benthische Krebse. Der Name rührt von der schnabelartig verlängerten Schnauze und der wellenförmigen Schwimmbewegung her. Die Fotos zeigen Männchen (Mitte), Weibchen (unten) und Juvenilen (klein). Alle sind an ihren typischen Farbmustern leicht zu unterscheiden. Im größten Teil unseres Gebietes häufig, aber selten im Golf von Oman. Wurde früher für ein Rotmeer-Endemit gehalten, weitere Forschung ergab, daß die Rotmeer-Population eine eigene Unterart *G. c. klunzingeri* repräsentiert. Im Pazifik lebt der nahe Verwandte *G. varius*, Männchen überwiegend grünlich, Weibchen schwarz-weiß.

Shaab Sharm, Ägypten

Gomphosus klunzingeri   El Quseir, Ägypten

Putzerlippfische — Labrichthyinae

Gewöhnlicher Putzerlippfisch
Common cleaner wrasse
L: bis zu 11 cm. V: RM, AM.
T: 0,5 - 40 m. A: häufigster
Putzerfisch. Das
Längsstreifenmuster identifiziert
ihn für die Kunden. Großes Foto:
Adult-Paar; kleines Foto: Adulter
und Juveniler fressen Laich. Siehe
auch PUTZFIMMEL, S.107-109.

Labroides dimidiatus — Elphinstone, Ägypten

Zweifarb-Putzerlippfisch
Bicolor cleaner wrasse
L: bis zu 14 cm. V: AM. T: 2 - 20
m. A: Juvenile und Subadulte
betreiben Putzerstationen an
Überhängen. Adulte paarweise
etwas über dem Riff; sie sind die
Nomaden unter den Putzern
und suchen aktiv ein großes
Gebiet nach Kunden ab. Links:
Männ.; unten: Weib.

Labroides bicolor — Marsa Bareka, Sinai

Arabischer Putzerlippfisch
Arabian cleaner wrasse
L: bis zu 11 cm. V: RM, AM.
T: 0,5 - 15 m. A: Juvenile sind
Putzer; Adulte fressen meist
Korallenpolypen, daher oft zwischen Korallen. Putzerlippfische
werben für ihre Tätigkeit mit
einem "Schwimmtanz" mit typischer Auf-und-ab-Bewegung.
Die Kunden lösen das Putzen
durch schräge Kopf-hoch-
Stellung und Abspreizen von
Kiemendeckeln und Flossen aus.
Sie warten buchstäblich in einer
Schlange, bis sie an der Reihe
sind. Sogar große pelagische
Fischarten nutzen die
Putzerstationen im Riff.

Larabicus quadrilineatus — Aqaba, Jordanien

PAPAGEIFISCHE SCARIDAE

Büffelkopf-Papageifisch
Humphead parrotfish
L: bis zu 120 cm. V: RM, AM. T: 1 - 30 m. A: weit verbreitet, einzeln oder paarweise in Saum- und Außenriffen. Der massigste aller Papageifische ist leicht an der Größe und dem Stirnbuckel zu erkennen, der sich mit dem Alter entwickelt. Das Foto links zeigt die verwachsenen Vorderzähne (typisch für Papageifische), die zum Abbeißen von Korallen dienen. Geschlecht und Färbung wechseln wie bei den verwandten Lippfischen (siehe Familientext). Unten: schlafende Büffelköpfe nachts in einer Höhle. Siehe auch die Vorseite: ungewöhnlich große Gruppe, die ein sonnenbeschienenes Rotmeer-Riff überschwimmt.

Bolbometopon muricatum　　　Rocky Island, Ägypten

Masken-Papageifisch
Bicolour parrotfish
L: bis zu 90 cm. V: RM, AM. T: 1 - 30 m. A: eine große Korallenriff-Art, oft paarweise zu sehen. Territoriale Männchen unterhalten Harems, deren weibliche Mitglieder aber weit übers Riff verstreut sind. Links ein Männchen in einem Wrack, ein einzelnes Weibchen im kleinen Foto unten, ganz unten ein Juveniler.

Cetoscarus bicolor　　　Ras Mohamed, Sinai

PAPAGEIFISCHE   SCARIDAE

Langnasen-Papageifisch
Longnose parrotfish
L: bis zu 75 cm. V: RM, AM.
T: 1 - 45 m. A: einzeln oder in
Schulen, langgestrecktes Kopfprofil
typisch. Oft über Sand in
geschützten Riffen. Wenn eine
Gruppe in ein Riff einfällt, kann
man laute Brech- und
Kratzgeräusche hören, während
die Papageifische Korallen fressen.

Hipposcarus harid   Hurghada, Ägypten

Rotmeer-Buckelkopf
Steepheaded parrotfish
L: bis zu 70 cm. V: RM.
T: 1 - 50 m. A: typisch ist das
steile, stumpfe Kopfprofil, das
im Alter noch steiler wird. In
Korallen- und Felsriffen. Links
Männchen, unten Weibchen.
Zwei Farbphasen: häufige grü-
ne, seltenere rote. Juv. dunkel-
braun mit weißen Streifen.

Scarus gibbus   Wadi Gimal, Ägypten

Blauband-Papageifisch
Bluebarred parrotfish
L: bis zu 75 cm. V: RM, AM.
T: 1 - 70 m. A: in Korallenriffen,
Seegraswiesen und
Algenfeldern, auch küstenfern
und tiefer, häufiger in trüben
Gebieten als andere
Papageifischarten. Zahnplatten
blaßrosa. Männchen rechts (mit
Putzerfischen), unten Weibchen.

Scarus ghobban   Ras Atantur, Sinai

PAPAGEIFISCHE — SCARIDAE

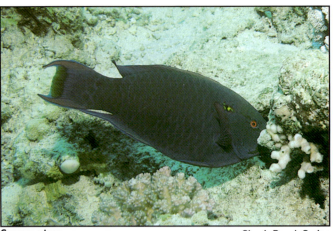

Scarus niger — Shaab Rumi, Sudan

Schwarzer Papageifisch
Swarthy parrotfish
L: bis zu 40 cm. V: RM, AM. T: 1 - 30 m. A: in Korallenriffen. Färbung generell dunkel, Weibchen rötlichbraun. Ein Fleck (bei Männchen ein gelbgrünes Band) hinter dem Auge, gerade über der oberen Ecke des Kiemendeckels. Links Männchen, unten Weibchen.

Scarus ferrugineus — Gubal, Ägypten

Rostkopf-Pagageifisch
Rusty parrotfish
L: bis zu 40 cm. V: RM, AM. T: 1 - 60 m. A: diese Papageifischart bewohnt geschützte Riffhänge. Die Zahnplatten beider Farbphasen sind blaugrün. Die Juvenilfärbung ist ähnlich der Primärfärbung. Großes Foto: Männchen; kleines Foto unten: Weibchen.

MEERÄSCHEN — MUGILIDAE

Crenimugil crenilabis — El Quseir, Ägypten

Stumpfmaul-Meeräsche
Fringelip mullet
Länge: bis zu 60 cm. Verbreitung: Rotes Meer, Arabisches Meer. Tiefe: 0,5 - 10 m. Allgemein: in Gruppen bis zu 100 Tieren in seichten Küstengewässern. Ernährt sich wie alle Familienmitglieder von Detritus und Algen. Schabt mit den dicken, kräftigen Lippen alle Substrate von Pflanzen über Fels bis zu Schlamm ab und frißt die feine Oberflächenschicht. Schulend, immer in Bewegung. Die Arten sind unter Wasser schwierig auseinanderzuhalten.

SCHUTZZONE

Vor einigen Jahren schrieben die Medien vom Niedergang des weltberühmten und stark besuchten Tauchparadieses rund um Sharm el Sheik, insbesondere seinem Top-Tauchplatz Ras Mohamed an der Südspitze des Sinai. Wegen des zunehmenden Massenaufkommens an Tauchern hätten sich fast alle Fische verzogen. Aber dank des entschlossenen Eingreifens einiger Leute wurden diese Gerüchte nicht wahr. Das sollen die 1995 während zweier Tauchgänge ausschließlich am Ras Mohamed geschossenen Fotos bestätigen.

Der berühmte Drop-off am Ras Mohamed.

Der Ras Mohamed Nationalpark wurde 1983 zur Meeresschutzzone mit einer Fläche von anfänglich 97 Quadratkilometern ausgerufen. Seine Weiterentwicklung begann nur wenige Jahre später nach einer Bitte der ägyptischen Regierung 1988 an die Europäische Union, die erste marine Schutzzone in Ägypten einzurichten. Anschließend wurden die Grundlagen für diesen ersten Nationalpark Ägyptens geschaffen. Mit Hilfe der EEAA (Ägyptisches Amt für Umweltangelegenheiten) wurde seit 1989 ein Netz von Schutzgebieten etabliert, das 52 % der ägyptischen Küste am Golf von Aqaba und eine Fläche von 11.500 Quadratkilometern umfaßt.

Die Rolle des Nationalparks definiert sich durch die zwei Aufgabenstellungen des Projektes: 1) Schutz der natürlichen Ressourcen innerhalb der Parkgrenzen (Ras Mohamed, Nabq, Abu Ghalum); 2) ermöglichen einer wirtschaftlichen Entwicklung in benachbarten Gebieten ohne Schädigung der natürlichen Ressourcen. Diese Ziele wurden erst nach einer gewissen Zeit erreicht, in der man den Investoren in dieser Gegend beibringen mußte, daß eine wirtschaftliche Entwicklung mit einem Programm zum Schutz der natürlichen Ressourcen koexistieren kann. Die Tauchbasen waren die ersten, die das akzeptierten, da sie genau wußten, daß ihr

Ungewöhnlich große Schule des Blauschuppen-Straßenkehrerrs *Lethrinus nebulosus*.

Schwarzweiß-Schnapper *Macolor niger*.

Geschäft und ihre Investitionen völlig von einem intakten Riff und einer guten Wasserqualität abhängen. Nach und nach übernahmen auch die Hotelentwickler dieses Konzept und akzeptierten schließlich die Ideen der Nationalparkverwaltung und der EEAA. Bald nutzten sie die Verbindungen zum Nationalpark sogar zum eigenen Marketingvorteil. Von 1988 bis 1995 hat sich die Hotelbettenkapazität in Sharm el Sheik mehr als verzehnfacht. Dies geschah, ohne die Küstenlinie zu verbauen oder Abwässer ins Meer zu entsorgen (es ist immer noch eines der wenigen Touristenzentren ohne Einleitung ins Meer) und mit vernachlässigbar geringer Schädigung der küstennahen Riffe.

Wie wird die Zukunft des Tauchreiseziels Sharm el Sheik aussehen? Was die Interessen der Unterwasserenthusiasten wie Taucher und Schnorchler betrifft, muß man sich immer vor Augen halten, daß der Nationalpark ursprünglich ins Leben gerufen wurde, um weltweit wichtige Korallenriffe zu schützen. Über 140 Korallenarten, viele hundert Fischarten und tausende Arten von assoziierten Pflanzen und wirbellosen Tieren sind dort bekannt, von denen viele noch beschrieben, benannt und erforscht werden müssen. Klar ist, der Schutz der Riffe ist eines der ersten Ziele. Andererseits ist die Entwicklung des Tourismus eine wirtschaftliche Notwendigkeit für Ägypten. Viele

Rundkopf-Fledermausfisch *Platax orbicularis.*

Doppelfleck-Schnapper *Lutjanus bohar.*

Einrichtungen sind hauptsächlich für Taucher da, die stellen aber nur ein gutes Drittel aller Besucher Sharm el Sheiks. Mit der von der EEAA eingeführten und der Nationalparkverwaltung ausgeübten Kontrolle sowie einem gestiegenen Umweltbewußtsein der Taucher in dieser Region sorgt man sich nicht zu sehr wegen einer eventuellen Abnahme der Tauchqualität, gerade wenn man auch die Entwicklung der Tauchpraxis durch die Basen beobachtet. Taucher waren zweifellos für Schäden in den Korallenriffen verantwortlich, aber mehr und mehr wurde offensichtlich, daß verantwortungsbewußte Taucher und Basen versuchen, diese auf ein Minimum zu reduzieren.

Tauchstellen im Nationalpark - außer denen für Anfänger und Training - erholen sich mit erstaunlicher Geschwindigkeit, und die Qualität des Tauchens nimmt in der Tat zu. Im Jahr 1996 wurde ein neues Projekt im Golf von Aqaba initiiert mit dem Ziel der Ausweitung der Küstenschutzgebiete, um schließlich die gesamte ägyptische Küste dort abzudecken. Praktiken, die schon in Sharm el Sheik erfolgreich Anwendung fanden, wurden auf andere Gebiete im Golf und den Süden Ägyptens übertragen. Das Ziel ist, alle Riffe zu schützen und so hoffentlich außergewöhnliche Taucherlebnisse auch zukünftigen Generationen zu ermöglichen.

Großaugen-Makrele *Caranx sexfasciatus.*

BARRAKUDAS   SPHYRAENIDAE

Querbänder-Barrakuda
Blackfin barracuda
Länge: bis zu 130 cm.
Verbreitung: Rotes Meer, Arabisches Meer.
Tiefe: 10 - 90 m.
Allgemein: dies ist die häufigste Barrakuda-Art unseres Gebietes. Sie kommt in großen, dichten Schulen vor und ist an den etwa 20 senkrechten, dunklen Bändern und dem schwarzen Schwanzflossenrand gut zu erkennen. Das kleine Foto unten zeigt eine Schule von Querbänder-Barrakudas, die an der Küste des Roten Meeres auf den Sonnenuntergang über dem Wüstengebirge wartet, um in der Dämmerung auf Fischjagd zu gehen.

Sphyraena qenie   Sanganeb, Sudan

Gelbschwanz-Barrakuda
Yellowtail barracuda
Länge: bis zu 45 cm.
Verbreitung: Rotes Meer, Arabisches Meer.
Tiefe: 5 - 70 m.
Allgemein: diese relativ kleine Barrakuda-Art lebt in Schulen in Lagunen und Außenriffen. Sie ist an ihrer gelblichen Farbe zu erkennen, im Foto rechts besonders gut an der Schwanzflossenbasis zu sehen.

Das kleine Foto unten zeigt den viel größeren **Jello-Barrakuda** *Sphyraena jello* (bis zu 140 cm), der auch eine gelbe Schwanzflosse hat, dazu aber kräftigere senkrechte, dunkle Streifen. Die Art ist tagaktiv und einzeln oder in Schulen zu sehen. Kommt in unserem gesamten Gebiet vor.

Sphyraena flavicauda   Shaab Marsa Alam, Ägypten

BARRAKUDAS SPHYRAENIDAE

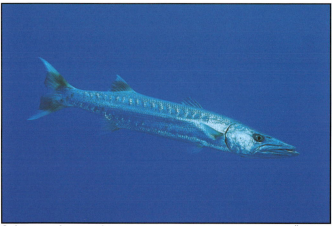

Sphyraena barracuda Shaab Marsa Alam, Ägypten

Großer Barrakuda
Great barracuda
Länge: bis zu 190 cm.
Verbreitung: Rotes Meer, Arabisches Meer.
Tiefe: 3 - 100 m.
Allgemein: Juvenile in Gruppen in Mangroven und geschützten, seichten Innenriffen. Adulte sind an den dunklen Flecken auf dem pfeilförmigen Körper zu erkennen. Die solitäre, tagaktive Art kann ziemlich neugierig sein und nahe an einen Taucher herankommen, aber in klarem Wasser und unprovoziert ist sie völlig harmlos, trotz all der Horror-Geschichten über die eindrucksvollen Zähne dieses Raubfisches.

SANDBARSCHE PINGUIPEDIDAE

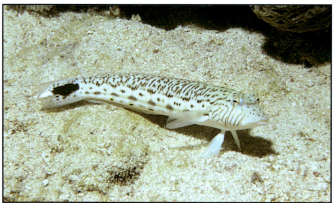

Parapercis hexophthalma Hurghada, Ägypten

Schwanzfleck-Sandbarsch
Speckled sandperch
L: bis zu 26 cm. V: RM, AM. T: 2 - 22 m. A: lauert bewegungslos im Riff auf Fische und Wirbellose, die blitzschnell ins große Maul gesaugt werden. Links Männ., unten Weibchen.

Parapercis maculata Ras al Hadd, Oman

Flecken-Sandbarsch
Crossway bands sandperch
Länge: bis zu 20 cm.
Verbreitung: Arabisches Meer.
Tiefe: 5 - 25 m.
Allgemein: weit verbreitet, auf Geröll und Felsen an den Küsten Omans, die Art fehlt aber im Roten Meer. Ihre Lebensweise gleicht der des Schwanzfleck-Sandbarsches.

SANDTAUCHER — TRICHONOTIDAE

Rotmeer-Sandtaucher
Red Sea sanddiver
L: bis zu 12 cm. V: Rotes Meer.
T: 5 - 90 m. A: auf Sandhängen, große Gruppen schweben etwa 1 m über dem Grund, wo sie Zooplankton fangen. Verschwinden bei Bedrohung blitzschnell im Sandboden. Männchen mit Harems, signalisieren mit hoher Rückenflosse.

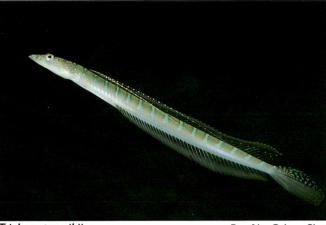

Trichonotus nikii — Ras Abu Galum, Sinai

HIMMELSGUCKER — URANOSCOPIDAE

Dollfuss' Himmelsgucker
Dollfuss' stargazer
L: bis zu 24 cm. V: RM, AM.
T: 8 - 46 m. A: eine von etwa 8 Arten der Gattung (und der Familie) in unserem Gebiet. Am großen, schwarzen Fleck auf der ersten Rückenflosse zu erkennen. Der Name ist passend gewählt, da die Augen hoch auf dem Kopf direkt nach oben schauen. Meist völlig im Sand eingegraben, nur die Augen und das fransige Maul liegen frei, daher nicht leicht zu finden. Oben am Kiemendeckel sitzt ein Giftstachel, der ein Hantieren des Fisches gefährlich macht. Ein farbiger, wurmförmiger Fortsatz an der Innenseite der Unterlippe vieler Familienmitglieder dient als Köder für kleine Beutefische. Bestimmte Muskelgruppen im großen Kopf sind zu elektrischen Organen umgewandelt und können Spannungen bis zu 50 Volt abgeben, um Fische zu betäuben, die sich dem Köder genähert haben. Die Beute wird gelähmt und verschlungen. Acht Gattungen und rund 50 Arten der Familie sind vom tropischen bis zum warm-gemäßigten Indo-Pazifik und Atlantik verbreitet. Vor nur 10 Jahren wurde diese Art vom Golf von Suez beschrieben. Inzwischen wurde sie auch aus dem Golf von Oman und dem Arabischen Golf gemeldet.

Uranoscopus dollfusi — Sabargad, Ägypten

SCHLEIMFISCHE   BLENNIIDAE

Eine sehr große und komplexe Familie meist kleiner Arten mit mehr als 50 Gattungen und weit über 300 Arten, die meisten in tropischen Gewässern. Alle haben schleimige, schuppenlose Haut. Ihre Bezahnung besteht aus einer kammartigen Ansammlung winziger Zähne, einige Arten haben vergrößerte Fangzähne. Es gibt verschiedene Unterfamilien, jede mit diversen Tribus (Stämmen).

Einige Arten imitieren andere Fische einschließlich anderer Schleimfische. Die bekannteste ist der Nachahmer des Putzerlippfisches. Die meisten Schleimfische leben benthisch, einige Spezialisten jedoch fressen Zooplankton oder greifen andere Fische im Freiwasser an. Die Säbelzahn-Schleimfische fressen Außenteile ihrer Beute (Schuppen, Flossen, Hautstücke, Schleim) und nähern sich als harmlose Arten getarnt. Die Bodenbewohner ernähren sich von diversen Benthosorganismen, die der Gezeitenzone hauptsächlich von Algen, die tiefer vorkommenden von Wirbellosen.

Die meisten Schleimfischarten sind territorial und leben in kleinen Löchern im Fels oder in leeren Wurmröhren oder Schalen. Die Männchen locken trächtige Weibchen durch Tänze und bunte Flossen zu ihrem Heim. Darin werden die Eier abgelaicht, besamt und anschließend vom Männchen bewacht. Nach wenigen Wochen schlüpfen die winzigen, durchsichtigen Larven mit etwa 2 mm Länge, schweben nach oben und werden von den Strömungen als Plankton verdriftet. Das Schlüpfen ist oft an die Gezeiten gekoppelt. Die Postlarven gehen mit etwa 10 mm Länge zum Bodenleben über.

Ecsenius gravieri — Sharm el Sheik, Sinai

Rotmeer-Mimikry-Wippschwimmer
Red Sea mimic blenny
Länge: bis zu 8 cm.
Verbreitung: RM und Golf von Aden. Tiefe: 2 - 18 m.
Allgemein: ein häufiger Schleimfisch im Seichtwasser des Golfs von Aqaba. Imitiert den Schwarzstreifen-Säbelzahn-Schleimfisch *Meiacanthus nigrolineatus* (siehe unten), der giftige Fangzähne hat. Der Nachahmer imitiert nicht nur das Farbkleid seines Modells, sondern auch dessen Schwimmweise direkt über dem Grund. Es gibt eine zweite, schlankere und weniger perfekte Nachahmer-Art, siehe unten.

Meiacanthus nigrolineatus — Jeddah, Saudi-Arabien

Schwarzstreifen-Säbelzahn-Schleimfisch
Blackline fangblenny
L: 9 cm. V: RM, Golf v. Aden. T: 1 - 30 m. A: Hautfresser, wird von anderen RM-Arten (*Ecsenius gravieri*, s. o., und *Plagiotremus townsendi*, klein. Foto, 4 cm, RM, Golf von Oman) wegen der abschreckenden Wirkung auf Räuber imitiert.

170

SCHLEIMFISCHE   BLENNIIDAE

Piano-Säbelzahn-Schleimfisch
Scale-eating sabretooth blenny
L: bis zu 14 cm. V: RM, AM.
T: 1 - 20 m. A: lebt weniger riffgebunden, schwimmt einige Meter über Grund und versucht dort, ahnungslose Opfer - Fische oder Taucher - anzuschleichen. Offensichtlich schmeckt ihm menschliche Haut genauso wie Haut- und Flossenstücke, Schleim oder Schuppen anderer Fische, von denen er sich sonst ernährt. Kleines Foto:
Blaustreifen-Säbelzahn-Schleimfisch *Plagiotremus rhinorhynchus* (12 cm, 1 - 40 m, RM, AM). Juvenile sind aggressive Nachahmer des Putzerlippfisches *Labroides dimidiatus*, Adulte sehen aber farblich deutlich anders aus.

Plagiotremus tapeinosoma   Nuweiba, Sinai

Rotmeer-Kammzahn-Schleimfisch
Red Sea combtooth blenny
Länge: bis zu 6,5 cm.
Verbreitung: RM, AM.
Tiefe: 1 - 23 m.
Allgemein: die Gattung *Ecsenius* gehört dem Tribus Salariini oder Kammzahn-Schleimfische an, die ihre feinen, beweglichen Zähne nicht im Kiefer, sondern auf den Lippen tragen. Die Art verläßt oft ihr Versteck, um in offenen Wasser Zooplankton zu fressen. Um nicht abzusinken, muß die Art ständig schwimmen; ihre mit Gas gefüllte Schwimmblase, die vielen anderen Fischen Auftrieb verleiht, ist verkümmert. Das kleine Foto stammt aus Al Mukalla, Jemen, und erweitert die Verbreitung ins Arab. Meer.

Ecsenius dentex   Ras Nasrani, Sinai

SCHLEIMFISCHE   BLENNIIDAE

Neonaugen-Wippschwimmer   Midas blenny
L: 13 cm. V: RM, AM. T: 2 - 30 m. A: gelb, braun, hellblau. Oft im Freiwasser zusammen mit Fahnenbarschen Zooplankton fressend. Unten: **Augenstreifen-Wippschwimmer** Ecsenius frontalis (8 cm, 3 - 27 m, RM, Golf von Aden). Es gibt mindestens 3 Farbformen.

Ecsenius midas   Gubal, Ägypten

Arons Wippschwimmer
Aron's blenny
Länge: bis zu 5,5 cm.
Verbreitung: nur im Roten Meer.
Tiefe: 2 - 35 m.
Allgemein: diese kleine endemische Schleimfischart bewohnt Korallengebiete und bevorzugt die Unterseite von Überhängen und Spalten im Riff. Arons Wippschwimmer lebt verborgener und tiefer als die meisten anderen Arten der Gattung. Er ernährt sich von kleinen bodenlebenden Wirbellosen.

Ecsenius aroni   Wingate, Sudan

Schöner Wippschwimmer
Ornate blenny
L: bis zu 11 cm. V: Arabischer Golf (häufig) bis Golf von Oman. T: 2 - 35 m. A: in extrem seichtem Wasser auf Korallenspitzen. Drei Farbformen, nicht an Geschlecht oder Größe gebunden. Fünfzackige Sternzeichnung ums Auge (siehe Foto) bei allen Formen.

Ecsenius pulcher   Khor Fakkan, VAE

SCHLEIMFISCHE   BLENNIIDAE

Fransen-Schleimfisch
Fringed blenny
L: bis zu 5,5 cm. V: RM bis
Arab. Golf. T: 3 - 25 m. A:
kryptisch, weißlich mit vielen
orangen Punkten und Flecken,
die undeutliche senkrechte
Balken bilden. Das kleine Foto
zeigt sehr schön die für die
meisten Schleimfischarten cha-
rakteristischen Kopftentakel.

Mimoblennius cirrosus   Dahab, Sinai

Schlangen-Schleimfisch
Snake blenny
L: bis zu 60 cm.
V: Rotes Meer bis Arabischer
Golf. T: 1 - 54 m.
A: zwischen Seegras und auf
Sandböden in Röhren oder
Grabgängen. Kann außerhalb
seiner Behausung schwimmend
leicht mit einem Schlangenaal
verwechselt werden.

Xiphasia setifer   Dahab, Sinai

**Leoparden-
Lippenzähner**
Leopard blenny
Länge: bis zu 14 cm.
Verbreitung: Rotes Meer,
Arabisches Meer. Tiefe: 1 - 20
m. Allgemein: die untersetzte
Art bewohnt Außenriffe bis
zur unteren Gezeitenzone. Sie
lebt auf Korallen und frißt fast
ausschließlich deren Polypen
(*Acropora, Pocillopora,* im Foto
auf der Hydrozoen-
Feuerkoralle *Millepora*). Die
zahlreichen, spitzen Zähne im
Oberkiefer sind beweglich, die
im Unterkiefer nicht. Die Art
hat keine Fangzähne, die beim
Fressen weicher und unbeweg-
licher Beute auch nutzlos
wären.

Exallias brevis   Aqaba, Jordanien

SCHLEIMFISCHE　　　　　　　　　　BLENNIIDAE

Cirripectes castaneus　　　　　　Dahab, Sinai

Kastanien-Schleimfisch
Chestnut blenny
Länge: bis zu 12,5 cm.
Verbreitung: Rotes Meer, Arabisches Meer.
Tiefe: 0,5 - 7 m.
Allgemein: diese Art bewohnt die Brandungszone der Außenriffspitzen. Wie auch andere Gattungsmitglieder frißt sie hauptsächlich Bodenalgen. Die Geschlechter sind verschieden gefärbt: Männchen (oben) sind braun mit schmalen dunkelorangen Streifen auf Kopf und Vorderkörper; Weibchen sind graubraun mit einem dunkelorangebraunen Netzmuster, das nur auf Kopfunterseite und Bauch fehlt.

Petroscirtes mitratus　　　　　　El Quseir, Ägypten

Segelflossen-Säbelzahnschleimfisch
Highfin sabretooth blenny
Länge: bis zu 6,5 cm.
Verbreitung: Rotes Meer, Arabisches Meer.
Tiefe: 2 - 12 m.
Allgemein: eine häufige Art in veralgten Riffen und Seegrasflecken. Oft mit treibendem *Sargassum* assoziiert, auch bei Bootsstegpfosten in Insellagunen zu finden, wo große Algen dominieren. Manchmal senkrecht schwebend zu sehen, nur die Brustflossen bewegend. Typisch ist der verlängerte Vorderteil der Rückenflosse, die bis auf den Kopf reicht.

DREIFLOSSER　　　　　　　　　TRIPTERYGIIDAE

Spanischer Dreiflosser
Spanish triplefin
L: bis zu 2,5 cm. V: nur im RM.
T: 4 -14 m. A: die Art lebt auf Felsgrund und ist sehr wahrscheinlich neu für die Wissenschaft. Das kleine Foto unten stammt von der südlichen Rotmeerküste Ägyptens.

Enneapterygius sp.　　　　　　Jackson Reef, Sinai

DREIFLOSSER   TRIPTERYGIIDAE

Steinitz' Dreiflosser
Steinitz' triplefin
L: bis zu 5,5 cm. V: vom nördlichen Roten Meer bis zum Arabischen Golf. T: 0,3 - 10 m. A: das Foto zeigt ein Weibchen, durchscheinend grünlich mit kleinen, weißen und großen, roten Flecken. Beim Männchen ist der Rot-Anteil größer. Dreiflosser sind eine große Familie winziger Fische mit mehr als 20 Gattungen und etwa 200 Arten, deren meiste bis jetzt unbeschrieben sind. Sie leben kryptisch in Riffen, sind mit den Schleimfischen verwandt, haben aber Schuppen. Ihre Rückenflosse ist dreigeteilt, daher ihr Name.

Helcogramma steinitzi — Al Mukalla, Jemen

LEIERFISCHE   CALLIONYMIDAE

Seychellen-Leierfisch
Seychelles dragonet
L: bis zu 3 cm. V: Erstnachweis aus dem Golf von Aden, sonst weiter südlich. T: 10 - 30 m. A: lebt kryptisch, ist wie alle Gattungsgenossen sehr farbenfroh. Die Familie Leierfische hat mindestens 9 Gattungen und etwa 125 Arten. Kopf breit und stachlig, Maul weit vorstreckbar. Haut zäh und schleimig, ohne Schuppen. Ihr Fleisch schmeckt schlecht und riecht streng (Stinkfisch). Am Boden im Sand vergraben oder eng an Fels geschmiegt. Führen komplizierte "Laichtänze" aus.

Synchiropus sechellensis — Al Mukalla, Jemen

Faden-Leierfisch
Filamentous dragonet
L: bis zu 16,5 cm. V: Rotes Meer, Arabischer Golf. T: 1 - 100 m. A: auf Schlamm oder Sand. Kleines Foto unten aus Aqaba, Jordanien: **Randalls Leierfisch** *Diplogrammus randalli* (5,5 cm, 0 - 10 m). Auf Sand, nur im nördl. RM (Golf von Aqaba, Golf von Suez).

Callionymus filamentosus — Wadi Gimal, Ägypten

GRUNDELN   GOBIIDAE

Die Grundeln sind die größte Meeresfischfamilie mit über 200 Gattungen und geschätzten 1.500 Arten weltweit. Die meisten Arten leben in tropischen Gewässern, in Riffen oder nahebei auf Sand. Es sind primär benthische Meeresfische, die meist mit dem Substrat in Kontakt bleiben, ein paar schweben auch darüber. Viele der Sandgrundeln graben sich nachts in Sand ein, viele andere Arten nutzen Grabgänge. Manche leben im Brackwasser, in Ästuaren und Unterläufen der Flüsse, ein paar sind völlig ans Süßwasser angepaßt und finden sich weit stromaufwärts in Gebirgsbächen. Viele Arten sind hochspezialisiert und mit verschiedenen Wirbellosen wie bestimmten Schwamm- und Korallenarten sowie Krebsen, besonders Knallkrebsen, assoziiert.

Die meisten Grundeln balzen und verpaaren sich zur Fortpflanzung. Sie nutzen Grabgänge, schmale Überhänge, leere Schalen oder jedwede kleine Höhlung als Brutplatz und produzieren einige hundert klebrige Eier, die in einem hübschen Gelege plaziert werden. Das Männchen - oder beide Elterntiere - bewachen die Eier und das Nest. Die schlüpfenden Larven folgen dem Licht und schwimmen zur Oberfläche, um die ersten Wochen ihres Lebens im Plankton zu verbringen.

Wegen ihrer geringen Größe und verborgenen Lebensweise werden jährlich besonders in den Tropen neue Arten entdeckt, daher ist ihre aktuelle Zahl nur schwer zu schätzen, und eine Revision vieler Gruppen einschließlich der neuen Arten benötigt viel aufwendige wissenschaftliche Arbeit.

Amblyeleotris sungami   Dahab, Sinai

Magnus' Partnergrundel
Magnus' partner goby
L: bis zu 10 cm. V: nördliches Rotes Meer bis Süd-Oman. T: 4 - 25 m. A: auf gemischten Sand- und Geröllböden. Immer in Symbiose mit einem Paar Knallkrebse *Alpheus* sp. in deren Wohnhöhle (siehe auch WOHNGEMEINSCHAFT, S. 18). Durch ein steileres Kopfprofil und eher orange als rötlichbraune senkrechte Streifen von seinem sehr ähnlichen nahen Verwandten *A. steinitzi* (siehe unten) verschieden. Der wissenschaftliche Artname ist der des ersten Sammlers der Art, Prof. Magnus, rückwärts buchstabiert.

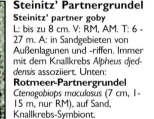

Amblyeleotris steinitzi   Jeddah, Saudi-Arabien

Steinitz' Partnergrundel
Steinitz' partner goby
L: bis zu 8 cm. V: RM, AM. T: 6 - 27 m. A: in Sandgebieten von Außenlagunen und -riffen. Immer mit dem Knallkrebs *Alpheus djeddensis* assoziiert. Unten:
Rotmeer-Partnergrundel
Ctenogobiops maculosus (7 cm, 1 - 15 m, nur RM), auf Sand, Knallkrebs-Symbiont.

GRUNDELN   GOBIIDAE

Dreifleck-Partnergrundel
Triplespot partner goby
L: bis zu 9 cm. V: RM, AM.
T: 1 - 17 m. A: auf Sand oder
Geröll in Assoziation mit dem
Knallkrebs *Alpheus bellulus*,
ebenso wie die **Diagonale
Partnergrundel** *Amblyeleotris
diagonalis* (10 cm, 8 - 22 m,
RM, Golf von Oman) auf dem
kleinen Foto aus Jeddah, S.-A.

Amblyeleotris triguttata — Khor Fakkan, VAE

**Augenfleck-
Partnergrundel**
Blue-and-red-spotted partner goby
L: bis zu 13 cm. V: RM. T: 5 -
23 m. A: lebt auf Sand- und
Geröll-Mischböden in
Symbiose mit einem Paar des
Knallkrebses *Alpheus ochrostriatus* (mehr hierzu und über die
Art *C. lutheri* mit *Alpheus bellulus* in WOHNGEMEINSCHAFT, S. 18). Leicht an den
zahlreichen blaugerandeten
roten Flecken auf Kopf,
Vorderkörper und
Rückenflossen zu erkennen.
Viele kleine blaue Punkte auf
dem restlichen Körper. Mit
dem indo-malayischen *C. leptocephalus* verwandt.

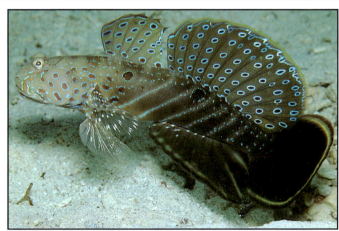
Cryptocentrus caeruleopunctatus — Shaab Marsa Alam, Ägypten

**Weißkäppchen-
Partnergrundel**
Graceful partner goby
L: bis zu 5 cm. V: Rotes Meer,
weit verbreitet (aber selten) im
Indischen Ozean. T: 2 - 20 m.
A: diese untypische
Partnergrundel hat große,
fächerförmige, gepunktete
Brustflossen, die ständig in
wenig grundelartiger Weise
fächeln; so schwebt die
Grundel dicht über dem
Eingang zu ihrer Wohnhöhle.
Auf feinen Kalksandböden der
Rifflächen unterhalb der
Gezeitenzone und der
Außenriffe zu finden. Lebt in
Symbiose mit dem grabenden
Knallkrebs *Alpheus rubromaculatus*. Sehr scheu.

Lotilia graciliosa — El Quseir, Ägypten

GRUNDELN GOBIIDAE

Vanderhorstia ornatissima

Schmuck-Partnergrundel
Blue-bar partner goby
L: bis zu 8 cm. V: RM, AM. T: 2 - 12 m. A: in seichten Seegraswiesen (großes Foto) und auf Geröll in trüben Lagunen (unten, Ägypten). Typisch sind die schmalen, blauen Balken oder Ringe auf Kopf und Körper. In Symbiose mit grauem, dunkel gebänderten Knallkrebs.

Na'ama Bay, Sinai

Vanderhorstia ambanora Ras Torombi, Ägypten

Ambonoro-Partnergrundel
Spotted partner goby
Länge: bis zu 12 cm. Verbreitung: Rotes Meer, Arabisches Meer. Tiefe: 2 - 21 m. Allgemein: auf feinem Sand und Schlamm. Grundfärbung weißlich mit Reihen dunkler Punkte, Männchen tragen blaue Streifen entlang der Bauchflossenränder. Immer in Symbiose mit grau oder braun längsgestreiften Knallkrebsen, die unablässig die Wohnhöhle im Substrat graben. Das Foto von der Rotmeerküste Ägyptens ist einer der seltenen Nachweise der Art aus unserem Gebiet.

Vanderhorstia mertensi Shaab Sharm, Ägypten

Mertens' Partnergrundel
Mertens' partner goby
L: bis zu 10 cm. V: Golf von Aqaba, Golf von Oman (sehr selten). T: 4 - 5 m. A: in trüben Sandgebieten. In Symbiose mit Knallkrebsen. Unten (Ägypten):
Scheue Lagunengrundel
Oplopomus caninoides (6,5 cm, 5 - 24 m, RM, AM, selten), auf Sand in Gezeitenkanälen.

GRUNDELN   GOBIIDAE

Pyjama-Höhlengrundel
False sleeper goby
Länge: bis zu 10 cm.
Verbreitung: Rotes Meer bis
Arabischer Golf. Tiefe: 1 - 30 m.
Allgemein: in siltigen
Küstenlagunen oder auf Sand
und Geröll entlang der
Riffkante. Körperfärbung blaß,
ein oranger Streifen zieht von
der Schnauzenspitze übers
Auge und läuft auf dem
Vorderkörper aus. Juvenile in
kleinen Gruppen, Adulte paarweise.
Ihr Verhalten gleicht
dem der Schläfergrundeln der
Gattung *Valenciennea*: sie gräbt
Wohnhöhlen im Substrat und
filtert im Maul organisches
Material aus dem Sand.

Amblygobius nocturnus   Safaga, Ägypten

Grüne Höhlengrundel
Tailspot reef goby
L: bis zu 16 cm. V: RM, AM. T: 3
- 20 m. A: in verschiedenen
Habitaten wie Seegraswiesen
(siehe Fotos, das kleine unten
stammt aus Aqaba, Jordanien)
und Sandflächen. Die
Körperfärbung ist dunkelgrün bis
hellgrau und wird jeweils der
Umgebung angepaßt.

Amblygobius albimaculatus   Aqaba, Jordanien

Hectors Höhlengrundel
Hector's goby
L: bis zu 6,5 cm. V: RM, AM. T: 5
- 20 m. A: einzeln, auch paarweise
oder in kleinen Gruppen in
reichen Korallenriffen, an Dropoffs
oder Fleckriffen in
Sandgebieten. Frißt im
Gegensatz zu den grabenden
Arten der Gattung Zooplankton.
Kleines Foto aus Ägypten.

Amblygobius hectori   Wingate, Sudan

179

GRUNDELN   GOBIIDAE

Maiden-Schläfergrundel
Orange-spotted sleeper goby
Länge: bis zu 14 cm.
Verbreitung: Rotes Meer bis
Süd-Oman (dort selten).
Tiefe: 2 - 30 m.
Allgemein: unverwechselbare
Art, blaß mit großen orangen
Flecken, in einigen Gegenden
mit zusätzlichen vertikalen
Streifen. An küstennahen
Riffhängen und Innenriffen,
meist in Gebieten mit Geröll
oder mittelfeinem Sand.
Juvenile in kleinen Gruppen,
Adulte paarweise. Weit bis in
warm-gemäßigte Zonen verbreitet, wo die Art - neben
anderen, geographisch bedingten Unterschieden - viel
größer wird.

Valenciennea puellaris   Na'ama Bay, Sinai

Golf-Schläfergrundel
Golf sleeper goby
L: bis zu 16 cm. T: 2 - 12 m. A:
siebt Sand nach kleinen Wirbellosen (z. B. Ruderfußkrebse) durch.
Unten (Oman): **Doppelstreifen-Schläfergrundel** *V. helsdingeni* (16 cm, 1 - 42 m, AM), paarweise, Wohnröhren im Sand. Erst kürzlich bei den Zubayr Islands, RM, gefunden.

Valenciennea persica   Daymaniyat, Oman

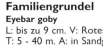

Familiengrundel
Eyebar goby
L: bis zu 9 cm. V: Rotes Meer.
T: 5 - 40 m. A: in Sandgebieten mit Korallenflecken, ist territorial und lebt in Familiengruppen.
Kl. Foto unten aus Ägypten:
Dekorgrundel *Istigobius decoratus* (12 cm, 1 - 18 m, RM, AM). Sehr häufig auf korralligenem Sand in klaren Lagunen.

Gnatholepis anjerensis   Na'ama Bay, Sinai

GRUNDELN   GOBIIDAE

Zitronengrundel
Lemon coral goby
Länge: bis zu 6,5 cm.
Verbreitung: Rotes Meer, Arabisches Meer.
Tiefe: 5 - 25 m.
Allgemein: ein kleiner, gelber Fisch mit dünnen, blauen Linien. Untersetzt im Gegensatz zur vorherigen Art, unverwechselbar durch Färbung und Lebensraum: ausschließlich in verzweigten *Acropora* Korallen. In Lagunen häufig, wo die Art manchmal Kolonien bildet (siehe Foto Mitte rechts). Produziert wie andere Gattungsgenossen dicken, klebrigen Schleim, der bitter schmeckt und wahrscheinlich der Abwehr von Freßfeinden dient.

Das kleine Foto unten von der Küste Omans zeigt die **Genetzte Korallengrundel** *Gobiodon reticulatus* (4,5 cm, 4 - 20 m), die in lebenden, verzweigten Korallen vorkommt. RM bis Arabischer Golf (Typuslokalität Aden). Von anderen Gattungsmitgliedern durch die braunorange bis rote Grundfärbung mit vielen blassen Flecken und breite weiße Linien auf Rücken- und Afterflossenbasis zu unterscheiden.

Marsa Galeb, Ägypten

Gobiodon citrinus   Safaga, Ägypten

Gürtel-Grundel
Banded reef goby
Länge: bis zu 5, max. 7 cm.
Verbreitung: Rotes Meer, Arabisches Meer.
Tiefe: 1 - 50 m.
Allgemein: häufig, aber sehr versteckt lebend, meist nur bei gezielter Suche in kleinen Löchern der Riffwände, -hänge und Drop-offs zu finden. Weit verbreitet im Indo-Pazifik, auch bis in subtropische Gewässer, wo die Art größer wird. Vor 10 Jahren wurde ein naher Verwandter, *Priolepis squamogena,* von den Pazifischen Inseln beschrieben.

Priolepis cincta   Nuweiba, Sinai

GRUNDELN   GOBIIDAE

Clown-Grundel
Amikam's goby
L: bis zu 4 cm. V: RM (Aqaba, Jordanien), AM (Oman-Küste). T: 4 - 8 m. A: durch ihre Färbung unverwechselbar (Fotos zeigen Juvenile), in Korallen- und Felsgeröll, weit vom Riff entfernt. Nachtaktiv, versteckt sich tagsüber zwischen Steinen. Kleines Foto unten aus Elat.

Callogobius amikami   Muscat, Oman

Sternengrundel
Starry goby
Länge: bis zu 6,5 cm.
Verbreitung: RM, AM.
Tiefe: 1 - 15 m.
Allgemein: eine häufige Art in geschützten, toten Riffen mit Geröll und Silt, meist am Fuß großer Korallen zwischen Steinen, in der Näher vieler kleiner Löcher, die im Falle der Gefahr Schutz bieten. Oft in lockeren Gruppen. Grau, oft mit breitem, schwärzlichen Streifen vom Auge zur Basis der Schwanzflosse (fehlt dem abgebildeten Exemplar). Zahlreiche leuchtend blaue Punkte auf Kopf und Körper, meist auf der Bauchseite.

Asterropteryx semipunctatus   Elphinstone, Ägypten

Gelbflecken-Zwerggrundel
Sebree's pygmy goby
L: bis zu 3 cm. V: RM, Ar. Golf. T: 6 - 33 m. A: im klaren Wasser der Riffhänge, versteckt in lebenden, runden Korallen. Oft auf der Koralle, schießt zum Planktonfressen vor. Weit verbreitet, häufig, weiße Punkte typisch. Unten: Oman.

Eviota sebreei   Dahab, Sinai

GRUNDELN   GOBIIDAE

Haarflossen-Zwerggrundel
Hairfin pygmy goby
L: bis zu 2,5 cm. V: RM, AM. T: 5 - 25 m. A: auf Geröllhängen bei Korallen oder Felsen in Riffen. Transparent, typisch: die inneren weißen Punkte sind zahlreicher als bei *E. seebrei*. Kleines Foto (Sharm el Sheik): unbeschriebene *Eviota*-Art.

Eviota prasites — Marsa Galeb, Ägypten

Gelbschwanz-Zwerggrundel
Yellowtail pygmy goby
Länge: bis zu 3 cm.
Verbreitung: Rotes Meer.
Tiefe: 5 - 20 m.
Allgemein: eine in unserem Gebiet häufige Zwerggrundel, die wegen ihrer geringen Größe aber oft übersehen wird. Meist ruht sie auf dem überwachsenen Substrat korallenreicher Riffe. Für die Art typisch ist die Färbung aus roten Flecken auf dem Kopf, die sich auf dem durchsichtigen Körper und den Flossen in orangegelbe Punkte und feine Linien auflösen.

Trimma flavicaudatum — Nuweiba, Sinai

Sheppards Zwerggrundel
Sheppard's pygmy goby
L: bis zu 2,5 cm. V: RM. T: 5 - 45 m. A: in Riffen mit bewachsenem Substrat. Typisch ist der orange Körper mit vielen kleinen, bräunlichen Punkten, die undeutliche Reihen bilden, die zu einem Band verschmelzen. Kleines Foto unten (Ägypten): unbeschriebene *Trimma*-Art.

Trimma sheppardi — Ras Nasrani, Sinai

GRUNDELN   GOBIIDAE

Barralls Zwerggrundel
Barrall's pygmy goby
Länge: bis zu 3,5 cm.
Verbreitung: Rotes Meer.
Tiefe: 2 - 10 m.
Allgemein: eine winzige, transparente Grundel mit typischer Färbung: dichtstehende orange Punkte von Kopf bis Schwanz und eine Längsreihe gelber Punkte auf den durchsichtigen unpaaren Flossen.

Trimma barralli — Ras Abu Galum, Sinai

Violettaugen-Zwerggrundel
Hovering goby
L: bis zu 2,5 cm. V: RM, AM (selten). T: 7 - 27 m. A: in seichten Lagunen, in kleinen Gruppen, dicht über *Acropora* Tisch- oder Zweigkorallen schwebend, um in der Strömung Zooplankton zu fangen. Kleines Foto aus dem RM.

Bryaninops natans — Safaga, Ägypten

Gorgonien-Zwerggrundel
Gorgonian goby
L: bis zu 4 cm. V: RM, AM. T: 5 - 53 m. A: *Bryaninops*-Arten leben und laichen auf Fächer-, Peitschenkorallen und einigen Arten von *Acropora*, *B. tigris* auf *Antipathes dichotoma*, *Juncella fragilis* und *J. juncea*. Kleines Foto aus dem Oman.

Bryaninops tigris — Sharm el Sheik, Sinai

GRUNDELN   GOBIIDAE

Michels Zwerggrundel
Michel's host goby
L: bis 3 cm. V: RM, AM. T: 1 -
30 m. A: offen auf Schwämmen,
Weich- und Hartkorallen auf
geschützten Riffkanten und -hän-
gen. Typisch ist der halbdurch-
sichtige Körper mit braunem
Streifen von der Schnauzenspitze
entlang der Körperseite. Foto
unten: Rotes Meer.

Pleurosicya micheli Safaga, Ägypten

**Mozambique-
Zwerggrundel**
Mozambique host goby
L: bis zu 3 cm. V: Rotes Meer,
Arabisches Meer, weit verbrei-
tet in der indo-pazifischen
Region. T: 5 - 15 m. Allgemein:
die Art lebt in geschützten
Innenriffen auf Weichkorallen,
Schwämmen, *Tridacna*-
Riesenmuscheln, Seescheiden
und breitblättrigen Pflanzen.
Sie hat rote Augen und oft
weiße Punkte auf dem Körper
(nicht so das abgebildete
Exemplar). Männchen bewa-
chen den Laich, der direkt auf
den Wirt abgelegt wird. Auch
Weibchen wachen oder blei-
ben nahebei.

Pleurosicya mossambica Dahlak, Eritrea

PFEILGRUNDELN   MICRODESMIDAE

**Scherenschwanz-
Torpedogrundel**
Blackfin dart goby
L: bis zu 14 cm. V: RM, weit
verbreitet im IP. T: 2 - 15 m.
A: gruppen- (Foto) oder paar-
weise auf Riffhängen, weit über
Grund schwebend, um Plankton
zu fangen. Unten: Rotes Meer.

Ptereleotris evides Shaab Rumi, Sudan

185

DOKTORFISCHE   ACANTHURIDAE

Eine große, zirkumtropische Familie mit 3 Unterfamilien. Die größte sind mit 4 Gattungen und etwa 50 Arten die Acanthurinae. Sie haben einen Dorn an jeder Seite des Schwanzstiels. Diese Dorne sind nicht willkürlich beweglich, wie oft fälschlich in der Literatur berichtet wird. Werden sie aber zur Verteidigung eingesetzt, wird der Schwanz gebogen, so daß jeweils ein Dorn herausschaut. Die Nasinae oder Nasendoktoren umfassen etwa 15 Arten, die meist alle in eine Gattung gestellt werden, die sich durch ein oder zwei bedornte Knochenplatten auf jeder Seite des Schwanzstiels auszeichnet. Einige Arten entwickeln hornartige Stirnfortsätze während des Wachstums. Die Prionurinae, hauptsächlich in temperierten Gewässern zu finden, umfassen nur wenige Arten, die ganze Reihen von Schwanzstiel-Knochenplatten haben. Die Ernährung ist von Art zu Art verschieden, manche fressen Algen, andere Zooplankton oder beides, wieder andere durchfiltern Sand nach organischem Material. Die planktivoren Arten schulen, oft in großer Zahl, während die Bodenarten paarweise oder in Schulen leben. Einige Riffarten sind sehr farbenfroh. Jungtiere können in Form und Farbe erheblich von den Adulten abweichen. Die Schwanzstiel-Dornen sind durch grelle Warnfarben gekennzeichnet und bei mindestens einer Art giftig.

Die verwandten **Kaninchenfische** oder **Siganidae** sind eine primär tropische Familie mit einer Gattung, 2 Untergattungen, etwa 30 pflanzenfressenden Arten und weit im Indo-Pazifik verbreitet. Alle haben identische Flossenstrahlenzahlen außer in den Brustflossen, deren Hartstrahlen lang, spitz und giftig sind. Der Schmerz eines Stiches ist extrem und hält mindestens eine halbe Stunde an. Anwendung von Hitze (sehr heißes Wasser oder Luft) bringt sofortige Linderung und zerstört das Gift. Familienmerkmal ist ein Hartstrahl an jedem Bauchflossenende und dazwischen drei Weichstrahlen. Arten mit längerer Schnauze werden in die Untergattung *Lo* gestellt. Tagsüber unterscheiden sich besonders die Riffarten deutlich durch ihre Farbmuster. Andere leben in Seegras- oder Algenfeldern und ähneln sich sehr. Alle scheinen synchron zur Mondphase zu laichen und produzieren bis zu einer halben Million Eier pro Saison, die 3 bis 4 Monate umfaßt. Die Larvalzeit dauert bis zu 4 Wochen, die Postlarven gehen mit nur 10 mm in Korallen oder Seegras zum Bodenleben über.

Arabischer Doktorfisch
Arabian surgeonfish
Länge: bis zu 40 cm.
Verbreitung: um die Arabische Halbinsel, Rotes Meer bis Arabischer Golf.
Tiefe: 0,5 - 10 m.
Allgemein: dieser attraktive Doktorfisch lebt an den brandungsträchtigen Außenkanten von Plattformriffen. Solitär, besetzt und verteidigt vehement ein kleines Territorium, oder in kleinen Gruppen. Sehr aggressiv, jagt oft andere Fische. Seine Schwanzstieldorne sollen giftig sein. Das kleine Foto unten (Rotes Meer) zeigt einen Juvenilen in einer Farbtracht, die bereits derjenigen der Adulten auf dem großen Foto gegenüber (Ras Mohamed) ähnelt.

Acanthurus sohal   Wadi Gimal, Ägypten

DOKTORFISCHE ACANTHURIDAE

Brothers Islands, Ägypten

Acanthurus gahhm — El Quseir, Ägypten

Mönchs-Doktorfisch
Blackbarred surgeonfish
Länge: bis zu 40 cm.
Verbreitung: Rotes Meer, Golf von Aden, Arabisches Meer.
Tiefe: 5 - 25 m.
Allgemein: diese Doktorfischart lebt in Gruppen oder losen Aggregationen im offenen Wasser über Sand- oder Geröllboden am Grund von Lagunen und Außenriffen. Sie hat einen Kaumagen. Die Schwanzflosse der Juvenilen ist ausgerandet, die der Adulten sichelförmig (siehe Fotos). Juvenilen fehlt das dunkle Band am Oberende der Kiemenöffnung. Nicht mit A. nigricauda aus dem Indo-Pazifik zu verwechseln, der nicht in unserem Gebiet vorkommt und eine weitere schwarze Linie vom Kopf bis zum schwanzflossendorn trägt. Kl. Foto (Oman):
Schwarzdorn-Doktorfisch
Acanthurus mata (50 cm, 2 - 45 m, südliches Rotes Meer bis Oman), in Gruppen entlang steiler Riffhänge, oft in trübem Wasser, aber auch über Sandboden in Lagunen. Adulte fressen Zooplankton, Juvenile Bodenalgen, oft in Gruppen in steinigen Ästuaren.

Acanthurus nigrofuscus — Safaga, Ägypten

Brauner Doktorfisch
Brown surgeonfish
Länge: bis zu 20 cm.
Verbreitung: Rotes Meer, Arabisches Meer.
Tiefe: 1 - 25 m.
Allgemein: der Braune Doktorfisch lebt meist in großen Schulen und frißt Bodenalgen. Er gehört zur untersten "Kaste" in der Rangordnung der Doktorfische. Daher frißt die Art in Schulen, um allein durch Masse die territoriale Verteidigung anderer Pflanzenfresser zu überwinden.

DOKTORFISCHE ACANTHURIDAE

Blauer Segelflossendoktor
Yellowtail tang
L: bis zu 25 cm. V: Rotes Meer bis Arab. Golf. T: 2 - 20 m. A: unverwechselbare Art, lebt einzeln, oft paarweise, manchmal in großen Gruppen an korallenreichen Küsten. Die Larve kann lange Zeit pelagisch leben. Erstes kleines Foto von Ras Nasrani, zweites von Na'ama Bay, Sinai (juveniles Tier).

Zebrasoma xanthurum — Al Mukalla, Jemen

Indischer Segelflossendoktor
Sailfin tang
L: bis zu 40 cm. V: RM, AM. T: 2 - 30 m. A: paarweise in Saumriffen und Lagunen. Die Schwesterart Z. *veliferum* lebt im Pazifik. Erstes kleines Foto (Shaab Suadi, Sudan): Juveniler; zweites (El Quseir, Ägypten): Postlarve; beide differieren in Form und Farbe und suchen Schutz in Zweigkorallen.

Zebrasoma desjardinii — Brothers Islands, Ägypten

DOKTORFISCHE　　　ACANTHURIDAE

Ctenochaetus striatus　　Elphinstone, Ägypten

**Längsstreifen-
Borstenzahndoktor**
Striped bristletooth
Länge: bis zu 26 cm.
Verbreitung: RM, AM.
Tiefe: 1 - 30 m.
Allgemein: solitär oder in kleinen bis sehr großen Gruppen, oft zusammen mit anderen Arten in klarem Wasser auf Küsten- und Außenriffkronen. Durch das direkte Beweiden des Oberflächenfilms aus Blau- und Kieselalgen hat die Art eine Schlüsselposition in der Ciguatera-Nahrungskette und ist eine der wenigen pflanzenfressenden Fischarten, die gelegentlich giftig sind. Sehr häufig im RM, selten im Oman.

Blauklingen-Nasendoktor
Sleek unicornfish
L: bis zu 75 cm. V: RM, AM.
T: 10 - 137 m. A: häufig, meist in Gruppen vor Außenriff-Drop-offs, frißt hauptsächlich größeres Zooplankton. Ohne "Horn", nicht scheu. In der Balz kann das Männchen seine Farbe schnell zu hellblau ändern (kleines Foto unten).

Naso hexacanthus　　Jeddah, Saudi-Arabien

Kurznasendoktor
Blue-spine unicornfish
Länge: bis zu 70 cm.
Verbreitung: Rotes Meer, Arabisches Meer.
Tiefe: 2 - 80 m.
Allgemein: überwiegend grau bis oliv, manchmal mit breiten grauen Flächen auf dem Vorderkörper. Schon Juvenile der Art sind an den blauen Knochenplatten auf dem Schwanzstiel zu erkennen. Von seichten Riffplattformen bis zu tiefen Hängen. Adulte "grasen" Algen oder fangen in Schulen Plankton entlang der Drop-offs. Juvenile in geschützten Küstenbuchten, fressen Bodenalgen, ohne "Horn" der Adulten.

Naso unicornis　　Dahab, Sinai

DOKTORFISCHE ACANTHURIDAE

Langnasendoktor
Spotted unicornfish
L: bis zu 60 cm. V: RM, AM.
T: 3 - 50 m. A: Adulte leben in
kleinen Gruppen entlang der
Drop-offs, fressen Zooplank-
ton, graugrün bis bräunlich mit
zahlreichen kleinen, dunkleren
Punkten. Juvenile (mit weißem
Ring um den Schwanzstiel)
fressen Bodenalgen.

Naso brevirostris Marsa Bareka, Sinai

**Gelbklingen-
Nasendoktor**
Orangespine unicornfish
Länge: bis zu 50 cm (ohne die
langen Schwanzfäden).
Verbreitung: Rotes Meer,
Arabisches Meer (Süd-Oman).
Tiefe: 2 - 90 m.
Allgemein: diese attraktiv
gefärbte Art lebt im klaren
Wasser algenreicher Felsriffe,
meist sieht man sie auf seich-
ten Steinblöcken oder in
Kanälen, um Algen zu "gra-
sen", aber auch zwischen
Korallen, Steinen oder Geröll
in Lagunen und Außenriffen.
Ohne das typische "Knochen-
horn" der meisten Gattungs-
mitglieder. Ernährt sich
hauptsächlich von großlappigen
Braunalgen wie *Sargassum* und
Dictyota. Frißt einzeln, paarwei-
se oder manchmal in großen
Aggregationen (siehe große
Fotos), mischt sich oft in
Gruppen anderer Algenfresser
wie Papageifische. Das kleine
Foto unten zeigt die typischen
leuchtend orangegelben Knochenplatten auf dem Schwanzstiel, hier bei einem subadulten
Exemplar.

Brothers Islands, Ägypten

Naso elegans Aqaba, Jordanien

KANINCHENFISCHE   SIGANIDAE

Java-Kaninchenfisch
Java rabbitfish
L: bis zu 53 cm. V: RM, AM.
T: 1 - 25 m. A: gruppenweise
in Küstenhabitaten von seichten ästuarinen Lagunen (Juvenile und Adulte) bis zu nahegelegenen Küstenriffen. Bevorzugt
trübes Wasser. Frißt Plankton
und Quallen. Kleines Foto
unten aus Muscat, Oman.

Siganus javus — Daymaniyat, Oman

Rotmeer-Kaninchenfisch
Red Sea rabbitfish
L: bis zu 30 cm. V: Rotes Meer
und Golf von Aden. T: 2 -
15 m. A: über Sandboden in
Fels- und Korallenriffen. Die
Art lebt oft in Schulen bis zu
100 oder mehr Individuen und
frißt Bodenalgen. Kleines Foto
unten (Ägypten): die nächtliche
Tarnfärbung.

Siganus rivulatus — Safaga, Ägypten

Brauner Kaninchenfisch
Dusky rabbitfish
L: bis zu 25 cm. V: RM bis
Arabischer Golf. T: 2 - 18 m.
A: in seichtem Wasser, in
Gruppen über sandigen und
bewachsenen Flächen. Mischt
sich oft mit anderen Fischen.
Bei Tage zwei verschiedene
Farben: hell (großes Foto) und
dunkel (kl. Foto) gelblichgrau.

Siganus luridus — Na'ama Bay, Sinai

KANINCHENFISCHE   SIGANIDAE

Silber-Kaninchenfisch
Forktail rabbitfish
Länge: bis zu 42 cm.
Verbreitung: Rotes Meer, Arabisches Meer. Weitverbreitet im Indo-Pazifik.
Tiefe: 1 - 30 m.
Allgemein: diese Kaninchenfischart lebt auf gemischten Korallen- und Geröllflächen oder auf blanken Felsen in Lagunen und Außenriffen, wo sie in großen Schulen vorkommt (siehe großes Foto mit Subadulten). Auch in ausgedehnten Algenfeldern zu finden. Das nächtliche Farbkleid (schlafender Tiere) ist hellbraun mit breiten, diagonalen, dunkelbraunen Streifen. Das kleine Foto unten aus Jordanien zeigt ein adultes Exemplar.

Siganus argenteus — Elat, Sinai

Tüpfel-Kaninchenfisch
Starry rabbitfish
Länge: bis zu 40 cm.
Verbreitung: Rotes Meer. Weitverbreitet im Indischen Ozean.
Tiefe: 3 - 45 m.
Allgemein: in Korallenriffen, Subadulte in Schulen, Adulte paarweise. Sieht unter Wasser heller aus, die Punkte erscheinen eher braun als orange. Die Rotmeer-Population hat Gelb statt Weiß auf Rückenflosse, Schwanzflosse und Schwanzstiel, der "Nacken" ist nicht gepunktet. Sie wird als Unterart angesehen, könnte jedoch - verglichen mit anderen ähnlichen Arten - durchaus eine eigenständige Art sein. Das kleine Foto aus Jordanien zeigt ein typisches Rotmeer-Paar.

Siganus stellatus — Wadi Gimal, Ägypten

STACHELMAKRELEN — CARANGIDAE

Die Stachel- oder Holzmakrelen leben in den Küstengewässern aller tropischen und subtropischen Meere; viele ihrer Arten haben wegen der pelagischen Eier und langlebigen Larven eine weite Verbreitung. Die meisten Arten unseres Gebietes finden sich im gesamten Indik, manche sogar noch im Pazifik. Die etwa 140 Familienmitglieder haben wichtige äußere Merkmale gemein. Das Grundmuster von Form und Färbung ist im wesentlichen gleich, da alle - wenigstens als Adulte - einen seitlich abgeplatteten, spindel- oder torpedoförmigen Körper haben. Die Schwanzflosse ist stark gegabelt oder sichelförmig und dient als Hauptantriebsquelle. Viele Arten besitzen Knochenplatten auf beiden Seiten des Schwanzstiels. Der typische Metallschimmer der Haut beruht auf einem optischen Effekt, der durch zahlreiche, winzige, spiegelartige Plättchen (Guanin-Kristalle) hervorgerufen wird, die das einfallende Licht reflektieren, ähnlich bestimmten Autolackierungen. Silber herrscht vor, aber es gibt auch goldenen Fische. Afterflosse mit 2 oder 3 Hartstrahlen am Vorderende, daher der Name "Stachelmakrelen". Die Zähne sind klein und konisch, manchmal samtweiß, stehen in mehreren Reihen und beweisen, daß Raubfische keine eindrucksvolle Bezahnung haben müssen. Das Maul ist extrem weit vorstreckbar, die Beute wird am Stück verschluckt. Stachelmakrelen jagen meist in Gruppen schulende Fische. Wenn sie Beute wie Heringe oder Sardellen verfolgen, greifen sie nicht sofort an, was nur Panik erzeugen würde. Stattdessen umkreisen sie die Schule der kleineren Beutefische, ziehen die Kreise immer enger und fangen schließlich alle, die auszubrechen versuchen. Von außerhalb des Wassers, etwa vom Schiffsdeck aus, wirkt dies, als würde eine kreisförmige Wasserfläche kochen: die Fische versuchen, nach oben zu entkommen, wo bereits Seevögel auf sie warten.

Die Familie **Scombridae (Thunfische** und **Makrelen)** ist nicht mit den Stachelmakrelen verwandt, ähnelt ihr aber durch die pelagische Lebensweise. Typisch sind 5 bis 12 Flösschen dorsal and ventral vor der Schwanzflosse und fehlende Afterflossenstacheln. Sie werden in Tribus mit steigendem Evolutionslevel gruppiert (Scomberomorini, Sardini, Thunnini). Die hochentwickelten Thune haben muskuläre Wärmeaustauscher, die ihre Körpertemperatur über der des Meerwassers halten und hohe Geschwindigkeiten ermöglichen. Sie sind Räuber, die schulende Fische fressen und ihrer Beute auf langen Wanderungen folgen. Über diese wirtschaftlich wichtigen Fische ist wenig bekannt.

Querstreifen-Stachelmakrele
Bluebar trevally
Länge: bis zu 70 cm.
Verbreitung: Rotes Meer, Arabisches Meer.
Tiefe: 3 - 60 m.
Allgemein: diese Stachelmakrelenart lebt meist in kleinen Schulen. Sie bevorzugt die Küstengewässer nahe bei Sandstränden und Korallenriffen, wo sie sich hauptsächlich von bodenlebenden Garnelen, Krabben und gelegentlich auch von Fischen ernährt. Adulte vermischen sich manchmal mit anderen Arten, siehe Foto. Juvenile sieht man oft mit Quallen vergesellschaftet. Der nahe Verwandte *C. orthogrammus* ist bislang aus unserem Gebiet noch nicht bekannt.

Carangoides ferdau — Safaga, Ägypten

STACHELMAKRELEN   CARANGIDAE

Goldkörper-Stachelmakrele
Goldbody trevally
L: bis zu 55 cm. V: RM, AM.
T: 3 - 50 m. A: juvenil einzeln, in oft trüben Riffen, adult in kleinen Gruppen dicht an der Wand von Drop-offs. Kann die goldene Färbung zu silbern mit goldenen Punkten wechseln. Kleines Foto aus dem Oman.

Carangoides bajad   Gordon Reef, Sinai

Großaugen-Stachelmakrele
Bigeye trevally
Länge: bis zu 85 cm.
Verbreitung: um die Arabische Halbinsel herum im Roten Meer und Arabischen Meer.
Tiefe: 2 - 90 m.
Allgemein: diese große Stachelmakrelenart ist im gesamten Indischen Ozean sehr häufig. Man sieht Schulen von bis zu mehreren hundert Individuen in tiefen Lagunen, Kanälen und bei steilen Drop-offs. Siehe auch SCHUTZZONE auf den Seiten 165 und 166. Die Fische schwimmen auf der Suche nach Futter von Riff zu Riff, wobei sie hauptsächlich kleine Riff-Fische fressen. Wenn sie nicht jagen und mehr oder weniger am selben Ort bleiben, bilden sie in der Schule ständig neue Formationen, ein sehr attraktiver Anblick für Taucher und Schnorchler gleichermaßen.

Selten trifft man diese Art paarweise an, wie auf dem Foto Mitte rechts. Diese Großaugen-Stachelmakrelen balzen, und das fast schwarze Männchen (oberes Tier) ist sexuell erregt. Im Hintergrund sieht man eine Schule von Zweifleck-Schnappern.

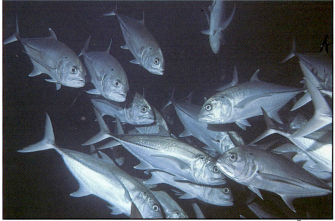

Marsa Alam, Ägypten

Caranx sexfasciatus   Ras Mohamed, Sinai

STACHELMAKRELEN CARANGIDAE

Carangoides fulvoguttatus — Safaga, Ägypten

Gelbflecken-Stachelmakrele
Yellowspotted trevally
L: bis zu 103 cm und 18 kg.
V: RM, AM. T: 2 - 100 m. A:
weitverbreitet im Indo-Pazifik.
In Schulen bei Korallenriffen,
manchmal tief über küstenfernen Bänken. Sucht entlang der
Riffkanten nach Beutefischen.
Kleines Foto auch aus Safaga.

Caranx heberi — Shabwa, Golf von Aden

Hebers Stachelmakrele
Heber's trevally
Länge: bis zu 85 cm.
Verbreitung: Arabisches Meer,
nicht im Roten Meer, weitverbreitet im Indischen Ozean.
Tiefe: 3 - 40 m.
Allgemein: die Art lebt in offenen Küstengewässern, Adulte
in Schulen über felsigen Riffen,
selten im Brackwasser oder in
Mangrovengebieten. Typisch ist
die schwarze Spitze des oberen Schwanzflossenlappens.
After- und zweite Rückenflosse
haben oft weiße Spitzen. Dies
ist die häufigste Stachelmakrelenart an der Südküste Omans.

Gnathanodon speciosus — Wingate, Sudan

Schwarzgoldene Pilot-Stachelmakrele
Golden pilot jack
L: bis zu 110 cm. V: RM, AM.
T: 2 - 50 m. A: küstennah in
Lagunen und Außenriffen. Juvenile (unten, Port Sudan) leben
als Symbionten zwischen den
Tentakeln von Quallen, auch
unter treibenden Algen; "pilotieren" Haie, Rochen, Barsche.

STACHELMAKRELEN CARANGIDAE

Blauflossen-Stachelmakrele
Bluefin trevally

L: bis zu 100 cm und 44 kg. V: Rotes Meer, nicht im nördlichen Arabischen Meer, weitverbreitet im Indischen Ozean. T: 3 - 55 m. A: über Korallen und Felsriffhängen, jagt meist in kleinen Gruppen. Auf der Pirsch werden große Flächen abgesucht, am aktivsten früh am Morgen und spät am Nachmittag, auch nachts. Beilbauchfische, Meerbrassen und kleine Schnapper sind Hauptbeute. Folgt oft Schnappern, um Beute abzujagen. Rücken golden, Seiten silbern, unpaare Flossen blau; kleine schwarze, große blaue Punkte. Großes Foto: Füsiliere weichen den Jägern aus. Kleines Foto aus Safaga.

Caranx melampygus — Marsa Alam, Ägypten

Dickkopf-Stachelmakrele
Giant trevally

Länge: bis zu 170 cm, 62 kg. Verbreitung: Rotes Meer, Arabisches Meer, weitverbreitet im Indo-Pazifik. Tiefe: 10 - 50 m. Allgemein: häufig in allen marinen Habitaten, Adulte über tiefen Hängen und Innenriffen, Sandflächen, in Riffkanälen, Juvenile oft in seichten Buchten und Ästuaren. Einer der wildesten Fischräuber, bewegt sich schnell von Riff zu Riff, jagt auch in sehr seichtem Wasser. Oben dunkelgrau, unten silbern, mit zahlreichen kleinen, schwarzen Punkten. Juvenile mit gelblicher After- und unterer Schwanzflosse. Kleines Foto (Brothers Islands, Ägypten): Paar, das reife Männchen ist fast ganz schwarz.

Caranx ignobilis — El Quseir, Ägypten

STACHELMAKRELEN   CARANGIDAE

Stupsnasen-Pompano
Bloch's pompano
L: bis zu 65 cm. V: RM, AM.
T: 5 - 50 m. A: Juvenile in seichten, sandigen Buchten, nahe Flußmündungen. Adulte paarweise an Außenriffen. Kopfprofil stumpf. Unten (Safaga, Ägypten): der ähnliche **Schwarztupfen-Pompano** *T. bailloni* (54 cm, 2 - 30 m) mit spitzerem Kopfprofil.

Trachinotus blochii   Ras Abu Galum, Sinai

Regenbogen-Renner
Rainbow runner
Länge: bis zu 120 cm.
Verbreitung: Rotes Meer, Arabisches Meer, weitverbreitet im Indischen Ozean.
Tiefe: 1 - 15 m.
Allgemein: pelagische Art, meist an oder nahe der Oberfläche, über Riffen, manchmal küstenfern. Frißt Krebslarven und kleine pelagische Fische. Kleine Gruppen Juveniler sammeln sich bei driftenden Objekten. Adulte suchen Putzerstationen auf oder scheuern sich durch schnelles Entlangschwimmen an der rauhen Haut von Haien, um lästige Hautparasiten loszuwerden.

Elagatis bipinnulata   Brothers Islands, Ägypten

Doppelpunkt-Stachelmakrele
Doublespotted queenfish
L: bis zu 70 cm. V: RM, AM.
T: 1 - 100 m. A: seichte Lagunen, küstenfern. Juv. jagen kleine Fische und Krebse auf seichten Riffplattformen. Dorsal- und Afterhartstrahlen giftig. Unten (Sinai): *Seriolina nigrofasciata* (70 cm, 20 - 150 m).

Scomberoides lysan   Marsa Bareka, Sinai

MAKRELEN UND THUNE SCOMBRIDAE

Großmaul-Makrele
Indian mackerel
Länge: bis zu 35 cm.
Verbreitung: Rotes Meer, Arabisches Meer, weitverbreitet im Indischen Ozean.
Tiefe: 5 - 70 m.
Allgemein: in riesigen Schulen, schwimmen schnell entlang der Riffe, über Schlamm- oder Sandflächen und filtern mit weit offenen Mäulern Plankton aus dem Wasser (siehe Fotos). Es ist ein ungewöhnlicher Anblick, wenn alle Fische synchron ihre Mäuler öffnen. Hauptnahrung sind Krebs- und Fischlarven, die mit Hilfe zahlreicher, steifer Kiemenreusen aus dem Wasser gesiebt werden. Unten (Ägypten): ein Einzeltier filtert Plankton direkt über dem Schlammgrund.

Rastrelliger kanagurta Safaga, Ägypten

Gelbflossen-Thunfisch
Yellowfin tuna
L: bis zu 220 cm. V: RM, AM, aber nicht im Arabischen Golf, weitverbreitet im Indischen Ozean. T: 1 - 100 m. A: diese häufige Art des offenen Wassers ist meist in Schulen zu sehen. Nur weil der Fotograf jahrelang einige Monate pro Jahr in einem Tauchcamp in Süd-Ägypten verbrachte, konnte er herausfinden, daß einzelne Gelbflossen-Thune am Spätnachmittag ins seichte Wasser kommen, um zu jagen. Dieser Thunfisch schult nach Größe, manchmal mit anderen Arten vermischt, und wandert über lange Strecken mit Strömung und Temperatur. Kommerziell wichtige Art und Hauptziel weltweiter Fischereien.

Thunnus albacares Marsa Alam, Ägypten

MAKRELEN UND THUNE — SCOMBRIDAE

Gymnosarda unicolor — Tiran, Sinai

Hundezahn-Thunfisch
Dogtooth tuna
Länge: bis zu 220 cm.
Verbreitung: Rotes Meer, Arabisches Meer, weitverbreitet im tropischen Indo-Pazifik.
Tiefe: 3 - 100 m.
Allgemein: Juvenile oft einzeln auf Riffplattformen oder in seichten Küstengewässern. Adulte einzeln oder in kleinen Gruppen entlang Außenriff-Drop-offs und um ozeanische Inseln. Die Art ist ein gieriger Fischräuber mit großen, konischen Zähnen, der Planktivoren wie kleinere Stachelmakrelen, Füsiliere, Lippfische und Nasendoktorfische fängt. Tauchern gegenüber nicht scheu.

Scomberomorus commerson — Ras Mohamed, Sinai

Spanische Makrele
Spanish mackerel
Länge: bis zu 220 cm.
Verbreitung: Rotes Meer, Arabisches Meer, weitverbreitet im tropischen Indo-Pazifik.
Tiefe: 10 - 100 m.
Allgemein: eine räuberische, meist solitäre Art, lebt nahe steilen Riffhängen und Drop-offs und frißt kleinere schulende Fische wie etwa Sardellen. Einzelne Beutetiere werden blitzschnell aus dem Schwarm herausgefangen. Das Foto zeigt eine ungewöhnlich große Gruppe von etwa 15 Spanischen Makrelen.

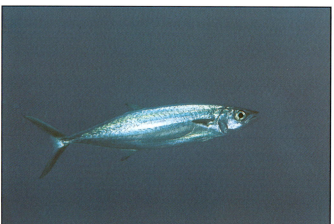

Grammatorcynus bilineatus — Shaab Suadi, Sudan

Zweilinien-Makrele
Double-lined mackerel
Länge: bis zu 70 cm.
Verbreitung: Rotes Meer, Arabisches Meer, nicht im südlichen Indischen Ozean.
Tiefe: 5 - 20 m.
Allgemein: eine solitäre Art, die man gelegentlich in Küstennähe bei steilen Riffhängen und entlang Drop-offs, um Unterwasserberge und Riffspitzen in tiefen Lagunen sehen kann. Diese Makrelenart ernährt sich von großem Zooplankton wie Fisch- und Krebslarven und kleinen pelagischen Fischen wie Heringsartigen. Ist Tauchern gegenüber nicht scheu.

SPEERFISCHE   ISTIOPHORIDAE

Segelfisch
Sailfish
Länge: bis zu 360 cm.
Verbreitung: RM, AM, alle tropischen bis temperierten Meere.
Tiefe: 3 - 180 m. Allgemein: ozeanisch, in Küstennähe selten. Schneller, epipelagischer, weit wandernder Räuber, frißt Kalmare und kleine Fische, nur gelegentlich bei Riffen nahe tiefem Wasser zu sehen. Manchmal in kleinen Gruppen. Andere in dieser kleinen Familie von etwa 10 majestätischen Arten sind die Marline und Speerfische, alle weitverbreitet und epipelagisch. Marline werden 450 cm lang und 820 kg schwer.

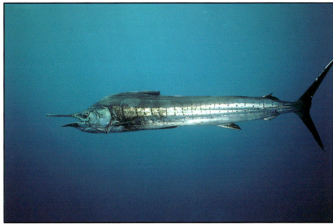

Istiophorus platypterus   Jeddah, Saudi-Arabien

WEITAUGENBUTTE   BOTHIDAE

Panther-Butt
Leopard flounder
L: bis zu 35 cm. V: RM, AM.
T: 1 - 110 m. A: Männchen mit langen (bis Schwanz) Fäden der Augenseiten-Brustflosse. In seichten Küstenriffen auf Sand, bis zu tiefen, küstenfernen Sandflächen. Unten: Jordanien.

Bothus pantherinus   Aqaba, Jordanien

Korallen-Butt
Intermediate flounder
Länge: bis zu 13 cm.
Verbreitung: RM, AM.
Tiefe: 6 - 54 m.
Allgemein: dieser Plattfisch findet sich meist auf Sand, perfekt getarnt durch ein dichtes Muster dunkler Punkte und Flecken auf Flossen und Körper. Wie man auf dem Foto sieht, dringt er aber auch auf der Suche nach seiner Beute (Bodenwirbellose wie Krabben und andere Krebse) ins Riff zwischen Steine und Weichkorallen vor. Kann wie viele Plattfischarten schnell die Farbe seiner Augenseite (oben) wechseln; Unterseite ist pigmentarm.

Asterhombus intermedius   Aqaba, Jordanien

SEEZUNGEN — SOLEIDAE

Soleichthys heterorhinos — Elat, Sinai

Blaurand-Seezunge
Blue-edged sole
Länge: bis zu 15 cm. Verbreitung: Rotes Meer, Arabisches Meer. Tiefe: 3 - 15 m. Allgemein: auf Geröll nahe Riffen. Nachtaktiv, frißt kleine Bodenwirbellose. Tagsüber im Sand vergraben, nur die Augen und Nasenöffnungen ragen aus dem Sediment. Diese längliche Seezunge unduliert beim Schwimmen nicht nur mit dem auffällig blauen Brust- und Afterflossensaum, sondern mit dem ganzen Körper. Dieses Foto war der Erstnachweis aus dem Roten Meer. Im Gegensatz zu den Bothiden sind Seezungen rechtsäugig (dextral).

Pardachirus balius — Ras Mirbat, Oman

Algen-Seezunge
Piebald sole
Länge: bis zu 22 cm. Verbreitung: Golf von Aden, Arabisches Meer bis Arabischer Golf. Tiefe: 3 - 24 m. Allgemein: das hübsche Farbmuster dieser Seezunge ist eine Anpassung an ihr Habitat: sie lebt in den Algenfeldern vor der Küste Omans, wo das reiche Braunalgenwachstum von El Khareef, dem Monsun, begünstigt wird, der von April bis September vom Indik her bläst und eine nährstoffreiche Auftriebsströmung an der Küste verursacht. Siehe auch INS GRAS GEBISSEN, S. 77.

Moses-Seezunge
Moses sole
L: bis zu 25 cm. V: RM, AM. T: 1 - 15 m. A: wechselt ihre marmorierte Färbung mit der Umgebung. Berühmt für das starke Gift in ihrem Hautsekret, das erfolgreich in der Entwicklung eines Haiabwehrmittels eingesetzt wurde. Kleines Foto aus Dahab, Sinai.

Pardachirus marmoratus — Na'ama Bay, Sinai

NESSELSCHUTZ

Nicht nur Anemonenfische, sondern auch viele verschiedene Wirbellose - hauptsächlich Krebse - vergesellschaften sich mit Nesseltieren (Hohltiere wie Anemonen und Quallen), um durch das manchmal starke Gift in deren Fangarmen geschützt zu sein. Es gibt prinzipiell zwei Methoden, wie sich Krabben und Garnelen vor dem Nesseln und anschließenden Gefressenwerden schützen: entweder sie können den Kontakt zu den Tentakeln des Partners vermeiden oder immun gegen das Nesselgift sein oder werden. Gerade letzteres ist von den Biologen oft noch nicht ausreichend untersucht und verstanden worden, und viele weitere dieser höchst merkwürdigen Symbiosen im Riffhabitat harren noch der Entdeckung.

1. Die Boxerkrabben der Gattung *Lybia* gehören, was ihr Verhalten angeht, zu den ungewöhnlichsten Zehnfußkrebsen. Sie benutzen ihre Scheren, um kleine Seeanemonen zur Abschreckung von möglichen Freßfeinden vor sich herzutragen. Sie heben ihre Scherenbeine mit je einer winzigen Anemone abwechselnd hoch und jedem sich bewegendem Objekt entgegen, das eine Bedrohung sein könnte. Diese Bewegungen erinnern einen menschlichen Beobachter an die "Rechts-Links-Kombination" eines Boxers, daher auch der Populärname dieser Krabben. Bislang gibt es nur wenige wissenschaftliche Untersuchungen zu dieser Nutzung "lebender Werkzeuge", die bei Meerestieren einmalig ist. *Lybia*-Arten sind nicht wählerisch beim Aussuchen ihrer Verteidiger. Mindestens drei verschiedene Gattungen *(Bunodeopsis, Sagartia,* und *Triactis)* sind in den Scheren von *Lybia tesselata* gefunden worden, der bekanntesten aller Boxerkrabben, die weit verbreitet in den Korallenriffen des Roten und Arabischen Meeres lebt.

2. Zwischen Seegras in seichten Lagunen kann man die Qualle *Cassiopeia andromeda* "schirmunter" auf dem Sandgrund liegend finden. Sie enthält endosymbiontische Algen, die zwecks Photosynthese Sonnenlicht absorbieren. Aber manchmal schweben merkwürdige kleine Wesen wie eine Wolke von Fliegen über den (nur schwachen) Nesseltentakeln der Qualle: es handelt sich um Schwebegarnelen (Mysidaceen), die im offenen Meer wie Krill in riesigen Schwärmen auftreten. Die winzige *Idiomysis tsurnamali* jedoch bevorzugt den Schutz der mehr oder weniger stationären *Cassiopeia* in den sonnendurchfluteten tropischen Lagunen.

3. Andere Beschützer von *Idiomysis tsurnamali* sind verschiedene Seeanemonen (z. B. *Megalactis hemprichi*) und sogar die nicht nesselnden Diademseeigel. Andere Mysidaceenarten assoziieren sich mit Schwämmen und Korallen. Die nur bis 5 mm langen Krebschen sind nicht gegen das Nesselgift ihres Wirtes immun. Daher müssen sie beim Umherschwimmen zum Planktonfang zwischen den Fangarmen ihres Schutzpartners sorgfältig manövrieren, um diese nicht zu berühren. Dafür haben die fast transparenten Schwebegarnelen große Augen, die eine optische Orientierung und den Beutefang in den klaren, lichtreichen Gewässern der Korallenriffe ermöglichen.

4. Die Partnergarnele *Periclimenes longicarpus* aus der Familie Palaemonidae lebt zwischen den Tentakeln der stark nesselnden, großen Seeanemone *Heteractis crispa*. Weitere Wirte sind die Anemonen *Megalactis hemprichi* und *Entacmaea quadricolor*, die Koralle *Plerogyra sinuosa* und verschiedene Lederkorallen. Obwohl die Garnele Kontakt mit den Fangarmen hat, wird sie nicht genesselt. Der Schutzmechanismus ist nicht bekannt, und es gibt sogar andere Arten der Gattung, die direkt nach der Häutung, also wenn besonders weich und verletzlich, immun sind. Eine Gruppe von vielen *P. longicarpus*-Männchen und -Weibchen lebt auf der Anemone, ohne sie zu beeinträchtigen, wohingegen andere Garnelen ihren Wirten Tentakelteile abzwicken und diese fressen (siehe unten). Die Nahrungsquelle dieser Art ist unbekannt. Ihr Körper erreicht eine Länge von 25 mm. Er ist durchscheinend bis auf eine weiße Längslinie sowie weiße und violette Flecken auf Beinen und Schwanzfächer. Eine weiße Linie verbindet die beiden Komplexaugen und eine weitere in Form eines umgekehrten V findet sich auf dem "Rückenbuckel". Ihre Transparenz macht die kleine Garnele zwischen den Tentakeln ihres Wirtes selbst für einen erfahrenen UW-Fotografen fast unsichtbar. Manche Quellen sprechen von einer indopazifischen Verbreitung, andere sehen in der Art einen Rotmeer-Endemiten. Es gibt in der Gattung einige sehr ähnliche Arten.

5. Die Blasenkorallen-Garnele *Vir philippinensis* erreicht etwa 20 mm Länge und lebt auf Arten der Steinkorallen-Gattung *Plerogyra*. Das Foto von der Sinaiküste zeigt sie auf *P. sinuosa*. Man weiß so gut wie nichts über ihre Biologie einschließlich der Mechanismen, die sie zu einem Leben im Kontakt mit den blasenartigen Fangarmen der Koralle befähigt. Auch sie ist ein Mitglied der Familie Palaemonidae, die viele Arten enthält, die in engen Symbiosen mit Wirten aus diversen Gruppen mariner Wirbelloser wie Stachelhäuter - insbesondere Seesterne und Seegurken - und Nacktschnecken leben.

6. Die hübsch gefärbte Anemonengarnele *Periclimenes brevicarpalis* lebt in Gruppen auf Wirtsanemonen der Gattungen *Actinodendron, Stichodactyla, Heteractis, Entacmaea* und *Cryptodendrum* (Foto: *C. adhaesivum*). Auf jeder Anemone findet man ein geschlechtsreifes Weibchen, mehrere reife Männchen sowie einige Jungtiere. Das größere Weibchen erreicht bis zu 25 mm Länge und schneidet Tentakeln "ihrer" Anemone ab, um sie zu fressen. Das Männchen wird 12 mm lang und ernährt sich von Schleim und Detritus. Wiederum weiß man wenig über die erstaunliche Biologie des Zusammenlebens mit einem Nesseltier. Falls die Anemone kleine Freßabfälle der Garnele abbekäme, könnte man eine solche Union echte Symbiose nennen, wenn nicht, muß man es als Kommensalismus zugunsten der Garnele bezeichnen, da diese Schutz genießt.

DRÜCKERFISCHE   BALISTIDAE

Rotzahn-Drückerfisch
Redtooth triggerfish
L: bis zu 40 cm. V: RM, AM.
T: 1 - 55 m. A: meist in großen Schulen, nicht so im nördlichen Roten Meer, wo die Gruppen kleiner sind. Ein scheuer Planktonfresser, nicht leicht anzuschwimmen, versteckt sich schnell in Riffspalten. Der wissenschaftliche Name *niger* (schwarz) legt nahe, daß Rüppell, der diese Art benannt hat, wahrscheinlich nie ein lebendes Exemplar dieser kräftig gefärbten Art gesehen hat.

Die meisten Drückerfischarten fressen hartschalige Bodenwirbellose wie Weichtiere und Stachelhäuter. Einige Arten spezialisieren sich auf die langstachligen Diadem-Seeigel, die mit einem kräftigen Wasserstrahl aus dem Maul vom Boden geblasen werden und anschließend mit einem Biß in ihre weiche und weniger stachlige Unterseite geöffnet werden, während sie zurück zum Boden sinken. Schwarze Narben von abgebrochenen *Diadema*-Stacheln zieren oft das Maul großer Drückerfische; deren lange Schnauze schützt die Augen vor den Stacheln.

Al Mukalla, Jemen

Odonus niger   Musandam, Oman

Riesen-Drückerfisch
Titan triggerfish
L: bis zu 75 cm. V: RM, AM.
T: 5 - 35 m. A: auf Sandflächen mit einzelnen Korallenflecken. Während das Nest am Boden bewacht wird, sollte man sich nicht nähern. Der Fisch greift sofort an, Bisse seiner großen Zähne sind schmerzhaft. Unten (Ägypten): "schlafender" Fisch.

Balistoides viridescens   Elphinstone, Ägypten

DRÜCKERFISCHE   BALISTIDAE

Balistapus undulatus — Ras Mohamed, Sinai

Gelbschwanz-Drückerfisch
Orange-striped triggerfish
Länge: bis zu 30 cm.
Verbreitung: Rotes Meer, Arabisches Meer, weitverbreitet im Indischen Ozean.
Tiefe: 1 - 40 m.
Allgemein: in Korallenriffen häufig, einzeln oder in kleinen Gruppen in Küsten- und Außenriffen, in korallenreichen Lagunen und auf Geröllflächen, meist in mittleren Tiefen in Korallen- und Schwamm-Mischhabitaten. Frißt hartschalige Bodenwirbellose wie Muscheln und Seeigel, auch Korallen und Würmer. Männchen ohne Schnauzenstreifen.

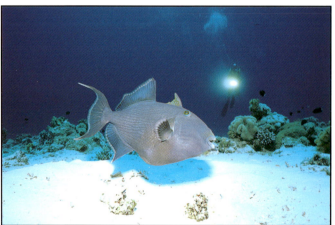

Pseudobalistes fuscus — Hurghada, Ägypten

Blaustreifen-Drückerfisch
Blue triggerfish
L: bis zu 55 cm. V: Rotes Meer, Arabisches Meer, Indischer Ozean. T: 1 - 50 m. A: in klaren Lagunen und Fleckriffen in Sandgebieten. Sehr scheu. Kleines Foto unten aus Ägypten: juvenil, Färbung weicht vom Muster der adulten Tiere ab.

Pseudobalistes flavimarginatus — Shaab Suadi, Sudan

Gelbsaum-Drückerfisch
Yellowmargin triggerfish
Länge: bis zu 60 cm.
Verbreitung: häufig im Roten Meer, selten im Arabischen Meer und südlichen Indischen Ozean.
Tiefe: 2 - 50 m.
Allgemein: lebt einzeln oder paarweise in Lagunen und geschützten Riffen, auch in Wracks anzutreffen.
   Alle Drückerfischarten haben eine typische Art und Weise, sich im Wasser fortzubewegen, indem sie mit ihren symmetrisch angeordneten Rücken- und Afterflossen gleichsinnig von links nach rechts und zurück "winken".

DRÜCKERFISCHE   BALISTIDAE

Arabischer Picasso-Drückerfisch
Arabian Picasso triggerfish
Länge: bis zu 30 cm.
Verbreitung: Rotes Meer bis Arabischer Golf.
Tiefe: 2 - 15 m.
Allgemein: diese schöne Drückerfischart mit ihrem unverwechselbaren Farbmuster lebt einzeln auf Fleck- und von Sandbänken unterbrochenen Saumriffen. Sie ist weniger scheu als andere Arten der Familie. Der Arabischer Picasso-Drückerfisch frißt in erster Linie Bodenwirbellose wie Krabben, Würmer und Stachelhäuter, aber auch Algen. Das kleine Foto unten von der Sinai-Küste zeigt ein Jungtier.

Drückerfische sind eine Familie mit 12 Gattungen und etwa 40 meist tropischen Arten. Ihre pelagischen Larven driften mit dem Plankton. Die Juvenilen tragen ein anderes Farbkleid als die Adulten. Ein Sexualdimorphismus fehlt, d. h. Männchen und Weibchen gleichen sich. Das Geschlecht kann ohne Begutachtung der inneren Geschlechtsorgane nicht bestimmt werden. Das Männchen baut ein Nest und bewacht aufmerksam die vom Weibchen gelegten Eier. Oft greift er Taucher an, die sich in sein Territorium gewagt haben.

Die erste Rückenflosse der Drückerfische hat 3 Hartstrahlen: der erste ist kräftig und kann vom zweiten in einer aufrechten Position arretiert werden (ähnlich dem Abzug einer Pistole, auch "Drücker"), der dritte ist klein. Nachts oder bei Gefahr klemmen sich die Fische zum Schutz Kopf voran in enge Rifflöcher, der eingerastete Hartstrahl dient als Anker gegen ein Herausziehen durch einen Räuber oder neugierigen Taucher. Ihre Kiefer sind sehr kräftig, jeder trägt 8 überstehende Zähne. Die meisten Familienmitglieder sind leicht an ihren typischen Farbmustern zu erkennen.

Elat, Sinai

Rhinecanthus assasi   Brothers Islands, Ägypten

207

DRÜCKERFISCHE | BALISTIDAE

Canthidermis macrolepis — Daymaniyat, Oman

Rauher Drückerfisch
Largescale triggerfish
Länge: bis zu 60 cm.
Verbreitung: Rotes Meer bis Golf von Oman. Tiefe: 1 - 26 m.
Allgemein: die einzige schulende, pelagische Drückerfischart unseres Gebietes, legt die Eier aber in ein Nest in einem seichten Sandhabitat. Kleines Foto vom Shaab Rumi, Sudan.

Sufflamen albicaudatus — Jeddah, Saudi-Arabien

Weißschwanz-Drückerfisch
Bluethroat triggerfish
Länge: bis zu 18 cm.
Verbreitung: Rotes Meer, westliches Arabisches Meer.
Tiefe: 2 - 20 m.
Allgemein: der Weißschwanz-Drückerfisch ist eine scheue, solitär lebende Art, die in Riffen mit reichem Korallenwuchs vorkommt. Im Golf von Aden ist sie auch in kleinen Gruppen anzutreffen.

Sufflamen fraenatus — Salalah, Oman

Brauner Drückerfisch
Bridled triggerfish
L: bis zu 38 cm. V: Rotes Meer (selten), häufig im Süd-Oman, selten im Golf von Oman.
T: 3 - 60 m. A: in losen Gruppen über Fleckriffen. Der häufigste Drückerfisch an der Oman-Küste des Arabischen Meeres (Foto unten), in manchen Jahren extrem zahlreich.

FEILENFISCHE   MONACANTHIDAE

Oxymonacanthus halli — Ras Abu Galum, Sinai

Rotmeer-Palettenstachler
Harlequin filefish
Länge: bis zu 7 cm.
Verbreitung: Rotes Meer.
Tiefe: 2 - 12 m.
Allgemein: dieser schöne, endemische, kleine Feilenfisch lebt paarweise auf Saumriffen, wo er sich ausschließlich von den Polypen der *Acropora*-Korallen ernährt. Das Foto links zeigt ein Paar des Rotmeer-Palettenstachlers zwischen den Ästen einer *Millepora*-Feuerkoralle, das Foto auf der Vorseite ein Paar zwischen den Zweigen einer *Acropora*-Koralle.

Cantherhines pardalis — Elphinstone, Ägypten

Netz-Feilenfisch
Honeycomb filefish
Länge: bis zu 25 cm.
Verbreitung: Rotes Meer, Arabisches Meer (hauptsächlich Südküste Omans), weitverbreitet im Indischen Ozean.
Tiefe: 1 - 25 m.
Allgemein: der Netz-Feilenfisch führt ein verborgenes Dasein und ist am ehesten in Seegraswiesen und Algenfeldern zu finden. Sein Populärname beschreibt das Muster dunkelbrauner Vielecke auf dem Körper. Um Hawaii durch die nahe verwandte Art *C. sandwichiensis* vertreten, im Atlantik durch den ebenfalls nahe verwandten *C. pullus*.

Amanses scopas — Aqaba, Jordanien

Besen-Feilenfisch
Broom filefish
Länge: bis zu 20 cm.
Verbreitung: Rotes Meer, Arabisches Meer, weitverbreitet im Indischen Ozean.
Tiefe: 1 - 18 m.
Allgemein: bewohnt Gebiete mit Sand-, Geröll- und Korallenmischboden. Männchen haben 5 oder 6 nach vorn zeigende Dornen auf dem Schwanzstiel, Weibchen stattdessen eine dichte Masse langer Borsten (der "Besen"). Das Foto zeigt ein Männchen.

FEILENFISCHE   MONACANTHIDAE

Schrift-Feilenfisch
Scribbled leatherjacket
Länge: bis zu 100 cm (inklusive des langen Schwanzes).
Verbreitung: RM, AM, zirkumtropisch. Tiefe: 1 - 80 m.
Allgemein: in Küstenriffen, größte Feilenfisch-Art. Scheu, solitär, nur selten in Gruppen. Kleine Juvenile sind gelb mit schwarzen Punkten und entwickeln während des Wachstums leuchtend blaue Muster. Die Jungtiere leben lange pelagisch, bilden Schulen und assoziieren sich mit pflanzlichem Treibgut. Die Schuppen aller Arten der Familie haben kleine Stacheln und sind daher rauh wie eine Feile (Name).

Aluterus scriptus — Brothers Islands, Ägypten

Seegras-Feilenfisch
Fuzzy filefish
L: bis zu 9 cm. V: Rotes Meer. T: 2 - 12 m. A: wie auf den Fotos zu sehen, lebt die kleine Art sowohl zwischen Weichkorallen im Riff, als auch in Seegraswiesen, wozu die kryptische Färbung ausgezeichnet paßt. Auch das kleine Foto unten stammt aus Ägypten.

Paramonacanthus nematophorus — Safaga, Ägypten

Ellipsen-Feilenfisch
Lozenge filefish
Länge: bis zu 25 cm.
Verbreitung: Rotes Meer, Arabisches Meer einschließlich Arabischer Golf.
Tiefe: 1 - 65 m.
Allgemein: Körper weißlich mit zahlreichen großen, elliptischen, braunen Flecken, die so dicht stehen, daß die blassen Zwischenräume ein Netzmuster bilden. Juvenile mit 2 - 4 cm Länge wurden dicht unter der Oberfläche in Assoziation mit Quallen beobachtet. Oft in Schleppnetzfängen. In Bau und Färbung S. cirrhifer sehr ähnlich, aber mit anderem Schuppenfeinbau.

Stephanolepis diaspros — Salalah, Oman

KOFFERFISCHE   OSTRACIIDAE

Die Familie Ostraciidae umfaßt 6 Gattungen und etwa 20 ungewöhnliche Arten, die als Kofferfische bekannt und in den tropischen Meeren verbreitet sind. Die Gattungen unterscheiden sich hauptsächlich in der Form ihres Querschnittes, der von fast quadratisch bis dreieckig mit Rückenkante reicht, von flach bis rund am Bauch. Der Rumpf dieser nur langsam schwimmenden Fische ist von deutlich abgegrenzten, sechseckigen Knochenplatten bedeckt, die zu einem starren Schutzpanzer (Carapax) mit Löchern für die beweglichen Teile wie Flossen, Schwanzstiel, Maul, Augen und Kiemen verschmolzen sind. Dieser Knochenpanzer ist meist glatt, aber manche Arten besitzen eindrucksvolle Augen- oder Rückendornen. Im belebten Riffhabitat zeigen viele kleine Arten eine erstaunliche Manövrierfähigkeit dank ihrer frei beweglichen Flossen, die den schweren Körper auf der Stelle drehen können. Die Haut ist von giftigem (Ostracitoxin) Schleim bedeckt, der Räuber abschreckt. Das Gift wird auch unter Stress abgegeben und tötet im Aquarium andere Fische oder gar den Erzeuger. Einige Arten zeigen Sexualdimorphismus mit bunten Männchen, die als protogyne Hermaphroditen aus Weibchen entstanden sind. Bei der Balz umkreisen die Partner einander und schwimmen hoch über dem Substrat, manchmal bis zur Oberfläche, um Sperma und pelagische Eier abzugeben. Aus den pelagischen Larven entwickeln sich Postlarven, die 10 mm lang und fast würfelförmig sind.

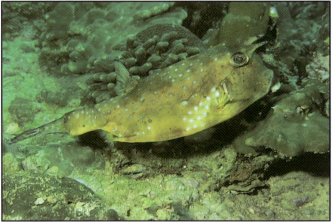

Lactoria cornuta — Al Mukalla, Jemen

Gehörnter Kofferfisch
Longhorn boxfish
L: bis zu 50 cm. V: RM, AM, Indo-Pazifik. T: 1 - 100 m. A: der Körper der Juvenilen ist kurz, beim Übergang zum Bodenleben würfelförmig und wird mit dem Wachstum länglicher. Bald entwickeln sich hornartige Dornen, die bei Adulten sehr groß werden. Auch die Schwanzflosse wird im Alter länger und schließlich fast so lang wie der Rumpf. Die Art lebt meist in sandigen Lagunen, wo sie sich von im Sand lebenden Wirbellosen ernährt, die mit einem Wasserstrahl aus dem Maul aus dem Sand geblasen werden.

Tetrosomus gibbosus — Na'ama Bay, Sinai

Pyramiden-Kofferfisch
Thornback trunkfish
Länge: bis zu 30 cm. Verbreitung: Rotes Meer, südwärts bis in den Indischen Ozean. Tiefe: 3 - 110 m. Allgemein: solitär, bevorzugt Seegraswiesen (großes Foto, Männchen) oder Sandflächen mit Steinblöcken. Kleines Foto (Weibchen) aus dem Oman.

KOFFERFISCHE   OSTRACIIDAE

Gelbbrauner Kofferfisch
Yellow boxfish
Länge: bis zu 45 cm.
Verbreitung: Rotes Meer, Arabisches Meer, nicht häufig im Golf von Oman, aber die häufigste Art der Familie in unserem Gebiet, weitverbreitet im Indischen Ozean.
Tiefe: 1 - 45 m.
Allgemein: die Färbung großer Adulter (Foto oben, Männchen) ist variabel, sie reicht von ocker bis purpurbraun, die runden Carapaxflecken der kleineren Weibchen-Phase sind dann verblaßt oder fehlen schon ganz, die Flossen tragen kleine, schwarze Punkte, der Kopf zeigt vorne einen Buckel auf der Schnauze. Die Weibchen (Foto Mitte, heranwachsend) haben eine gelbe Grundfarbe und viele, regelmäßig runde, schwarzgerandete, weiße Carapaxflecken. Kleine Juvenile sind zuerst fast würfelförmig und werden dann länglicher. Sie sind gelb mit runden, schwarzen Flecken, die fast so groß wie die Pupillen ihrer Augen sind (großes Foto unten). Die Schwanzflosse wird mit zunehmendem Alter größer, der Schwanzstiel wird lang und dick. Die Art lebt solitär und sucht ständig die Deckung von Riffüberhängen. Das kleine Foto unten aus Aqaba, Jordanien, zeigt die Flecken auf dem Bauch eines großen Juvenilen.

Aqaba, Jordanien

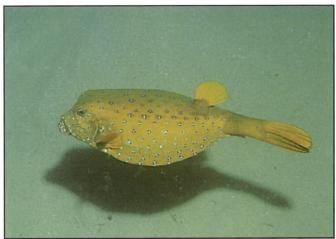
Safaga, Ägypten

Ostracion cubicus   Seven Brothers, Jemen

213

KOFFERFISCHE OSTRACIIDAE

Arabischer Kofferfisch
Arabian boxfish
Länge: bis zu 15 cm.
Verbreitung: Rotes Meer bis Arabischer Golf, häufig im Golf von Oman, nicht an der Oman-Küste des Arabischen Meeres.
Tiefe: 3 - 20 m.
Allgemein: diese häufige Kofferfischart lebt einzeln oder in kleinen Gruppen auf Korallenriff-Flecken in sandigen Gebieten. Die blaue Färbung der Männchen aus dem Arabischen Meer ist leuchtender als die von Rotmeer-Exemplaren. Die Weibchen aus beiden Gebieten gleichen sich aber.
  Das Foto oben zeigt ein Männchen, das Foto in der Mitte einige Weibchen, ein Männchen sowie Meerbarben. Die kleinen Fotos unten (beide aus dem Oman) zeigen ein brilliant gefärbtes Männchen und ein kleines Weibchen.

Ras Mohamed, Sinai

Ostracion cyanurus Dubai, Arabischer Golf

KUGELFISCHE TETRAODONTIDAE

Silber-Kugelfisch
Silver puffer
Länge: bis zu 80 cm.
Verbreitung: Rotes Meer, Arabisches Meer.
Tiefe: 0 - 25 m.
Allgemein: Juvenile finden sich in Buchten an der Küste, die Adulten leben küstennah bis pelagisch und bilden Schulen. Potentiell gefährliche Art, da sie in der Lage ist, Knochen (Zehen von Tauchern und Schwimmern!) und stählerne Angelhaken zu durchbeißen. Außerdem ist ihr Fleisch sehr giftig, und eine einzige Mahlzeit kann schon tödlich sein.

Lagocephalus sceleratus Safaga, Ägypten

KUGELFISCHE   TETRAODONTIDAE

Arothron diadematus   Safaga, Ägypten

Masken-Kugelfisch
Masked puffer
Länge: bis zu 30 cm.
Verbreitung: Rotes Meer.
Tiefe: 2 - 32 m.
Allgemein: dieser Kugelfisch findet sich in allen Habitaten von Seegraswiesen bis hin zu Korallenriffen. Es gibt im Indischen Ozean die sehr ähnliche und nahe verwandte Art *A. nigropunctatus,* die auch im Arabischen Meer vorkommt und von einigen Spezialisten als artgleich angesehen wird.
  Nur in der Paarungszeit sieht man diesen Kugelfisch in solch großen Schwärmen wie auf dem Foto von Marsa Bareka, Sinai, auf der Vorseite.

Arothron hispidus   Na'ama Bay, Sinai

Weißfleck-Kugelfisch
Whitespotted puffer
Länge: bis zu 35 cm.
Verbreitung: Rotes Meer, Arabisches Meer, weitverbreitet im tropischen Indo-Pazifik.
Tiefe: 2 - 50 m.
Allgemein: der Weißfleck-Kugelfisch lebt in verschiedenen Habitaten von küstennahen Ästuaren bis hin zu Außenriffhängen, hauptsächlich aber auf Sandflächen zwischen Riffen oder Seegraswiesen. Typisch für diese Art sind die weißen Ringe um die Brustflossenansätze und die Augen. Sie ernährt sich von fast allen verfügbaren marinen Lebewesen, sei als Aas oder lebendig.

Arothron immaculatus   Suakin, Sudan

Seegras-Kugelfisch
Seagrass puffer
L: bis zu 28 cm. V: südliches Rotes Meer, häufig im Arabischen Meer. T: 5 - 15 m.
A: solitär, über Sand und Seegras in Riffen. Läßt sich bei Bedrohung zu Boden sinken, flüchtet nur bei Berührung. Auch das kleine Foto unten stammt aus dem Sudan.

KUGELFISCHE   TETRAODONTIDAE

Riesen-Kugelfisch
Giant puffer
Länge: bis zu 120 cm.
Verbreitung: Rotes Meer, Arabisches Meer.
Tiefe: 5 - 60 m.
Allgemein: die größte Art der Familie ist scheu und lebt in Küstenriffen, Juvenile oft auf dem Substrat zwischen terrestrischem Abfall wie Palmblättern und Zweigen. Adulte meist einzeln auf Fleckriffen mit Höhlen und Schwämmen. Frißt Wirbellose, hauptsächlich Stachelhäuter. Die Fotos zeigen einen Adulten (groß, unten), einen Subadulten (klein, unten) und einen Juvenilen (groß, oben). Man vergleiche das Foto des Juvenilen mit der phantastischen Zeichnung (klein, unten), wie sie vor allem im letzten Jahrhundert angefertigt wurden, um neue Arten großformatig und in brillianten Farben abzubilden.

Die Familie Kugelfische umfaßt etwa 20 Gattungen und mindestens 100 Arten, die in zwei Unterfamilien gruppiert werden: die spitzköpfigen Krugfische (Canthigasterinae) und die stumpfköpfigen Kugelfische (Tetraodontinae), letztere umfassen sowohl die größeren Arten als auch eine Vielzahl kleinerer. Der Populärname reflektiert ihre einzigartige Fähigkeit, sich wie ein Ballon mit Wasser oder Luft aufblasen zu können, um Feinde abzuschrecken. Viele sind stachelig oder dornig, was sie aufgeblasen um so ungenießbarer macht. Krönung auf der Liste der Verteidigungsmechanismen dieser langsamen Fische ist Gift: Haut und Geschlechtsorgane enthalten Tetrodotoxin.

Jeddah, Saudi-Arabien

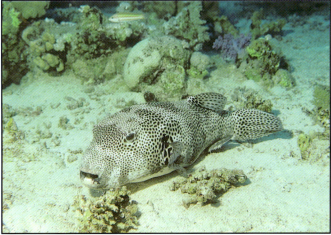

Arothron stellatus   Shaab Sharm, Ägypten

217

KUGELFISCHE · TETRAODONTIDAE

Canthigaster coronata — Hurghada, Ägypten

Kronen-Krugfisch
Crowned toby
L: bis zu 13 cm. V: RM, AM.
T: 5 - 80 m. A: einzeln oder in Paaren über Geröll und Sand.

Manche Kugelfische zeigen ihre tödliche Giftigkeit durch Warnfärbungen an, während andere, nicht verwandte Fischarten zum eigenen Vorteil Form und Färbung imitieren, um sich gegen mögliche Freßfeinde zu schützen (Mimikry).

Alle Kugelfischarten legen klebrige, demerse, runde Eier, weniger als 1 mm im Durchmesser. Die pelagischen Larven sind bis zu 6 mm lang, wenn sie schließlich zum Bodenleben übergehen.

Canthigaster pygmaea — Safaga, Ägypten

Zwerg-Krugfisch
Dwarf toby
L: bis zu 6 cm. V: nur RM.
T: 3 - 30 m. A: selten, tags in Spalten versteckt. Das kleine Foto (Sudan) zeigt ein Jungtier bei Nacht. Einige Kugelfischarten fressen fast alles (Generalisten), andere haben Vorlieben für bestimmte Wirbellose oder Algen (Spezialisten).

Canthigaster margaritata — Dahab, Sinai

Perlen-Krugfisch
Pearl toby
Länge: bis zu 12 cm.
Verbreitung: nur Rotes Meer.
Tiefe: 3 - 15 m.
Allgemein: in Saumriffen häufig, manchmal in Seegraswiesen. Nahe mit *C. solandri* aus dem Indo-Pazifik verwandt. Das kleine Portrait-Foto unten stammt aus dem Oman.

KUGELFISCHE   TETRAODONTIDAE

Rotmeer-Krugfisch
Red Sea puffer
L: bis zu 14 cm. V: Rotes Meer,
Arabisches Meer. T: 0,5 - 5 m.
A: dieser Kugelfisch bewohnt
extrem seichtes Wasser über
Sandböden und Seegraswiesen.
Oft beim Schnorcheln unter
Bootsstegen zu sehen. Diese
Art kann ihre Körperfärbung
der Umgebung anpassen.

Torquigener flavimaculatus — Aqaba, Jordanien

IGELFISCHE   DIODONTIDAE

Gelbflecken-Igelfisch
Yellowspotted burrfish
Länge: bis zu 34 cm.
Verbreitung: Rotes Meer,
Arabisches Meer.
Tiefe: 3 - 90 m.
Allgemein: solitär wie alle Igel-
fischarten, frißt hartschalige
benthische Wirbellose wie
Schnecken und Krabben, auch
Würmer. Öffnet mit kräftigen
Zahnplatten die Schalen der
Beute. Wie bei den Kugel-
fischen sind die Zähne aller
Igelfische verschmolzen und
bilden schnabelartige Zahnplatten, die mühelos harte Mate-
rialien wie Weichtiergehäuse
und Krebspanzer durchtren-
nen. Während die Arten der
Familie Tetraodontidae ("Vier-
zähner") in der oberen und
unteren Zahnplatte eine medi-
ane Sutur (Mittelfurche) zeigen, fehlt diese bei den Arten
der Diodontidae ("Zweizäh-
ner"). Das große Foto zeigt,
daß diese Igelfischart nicht so
scheu ist, wie es einige der
Kugelfischarten sind, und sich
vor der UW-Kamera nett in
Szene setzt. Das kleine Foto
unten stammt aus Ägypten.

Cyclichthys spilostylus — Safaga, Ägypten

IGELFISCHE   DIODONTIDAE

Kurzstachel-Igelfisch
Orbiculate burrfish
Länge: bis zu 15 cm. Verbreitung: RM, AM. Tiefe: 2 - 20 m. Allgemein: die Arten dieser Familie ähneln den Kugelfischen, tragen aber zusätzlich Stacheln am Körper. Auch sie blasen sich bei Gefahr auf, wobei sich die Stacheln sträuben. Kl. Foto (Oman): Juveniler.

Cyclichthys orbicularis   Ras Mirbat, Oman

Gewöhnlicher Igelfisch
Porcupinefish
Länge: bis zu 70 cm. Verbreitung: Rotes Meer, Arabisches Meer. Tiefe: 5 - 65 m. Allgemein: lebt in Korallen- oder Felsriffen, frißt hauptsächlich Schnecken und Muscheln. Kleines Foto unten (Safaga, Ägypten): subadultes Tier.

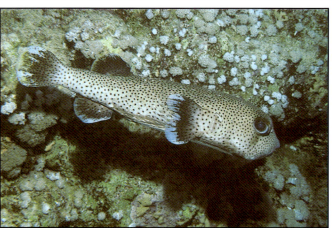

Diodon hystrix   Ras Nasrani, Sinai

Langstachel-Igelfisch
Freckled porcupinefish
L: bis zu 30 cm. V: RM, AM. Kosmopolit, hauptsächlich in subtropischen und warm gemäßigten Meeren. T: 3 - 100 m. A: lebt versteckt in Riffen und Seegraswiesen. Das kleine Foto (auch Oman) zeigt ein aufgeblasenes Tier.
   Rechts: die **Spanische Tänzerin** *Hexabranchus sanguineus* in Aktion, siehe auch S. 247. Foto aus Gubal, Ägypten.

Diodon holocanthus   Ras Mirbat, Oman

MOLLUSKEN — MOLLUSCA

Die Molluskenfauna des Rotmeer-Beckens stammt komplett aus dem Indo-Pazifik, nur 5 % der etwa 1.200 bekannten Arten sind Endemiten. Ihre Verbreitung zeigt einen von Norden nach Süden steigenden Gradienten der Artenzahl. Beides geht auf die ungewöhnliche regionale Geologie und die besonderen heutigen Umweltbedingungen zurück: die Oberflächen-Wassertemperatur variiert stark mit den Jahreszeiten (Golf von Aqaba, Winter: 16 - 20 °C, Sommer: 25 - 33 °C), der Salzgehalt ist variabel und bis zu 6 ‰ höher als die konstanten 35 ‰ im Indischen Ozean. Andererseits sind die Bedingungen in der Tiefe fast konstant bei extrem warmen 20 °C. Deshalb hat sich praktisch keine typische Tiefsee-Weichtierfauna entwickelt, und Flachwasserarten finden sich auch in der Tiefe.

Typisch für Mollusken sind ein muskulöser Mantel (Außenteil des Weichkörpers), eine Radula (bezahnte Raspelzunge, arbeitet wie ein Förderband) und ein muskulöser Fuß, der ursprünglich der Fortbewegung dient, aber für diverse Zwecke umgewandelt sein kann. Der Stamm Mollusca umfaßt mehrere Klassen, behandelt werden die Käferschnecken (Polyplacophora, siehe unten), Schnecken (Gastropoda), Muscheln (Bivalvia, Lamellibranchiata) und Kopffüßer (Cephalopoda).

Die Gastropoda haben mehrere Unterklassen, zwei werden hier behandelt: Prosobranchia (Kiemen durch Körperdrehung während der Evolution vor den inneren Organen), dazu gehören die populären, schalentragenden Arten, und Opisthobranchia (Kiemen am Hinterende des Körpers), einschließlich der Meeresnacktschnecken. Prosobranchier fallen in zwei Ordnungen unterschiedlich hohen Entwicklungsgrades: Archaeogastropoda (primitiv) und Caenogastropoda (konservativ bis modern). Die Seeohren, Schlitz- (Fissurellidae), Napf- und Kreiselschnecken gehören zur ersten Gruppe. Die übrigen Familien in diesem Buch sind fortschrittlichere Caenogastropoden.

Opisthobranchia haben reduzierte oder keine Gehäuse, am Fuß eine Kriechsohle oder "Schwimmflossen" und Rückenfortsätze (Cerata), die oft mit aus der Nesseltierbeute stammenden Nesselzellen gefüllt sind und der Verteidigung dienen. Da leicht verletzlich, sind viele Nacktschnecken giftig, was sie durch leuchtende Warnfärbungen zeigen. Alle sind gierige Räuber und fressen langsamere oder sessile Organismen. Hinterkiemer sind unter anderen die Ordnungen Kopfschildschnecken (Cephalaspidea), Seehasen (Anaspidea) und die zahlreichen Nacktschnecken (Nudibranchia, wörtlich "nackte Kiemen", bei vielen Arten liegen Kiemenbüschel außerhalb des Körpers). Man findet sie in fast allen Habitaten der Ozeane, ihre Artenfülle ist im Indo-Pazifik am größten.

Muscheln sind im Roten Meer durch etwa 300 Arten von der Gezeitenzone abwärts repräsentiert. Alle haben zwei Schalen (linke und rechte), verbunden durch ein gruppen-typisches Schloß und flexible Bänder (Ligamente). Die meisten sind sessile Filtrierer, im Sand vergraben oder mit Byssus (fädiges Drüsensekret) oder einer Schale an Fels festgewachsen. Wenige können schwimmen.

Die hochspezialisierten Cephalopoda haben einen Kopf und den Molluskenfuß zu 8 (Kraken) oder 10 (Sepien, Kalmare) beweglichen Fangarmen umgewandelt, die Saugnäpfe und/oder Haken tragen und kreisförmig angeordnet sind. In ihrer Mitte sitzt das Maul mit einem starken, papageiähnlichen Schnabel, der dem Knacken von Weichtieren und Krebsen, der Hauptbeute, dient. Durch Mantelkontraktion und Ausstoßen eines Wasserstrahls können die meisten Kopffüßer schnell schwimmen. Eine dunkle Flüssigkeit ("Tinte") aus einer speziellen Drüse dient der Verteidigung.

Die Weichtier-Taxa über dem Familienlevel sind im Inhalt am Anfang des Buches aufgelistet.

KÄFERSCHNECKEN — CHITONIDAE

Acanthopleura vaillanti — Sharm el Naga, Ägypten

Vaillants Käferschnecke
Vaillant's chiton
L: bis zu 6 cm. V: Rotes Meer, Arabisches Meer (Oman-Küste). A: in der Gezeiten- und Spritzwasserzone häufig, tags fest an Hartsubstrat geheftet. Verläßt nachts "ihren" Platz (wohin sie später zurückkehrt), um mit der Radula Algen (inklusive felsbohrender Blaualgen) abzuweiden und so zur Felserosion beizutragen. Ein borstiger Rand hält acht kalkige Rückenplatten zusammen. Die Art erträgt tagelange Trockenheit. Ihre Färbung ist variabel.

SEEOHREN — HALIOTIDAE

Variables Seeohr
Variable abalone
L: bis zu 5 cm. V: Rotes Meer, Arabisches Meer, Indo-Pazifik. A: dieses häufige und weitverbreitete Seeohr haftet tagsüber unter Felsen auf Plattformriffen. Nachts geht es auf Wanderschaft und weidet Algen ab. An der Basis seiner langen Fühler sitzen Augen. Die Schale trägt außen eine sehr variable Tarnfärbung, innen Perlmuttglanz. Vier bis fünf Löcher stehen am Rand der letzten, weiten Gehäusewindung, eins nach dem anderen wird während des Wachstums versiegelt, neue entstehen am wachsenden Schalenrand.

Haliotis varia — Aqaba, Jordanien

NAPFSCHNECKEN — PATELLIDAE

Glänzende Napfschnecke
Glossy limpet
L: bis zu 4 cm. V: RM, AM, Indo-Pazifik. A: lokal häufig, auf Felsen der unteren Gezeitenzone. Unten: **Huf-Schildnapfschnecke** *Scutus unguis*, Familie Fissurellidae. Schale (3 cm) weiß.

Cellana rota — Aqaba, Jordanien

WURMSCHNECKEN — VERMETIDAE

Große Wurmschnecke
Large worm-shell
L: bis zu 20 cm. V: RM, AM, Indo-Pazifik. A: weitverbreitet in Korallenriffen, ab einigen Metern Tiefe. Das Gros der röhrenförmigen Schale (Durchmesser bis zu 15 mm) ist von Korallen umwachsen. Der älteste Teil ist spiralig aufgerollt, die Öffnung kann durch einen dünnen, hornigen, am Tier festgewachsenen Deckel verschlossen werden. Ständig sondert eine Drüse einen klebrigen Schleimschleier ab, der Plankton fängt und alle 15 Minuten eingeholt und verspeist wird.

Dendropoma maxima — El Quseir, Ägypten

SPITZKREISELSCHNECKEN — TROCHIDAE

Tectus dentatus — Elat, Sinai

Rotmeer-Spitzkreiselschnecke
Red Sea top-shell
Länge: bis zu 4 cm.
Verbreitung: Rotes Meer.
Allgemein: diese mäßig häufige Schnecke lebt zwischen 1 und 12 m Tiefe auf Hartsubstrat der Rifflächen in der Gezeitenzone. Das Tier bleibt beim Algenweiden in der Schale versteckt, nur die Fühler und fädige Mantelanhänge stehen am Rand über. Das Gehäuse ist massiv, gelblichweiß mit roten Punkten, meist von enkrustierenden Algen und Tieren überwachsen und kann mit einem dünnen, hornigen, spiraligen Deckel verschlossen werden.

Clanculus pharaonius — Ras Abu Galum, Sinai

Erdbeer-Spitzkreiselschnecke
Strawberry top-shell
Länge: bis zu 2 cm.
Verbreitung: Rotes Meer, Arabisches Meer, Indischer Ozean.
Allgemein: lokal häufig, das Gehäuse erinnert an eine dunkle Erdbeere: es ist rot mit einer wechselnden Anzahl weißgepunkteter, schwarzer Spiralen. Das Weichtier selbst ist ocker mit roten Punkten, Kopf und Fühler sind oliv. Lebt auf Hartsubstrat und Korallenschutt von der Riffplattform bis in einige Meter Tiefe. Versammelt sich im Winter in riesigen Mengen unter Felsen zu Paarung und Laichgeschäft.

Littorina scabra — Safaga, Ägypten

Dunkle Strandschnecke
Scabra periwinkle
L: bis zu 2,5 cm. V: RM, AM, Indo-Pazifik. A: lokal massenhaft auf Felsen im Littoral, auch in Mangroven. Algenweider. Unten: **Gefurchte Planaxis** *Planaxis sulcatus*, 1,8 cm, RM, IP, auf Felsen in der unteren Gezeitenzone, sehr häufig, Algenweider.

FLÜGELSCHNECKEN   STROMBIDAE

Rotmeer-Flügelschnecke
Red Sea conch
L: bis zu 4 cm. V: endemisch im Roten Meer. A: häufige Flügelschnecke, einzigartig in der Kombination schwarzer Linien, gelblicher Mund, starke Schulterknoten. Unten: *Strombus mutabilis*, bis 2,5 cm, IP, bis 15 m Tiefe, auf Korallensand.

Strombus fasciatus Dahlak, Eritrea

Dreihorn-Flügelschnecke
Three-knobbed conch
Länge: bis zu 15 cm.
Verbreitung: Rotes Meer, Golf von Aden.
Allgemein: häufige Seichtwasserart der Rifflächen und Sandböden. Frißt Algen und Detritus. Adultschale schwer, Rand der Öffnung breit und wellig, schützt die langen Augenstiele und spitzen Fühler. Schale weiß, meist algenbewachsen. Verteidigt sich bei Gefahr mit dem hornigen, scharfrandigen, säbelförmigen Operculum wie mit einem Schwert. Es wird sonst zur Fortbewegung am Boden durch Schieben benutzt.

Strombus tricornis Ras Nasrani, Sinai

Gewöhnliche Spinnenschnecke
Common spider conch
L: bis zu 18 cm. V: Rotes Meer, Arabisches Meer, Indo-Pazifik. A: groß, lokal häufig, in Seichtwasser auf Korallensand, in Lagunen. Öffnung glatt, Schulterknoten relativ klein. Weibchen mit längeren "Fingern" an der Öffnung als Männchen.

Lambis lambis Aqaba, Jordanien

225

UNTERSTÜTZUNG FÜR TIBIA

Schnabelschnecken bewohnen Weichböden und haben daher ein Problem, ihre Eier abzulegen, ohne deutlich sichtbare Spuren zu hinterlassen. Genau solche Spuren suchen nämlich verschiedenste nahrungssuchende Räuber, um sich die nährstoffreichen Laichschnüre einzuverleiben. Da ist es schon gut, wenn man sich fremder Hilfe versichern kann.

1. Hier ein Porträt der vielfach werdenden Mutter, die zur häufigsten Art der Gattung *Tibia* gehört und auf den geographisch begründeten Artnamen *insulaechorab* hört. Deutlich erkennt man die paarigen Fühler und Augen sowie das rüsselartige Schlundrohr (Proboscis), den gelben Mantelrand und das bläuliche Atemrohr (Sipho) das von dem "Schnabel" des Gehäuses stabilisiert wird.

2. Zur Eiablage sucht sich diese *Tibia*, die das Rote Meer (diese Aufnahmen) und den nördlichen Indischen Ozean bis nach Indonesien und den Philippinen besiedelt, den hügeligen Bau eines Sand-Röhrenwurms aus der Gruppe der marinen Borstenwürmer (Polychaeta). Dort beginnt sie spiralig um die zentrale Wohnröhre mit der Eiablage.

3. Weiter wächst die Laichschnur-Spirale des bis zu 20 cm langen Tieres. Dabei orientiert sich das Tier offenbar chemotaktisch am jeweiligen Außenrand seines vorhergehenden Kriechweges und bekommt so eine fast perfekte Spirale zustande.

4. Nach mehr als einer Stunde ist die gesamte Eimasse in einer Spirale von über 70 cm Durchmesser und fast 6 m Länge am Hügel des Sand-Röhrenwurmes abgelegt. Nun bedarf es nur noch einer kleinen Weile Geduld...

5. ... - auch für den Photographen -, und der Bewohner des Hügels sorgt im Rahmen seines normalen Nahrungserwerbs für eine perfekte Tarnung des Geleges, indem er dieses mit Sand überschüttet.

ALLE FOTOS: HAGEN SCHMID

PORZELLANSCHNECKEN — CYPRAEIDAE

Erosaria turdus — El Quseir, Ägypten

Amsel-Kaurie
Thrush cowrie
L: bis zu 3 cm. V: Rotes Meer, westlicher Indischer Ozean. A: häufig, auf toten Korallen oder schlammigen Steinen, bis 12 m. Unten: **Erosa-Kaurie** *Erosaria erosa*, 4 cm, häufig im Seichtwasser der Korallenriffe, Rotes Meer, Indo-Pazifik.

Fransen-Kaurie
Fringed cowrie
L: bis zu 1,8 cm. V: Rotes Meer, Arabisches Meer, Indo-Pazifik. A: seltene Seichtwasserart. Unten: **Schwalben-Kaurie** *Bistolida hirundo*, bis zu 1,8 cm, RM, Golf von Aden, mäßig häufige Kaurie unter Korallenbrocken, Mündung mit sehr feinen Zähnen.

Purpuradusta fimbriata — Sharm el Sheik, Sinai

Caurica-Kaurie
Caurica cowrie
Länge: bis zu 4 cm. Verbreitung: Rotes Meer, Arabisches Meer, Indo-Pazifik. Allgemein: extrem variabel, häufige Seichtwasserart.

Die Eimassen von Kauries bestehen aus mehreren hundert Eiern, die am Rand von Sand-, Geröllfeldern und auch in Korallen unter Überhängen abgelegt werden. Durch Wellenbewegungen wird der Laich schnell von Feinmaterial bedeckt. Normalerweise ist er nie der direkten Sonneneinstrahlung ausgesetzt. Seine gelbe Farbe dient der Tarnung in der natürlichen Umgebung.

Erronea caurica — Ras Banas, Ägypten

PORZELLANSCHNECKEN　　　　　　　CYPRAEIDAE

Exusta-Kaurie
Exusta cowrie
Länge: bis zu 6,5 cm.
Verbreitung: Rotes Meer, Golf von Aden.
Allgemein: selten, sehr ähnlich der viel häufigeren Maulwurfs-Kaurie *Talparia talpa*. Das Gehäuse kann durch feinere Zähne und eine geschwungenere Öffnung unterschieden werden. Das Tier selbst sieht spektakulär aus: sein schwarzer Mantel ist mit weißen Punkten und fingerartigen Papillen bedeckt. Der zweilappige Mantel, der voll ausgedehnt die ganze Schale bedeckt, ist für Kauries typisch, er erhält im Leben den Glanz der Schale.

Talparia exusta　　　　　　　Ras Nasrani, Sinai

Grays Kaurie
Gray's cowrie
Länge: bis zu 5 cm.
Verbreitung: Rotes Meer, Golf von Aden, Arabisches Meer, nordwestlicher Indischer Ozean.
Allgemein: lokal häufige Art, aber in Korallenriffen selten, lebt eher küstenfern von 1 bis 20 m Tiefe. Das Gehäuse ähnelt sehr dem der Arabischen Kaurie *Mauritia arabica*, eine häufige Art, die weit im Indo-Pazifik verbreitet ist. Grays Kaurie kann an den zahlreichen graublauen Flecken erkannt werden, die die feine, dunkelbraune Zeichnung unterbrechen, die an Arabische Schriftzeichen erinnert.

Mauritia grayana　　　　　　　Hurghada, Ägypten

Panther-Kaurie
Panther cowrie
Länge: bis zu 8 cm.
Verbreitung: auf das Rote Meer und den Golf von Aden beschränkt.
Allgemein: seltene, küstenfern unter 3 m Tiefe lebende Art. Das Gehäuse ist schlanker als das ihrer Schwesterart, der Tiger-Kaurie *Cypraea tigris*.

Cypraea pantherina　　　　　　　Jeddah, Saudi-Arabien

229

PORZELLANSCHNECKEN — CYPRAEIDAE

Karneol-Kaurie
Carnelian cowrie
Länge: bis zu 6,5 cm.
Verbreitung: RM, AM, IP.
Allgemein: häufig unter Korallenbrocken im Seichtwasser. Ähnlich, aber größer ist *L. leviathan*. Unten: **Falsche Kaurie** *Trivia producta*, Fam. Triviidae, Rotes Meer, bis 1 cm, Gehäuse gerippt, frißt Seescheiden.

Lyncina carneola Muscat, Oman

Luchs-Kaurie
Lynx cowrie
Länge: bis zu 4 cm.
Verbreitung: Rotes Meer, Arabisches Meer, Indo-Pazifik.
Allgemein: häufig, weitverbreitet, im Seichtwasser von Korallenriffen. Diese wunderschöne Art hat eines der typischsten Kaurie-Gehäuse. Der Mantel der Kauries hat oft eine ganz andere Färbung als das Gehäuse. Er kann dünn und durchscheinend sein oder, wie bei vielen Rotmeer-Arten, mit Warzen und fleischigen Anhängen (Papillen) bedeckt sein. Die der Luchs-Kaurie sehen wie Rasierpinsel aus, typisch für Arten dieser Gruppe.

Lyncina lynx Jeddah, Saudi-Arabien

Hirsch-Kaurie
Deer cowrie
Länge: bis zu 6,5 cm.
Verbreitung: Rotes Meer, Arabisches Meer, Indo-Pazifik, Mittelmeer (eingeschleppt).
Allgemein: weitverbreitet, häufig zwischen Algen, unter Korallenbrocken und Steinen, auch ganz im Sand vergraben, von der Gezeitenzone bis hinunter auf 250 m Tiefe.
  Der Mantel mancher Kaurie-Arten kann Schwefelsäure absondern, was wahrscheinlich der Verteidigung des langsamen Tieres dient, das seinen Weichkörper nicht durch Verschließen des Gehäuses mit einem Deckel schützen kann.

Lyncina vitellus Shaab Suadi, Sudan

EISCHNECKEN OVULIDAE

Nabel-Eischnecke
Umbilical ovula
Länge: bis zu 3,5 cm.
Verbreitung: Rotes Meer, Arabisches Meer, Indo-Pazifik.
Allgemein: lokal häufige Art, lebt auf seichten Riffen und frißt Lederkorallen der Gattung *Sarcophyton,* imitiert ihren Wirt/Nahrungsspender durch Farbe und Form perfekt.

Calpurnus verrucosus — Jeddah, Saudi-Arabien

Kurznasen-Spindelkaurie
Short-snouted spindle cowrie
Länge: bis zu 3 cm.
Verbreitung: Arabisches Meer, Indo-Pazifik bis Japan.
Allgemein: robuste Art mit solidem Gehäuse. Die Färbung der Schale variiert von hellbeige bis rosa, Hauptfarben ihres Weichkorallen-Wirts. Man kennt heute etwa 30 Gattungen und 200 Arten dieser Familie. Die aktuelle Forschung konzentriert sich auf die Weichkörper, die früher wenig beachtet wurden oder einfach unbekannt waren. Es ist jedoch immer schwierig, die Art nur durch Fotos zu identifizieren.

Phenacovolva brevirostris — Musandam, Oman

Ei-Kaurie
Egg cowrie
Länge: bis zu 1,5 cm.
Verbreitung: Rotes Meer.
Allgemein: Gehäuse weiß und schwer. Eischnecken sind nahe mit Porzellanschnecken verwandt und gehören zur selben Überfamilie (Cypraeacea). Unter den Eischnecken gibt es eine kleine, aber deutlich abgegrenzte Gruppe hochspezialisierter Arten, die zwar auch Schwämme, aber in erster Linie Weich- (Alcyonaria), Peitschen- und Fächer- (Gorgonaria) sowie Steinkorallen (Madreporaria) frißt. Ihre Anpassung in Form und Farbe an den Wirt ist bemerkenswert.

Pseudosimnia marginata — Aqaba, Jordanien

BLÄTTCHENSCHNECKEN — LAMELLARIIDAE

Coriocella nigra — Jeddah, Saudi-Arabien

Schwarze Coriocella
Black coriocella
Länge: bis zu 5 cm.
Verbreitung: RM, AM.
Allgemein: meist nachts im Seichtwasser über Korallenschutt kriechend zu sehen. Der dicke, fleischige Mantel hat fingerartige Fortsätze auf der weichen, samtigen Oberfläche. Da die reduzierten, dünnen, fingernagelartigen Gehäuse der Blättchenschnecken meist vom Mantel überwachsen sind und die Augen an der Basis der Fühler sitzen, wurden sie lange sogar von Spezialisten für Opisthobranchier gehalten. Nahrung sind Seescheiden (Ascidien).

STURMHAUBEN — CASSIDAE

Casmaria ponderosa — Aqaba, Jordanien

Schwere Helmschnecke
Heavy bonnet
Länge: bis zu 5 cm.
Verbreitung: Rotes Meer, Arabisches Meer, Indo-Pazifik.
Allgemein: Farbe variabel, meist hell creme. Adulte mit stark bezahntem Kallus an der Öffnung, mit einer Reihe dunkelbrauner Flecken, die oft entlang der Sutur verbleiben. Einige Gehäuse tragen Schulterknoten unterhalb der Sutur. Das Foto eines Juvenilen wurde nachts auf Sand in 13 m Tiefe gemacht. Das Tier war erstaunlich schnell. Der sich entwickelnde Kallus ist weiß.

MONDSCHNECKEN — NATICIDAE

Polinices tumidus — Masirah, Oman

Birnen-Mondschnecke
Pear-shaped moon shell
L: bis zu 4 cm. V: Rotes Meer, Arabisches Meer, Indo-Pazifik. A: häufig auf Sand im Seichtwasser, carnivor. Kleines Foto unten: spiralig aufgerollter Kragen aus Sand und Schleim, der das Eigelege der Art enthält.

TRITONSHÖRNER   RANELLIDAE

Krumme Haartriton
Bent-neck hairy triton
Länge: bis zu 6 cm.
Verbreitung: Arabisches Meer, Indo-Pazifik.
Allgemein: im Seichtwasser auf Sand und Korallen, nicht häufig. Alle Arten der Unterfamilie Cymatiinae besitzen haarartige Fortsätze auf dem Periostracum, der organischen "Beschichtung" vieler Molluskenschalen. Der Siphokanal am spitzen Ende des Gehäuses ist aufwärts gebogen und die Führungsröhre für den langen Sipho, der zusammen mit den ebenfalls langen Fühlern dazu dient, die Beute (Muscheln, Schnecken) aufzuspüren.

Cymatium caudatum   Ras Mirbat, Oman

Großes Tritonshorn
Giant triton
Länge: bis zu 33 cm.
Verbreitung: Rotes Meer, Arabisches Meer, Indo-Pazifik.
Allgemein: wurde früher als Signalhorn genutzt, war mäßig häufig im Seichtwasser der Korallenriffe, ist heute selten (fragwürdiges Sammlerstück!). Die Populationen schwinden durch starkes Besammeln. In intakten Riffen erbeutet dieses Tritonshorn den Dornenkronen-Seestern *Acanthaster planci*, der selbst als gieriger Korallenfresser bekannt wurde. Am Tage ruht die Schnecke verborgen im Riff, das Operculum verschließt ihr Gehäuse. Nachts wandert sie über das Riff und sucht mit Hilfe ihres Geruchssinns nach Seesternen. Sie ist immun gegen das Gift der Dornenkrone, das beim Menschen stundenlang Schmerz und monatelang Hautschäden verursacht. Mit den Fühlern und gutentwickelten Augen wählt die Schnecke den Seestern für einen Angriff aus (Foto unten). Sie kann schneller sein als er und läßt ihm keine Chance zur Flucht. Das Tritonshorn schiebt seinen Rüssel und den Gehäusevorderrand unter den Seestern und dreht ihn um. Das größere Gewicht der Schnecke fixiert das Opfer und verhindert seine Flucht. Nach zwei bis drei Stunden ist das Mahl beendet. Siehe auch NACHTJÄGER MIT C-WAFFEN auf den folgenden Seiten.

Charonia tritonis   beide Fotos Safaga, Ägypten

NACHTJÄGER MIT C-WAFFEN

Die nachtaktiven, räuberischen Fass-Schnecken (Familie Tonnidae) leben in allen warmen Meeren und gehören zu den größeren Gastropoden-Arten. Schon 1878 zitiert Alfred Brehm in "Brehm´s Tierleben" den älteren Kollegen Troschel, der die Fass-Schnecke *Tonna perdix* erforschte. An Land gebracht gab sie eine klare Flüssigkeit ab, die Troschel zunächst für Wasser hielt. Doch das "Wasser" reagierte heftig mit dem Kalkstein des Fußbodens, der sofort zu schäumen begann. Die Analyse ergab einen Anteil von fast 30 % Salzsäure und etwa 4 % Schwefelsäure!

1. Das Gehäuse der indo-pazifischen Fass-Schnecke *Tonna perdix* erreicht die stattliche Größe von 12 cm, andere Arten werden noch größer. Es ist relativ dünnwandig, oft kaum dicker als eine Eierschale. Das Weichtier selbst kann bis 50 cm lang und 30 cm breit sein, so daß es nicht in sein Gehäuse paßt. Erst nach Schrumpfung durch Wasserabgabe bietet das Schneckenhaus dem ganzen Tier Schutz. Ein Deckel (Operculum) fehlt. Neben zwei Augenstielen überragt eine lange Röhre, der Sipho, das Kopfende. Durch ihn saugt das Mollusk ständig Wasser ein. Zur Nahrungssuche wird er vorgestreckt und dient als Nase: Beutetiere werden mit Hilfe chemischer Rezeptoren erkannt und durch Schwenken des Siphos zur Richtungsfindung aufgespürt. Bei einem Nachttauchgang im Roten Meer war auch die Kamera zur richtigen Zeit am richtigen Ort.

2. Das Freßorgan der Schnecke, der flexible Rüssel (Proboscis), ist normalerweise verborgen. Sobald eine Beute, hier die Seegurke *Stichopus variegatus*, lokalisiert ist, wird der Rüssel enorm geweitet und darübergestülpt. So wird sie festgehalten und langsam eingesaugt. Im Rüsselinneren wird das Kalkskelett des "Opfers" von der Säure aufgelöst und das Tier selbst vorverdaut. Die aggressive Mischung wird in Drüsen an der Rüsselbasis produziert und dient ausschließlich dem Auflösen der Kalkschale von Beutetieren wie Schnecken, Muscheln und Stachelhäutern - Seegurken bevorzugt!

3. Nach der ersten Attacke kann sich die Seegurke durch Winden und Drehen aus der tödlichen Umklammerung des Schneckenrüssels befreien, allerdings fehlt ihr bereits ein Stück. *Tonna* jedoch ist schneller und folgt ihrer Beute, packt sie erneut, um einen weiteren Happen zu ergattern. Dieses Drama wiederholt sich so lange, bis von der anfangs einen Meter langen Holothurie nichts mehr übrig ist. Das ganze dauert gerade mal eine Stunde. Anschließend an die Mahlzeit begibt sich die gierige Schnecke sofort auf die Suche nach neuer Beute im Riff.

4. Auch andere Arten aus der gleichen Gattung ernähren sich bevorzugt von Seegurken: hier frißt *Tonna cepa* Wurmseewalzen der Gattung *Synaptula*. Diese indopazifische Fass-Schnecke kommt allerdings im Roten Meer nicht vor.

5. Im Roten Meer wird der Dornenkronen-Seestern *Acanthaster planci* weit weniger häufig beobachtet als am Großen Barriereriff vor Australien. Trotzdem sieht man gelegentlich Einzeltiere auf ihrer Lieblingsnahrung, den Steinkorallen.

6. Daß die Dornenkrone bei Massenauftreten große Flächen der riffbildenden Steinkorallen kahlfrißt, ist wohl ein natürlicher Prozeß, den auch gesunde Populationen des Großen Tritonshorns *Charonia tritonis*, seines durch Sammeln selten gewordenen Erzfeindes aus der Schnecken-Familie Ranellidae, nicht wesentlich beeinflussen können. Der eher zu Unrecht als Korallenkiller verschrieene Seestern soll während seines Lebens etwa 50 Quadratmeter Steinkorallen weiß und tot hinterlassen, Substrat für neue Siedler...

7. Eines Nachts vor Jeddah im Roten Meer: ohne Rücksicht auf ihre starrende Phalanx von Giftstacheln wird die vielarmige (maximal 23), bis zu 50 cm durchmessende Dornenkrone von dem gar nicht so langsamen Tritonshorn eingeholt. Der Schneckenrüssel schiebt sich unter den Seestern, und dieser wird von der weichen, ungeschützten Mundregion im Zentrum her aufgefressen. Nach rund zwei Stunden ist nichts mehr von ihm übrig! Ein Großes Tritonshorn wird bis 40 cm lang. Das Weichtier kann sich jederzeit ganz in sein Gehäuse zurückziehen und es mit einem Operculum dicht verschließen.

STACHELSCHNECKEN   MURICIDAE

Verzweigte Stachelschnecke
Ramose murex
Länge: bis zu 20 cm.
Verbreitung: Rotes Meer, Arabisches Meer, Indo-Pazifik.
Allgemein: sehr häufige Seichtwasserart, in Korallenriffen. Wahrscheinlich DIE Souvenirschnecke, daher unter starkem Sammeldruck.

Die Stachelschnecken gehören zu der caenogastropoden Unterordnung Stenoglossa (mit schmaler Radula), die die meisten hochentwickelten Meeresschnecken enthält. Sie umfaßt viele Familien mit etwa 20.000 Arten (carnivor, aasfressend, einige parasitisch).

Chicoreus ramosus   Ras Banas, Ägypten

Skorpion-Stachelschnecke
Scorpion murex
Länge: bis zu 4,5 cm.
Verbreitung: Rotes Meer, Arabisches Meer, Indo-Pazifik.
Allgemein: eine häufige Seichtwasserart im Verbreitungsgebiet, im Roten Meer aber nicht häufig. Auf Korallenriffen. Eine der größeren Arten der Gattung. Typisch sind die sehr langen fingerförmigen Fortsätze an der letzten Windung.

Stachelschnecken töten ihre Beute (andere Schnecken, Muscheln), indem sie deren Kalkschale durchbohren und Verdauungssaft einspritzen. Säuresekret hilft beim Bohren.

Homalocantha scorpio   Daymaniyat, Oman

Stachlige Drupa
Prickly drupe
Länge: bis zu 2,5 cm.
Verbreitung: Rotes Meer, Arabisches Meer, Indo-Pazifik.
Allgemein: lokal häufige Flachwasserart auf und unter Steinen in der Gezeitenzone. Gehäuse oft von rosa Kalkalgen überzogen (siehe Foto).

Einige Stachelschnecken (im Roten Meer hauptsächlich *C. ramosus*, siehe oben) enthalten ein Drüsensekret, das als Königspurpur früherer Epochen bekannt ist. Viele Exemplare mußten gesammelt werden, um eine kleine Farbindustrie zu versorgen. Heute gibt es synthetische Ersatzfarbstoffe.

Drupa ricinus   Wingate, Sudan

| WELLHORNSCHNECKEN | BUCCINIDAE |

Rosige Phos
Rosy phos
Länge: bis zu 4 cm.
Verbreitung: Rotes Meer, Arabisches Meer, westl. IP.
Allgemein: mäßig häufige Art mittlerer Wassertiefen, auf Schlamm und zwischen Korallenschutt. Wie auch andere moderne caenoglosse Familien haben die Wellhornschnecken einen Sipho, der zum empfindlichen Chemorezeptor-Organ zum Aufspüren von Beute und möglichen Feinden auf Distanz entwickelt hat. Hunderte Arten sind bekannt, die meisten mit großem, hornigen, ovalen Operculum zum Verschluß des spindelförmigen Gehäuses.

Phos roseatus — Aqaba, Jordanien

| SPINDELSCHNECKEN | FASCIOLARIIDAE |

Trapez-Spindelschnecke
Trapezoid horse conch
L: bis zu 14 cm. V: Rotes Meer, Arabisches Meer, Indo-Pazifik.
A: eine der größten Schnecken im Roten Meer und eine große Attraktion für UW-Fotografen. Das kleine Foto unten zeigt das Eigelege dieser Art.

Pleuroploca trapezium — Hurghada, Ägypten

| REUSENSCHNECKEN | NASSARIIDAE |

Juwelen-Reusenschnecke
Jewel mud snail
Länge: bis zu 2 cm.
Verbreitung: Rotes Meer, Indischer Ozean.
Allgemein: die Art ist nicht häufig und kommt auf Sand in der Gezeitenzone vor, wo die meisten Familienmitglieder in großen Kolonien auf Schlamm leben. Alle sind Aasfresser. Ein paar von einigen hundert Arten leben in der Tiefsee. Ihr Operculum ist chitinös. Nicht verwechseln: *Nassa* ist ein jüngeres Synonym von *Nassarius* und auch eine gültige Gattung der Familie Muricidae!

Nassarius gemmulatus — Sharm el Naga, Ägypten

OLIVENSCHNECKEN — OLIVIDAE

Rotmund-Olivenschnecke
Red-mouth olive
Länge: bis zu 6,5 cm.
Verbreitung: Rotes Meer, Arabisches Meer, tropischer Indo-Pazifik. Allgemein: lokal häufig, Gehäusemund orange. Unten: ihre typische U-Boot-artige Fortbewegung im Sand, Sipho weit ins Wasser gereckt.

Oliva miniacea — Safaga, Ägypten

MITRASCHNECKEN — MITRIDAE

Netz-Mitraschnecke
Reticulate miter
Länge: bis zu 5 cm.
Verbreitung: Rotes Meer, Arabisches Meer, Indischer Ozean. Allgemein: selten, in Korallengeröll und -sand im Seichtwasser vergraben. Schale massiv, orange-creme mit weißem Netzmuster. Die Art gräbt im Substrat nach Würmern, den kurzen Sipho ins Wasser gestreckt. Die Grabspuren sind unter Wasser leicht zu finden. Im Foto ein unvollständig angebohrtes Gehäuse, eine *Natica* oder *Polinices* (Naticidae) versuchte, die Mitra zu fressen.

Scabricola fissurata — El Quseir, Ägypten

HARFENSCHNECKEN — HARPIDAE

Kleine Harfenschnecke
Minor harp
Länge: bis zu 6 cm.
Verbreitung: RM, AM, IP.
Allgemein: häufig, von der Gezeitenzone bis in 3 m Tiefe, teilweise in Sandflecken auf der Riffplattform und in seichten Lagunen vergraben. Große Kriechsohle, langer Sipho. Augen auf langen Stielen, Fühler lang und spitz. Frißt Krabben, die vor dem Fressen mit Schleim und Sand bedeckt und erstickt werden. Kann Teile vom Fuß abschnüren (Autotomie), wenn sie von räuberischer Schnecke bedroht wird.

Harpa amouretta — Sharm el Sheik, Sinai

KEGELSCHNECKEN — CONIDAE

Conus textile — Hurghada, Ägypten

Textile Kegelschnecke
Textile cone shell
Länge: bis zu 10 cm.
Verbreitung: Rotes Meer, Arabisches Meer, tropischer Indo-Pazifik.
Allgemein: häufig, weitverbreitet von der Gezeitenzone bis in 50 m Tiefe. Der agile Jäger frißt Prosobranchier einschließlich seiner Gattungsgenossen *C. pennaceus* und *C. striatus* und Arten der Familien Terebridae, Mitridae, Muricidae und Vermetidae. Nach langen Hungerperioden auch kannibalisch. Aus der Literatur sind einige Todesfälle beim Menschen durch ihre harpunenartigen "Giftzähne" bekannt.

Conus geographus — Sabargad, Ägypten

Geographie-Kegelschnecke
Geography cone shell
Länge: bis zu 10 cm.
Verbreitung: Rotes Meer, Arabisches Meer, tropischer Indo-Pazifik.
Allgemein: gefährlich giftig, häufig, im Seichtwasser. Schale relativ dünnwandig, mit konvexen Seiten im Gegensatz zu denen der meisten anderen Kegelschnecken. Das Foto zeigt gut die wichtigen Sinnesorgane und den Freßrüssel, von oben: Sipho (ausgestreckt), Proboscis (Rüssel, nicht weit ausgestreckt), Augenstiel mit Auge (als winziger schwarzer Punkt zu erkennen).

Conus arenatus — Sanganeb, Sudan

Gepunktete Kegelschnecke
Spotted cone shell
Länge: bis zu 8 cm.
Verbreitung: Rotes Meer, Arabisches Meer, Indo-Pazifik.
Allgemein: häufig, im Seichtwasser, von der Gezeitenzone bis in etwa 30 m Tiefe. Lebt ausschließlich auf Sandboden, wo sie Borstenwürmer frißt. Die Rotmeer-Population wird wegen der kleinen rötlichen Punkte auf dem Gehäuse (im Foto zu sehen) auch als Unterart *C. a. punctatus* betrachtet. Exemplare mit körniger Oberfläche der sonst glatten Schale kommen vor.

KOPFSCHILDSCHNECKEN — HYDATINIDAE

Nach Abhandlung der Prosobranchier-Schnecken ist dies die erste Art der OPISTHOBRANCHIA (siehe S. 222).

Blasige Hydatina
Bulbous hydatina
Länge: Schale bis zu 3 cm. Verbreitung: RM, AM, IP. Allgemein: im Seichtwasser, gräbt im Sand, frißt Würmer, Muscheln und Schnecken. Blasenartige, dünnwandige Schale mit Nabel (Umbo). Letzte Windung umfaßt alle anderen. Operculum fehlt. Fuß groß, mit Seitenlappen (Parapodien). Kopffront schildförmig verbreitert (Ord. **Cephalaspidea**, Kopfschildschnecken, diese Seite).

Hydatina physis — Aqaba, Jordanien

KOPFSCHILDSCHNECKEN — AGLAJIDAE

Rotmeer-Panzerschwanz
Red Sea chelidonura
Länge: bis zu 5 cm. Verbreitung: endemisch im RM. Allgemein: auf Schlamm und Sand ab 2 m Tiefe. Lokal häufig von April bis Juni. Carnivor, frißt Würmer und Mollusken. Körper länglich, Hinterende gegabelt. Kopfschild vierlappig, vorn mit feiner, weißer Bürste. Parapodien über dem Körper gefaltet, ohne einander zu berühren. Beeindruckende Färbung von leuchtendem Blau auf Schwarz. Kleine Schale in der Haut eingebettet. Eimasse hüllt das Tier wie ein Kokon ein.

Chelidonura livida — Shaab Mansour, Ägypten

Gelblippen-Panzerschwanz
Yellow-lip chelidonura
L: bis zu 5 cm. V: nur RM. A: typische mitternachtsblaue Färbung mit zwei gelben Kopflappen. Vorderrumpf wird bei Störung aufgerichtet, "winkt". Unten: *C. sandrana*, 2 cm, RM, IP, ein "Schwanz" deutlich, der andere nur kleiner Knubbel.

Chelidonura flavolabata — Jeddah, Saudi-Arabien

SEEHASEN   APLYSIIDAE

Aplysia juliana   Hurghada, Ägypten

Julianischer Seehase
Julian sea hare
L: bis zu 6 cm. V: RM, AM, IP. A: wegen der weiten Verbreitung variabel. Aplysiiden gehören zur Ordnung **Anaspidea**, wegen ihrer hasenartigen Erscheinung als Seehasen bekannt. Schale extern, intern oder fehlend. Wenn intern, dann dorsal durch eine Lücke zwischen den vergrößerten Parapodien sichtbar. Rumpf meist länglich und hoch, die Parapodien ermöglichen das Schwimmen. Einige Seehasenarten können sehr groß werden (Gewicht 5 kg und mehr), sie sind die längsten Opisthobranchier (> 50 cm) im Riff.

Aplysia dactylomela   Jeddah, Saudi-Arabien

Schwarzring-Seehase
Black-ring sea hare
L: bis zu 40 cm. V: RM, AM, zirkumtropisch. A: Färbung variabel, aber typisch. Der Kopf der völlig herbivoren Seehasen ist länglich mit einem Paar eingerollter Rhinophoren und Mundtentakeln, daher der Name. Mantel drüsenreich, eine Purpurdrüse entläßt bei Störung den Farbstoff Aplysiaviolin (ungiftig, wird mit der Nahrung aufgenommen). Gifte (z. B. Aplysiatoxin) stammen aus ebenfalls gefressenen Blaualgen. Experimente haben gezeigt, daß Fische dazu tendieren, Seehasen zu meiden. 13 Arten im Roten Meer.

Notarchus indicus   Ras Mohamed, Sinai

Indischer Seehase
Indian sea hare
L: bis zu 5 cm. V: RM, AM. A: fühlt sich wie ein Ballon voll Wasser an. Feine Papillen auf dem ganzen Körper. Im Seichtwasser, nachtaktiv. Vom RM ins Mittelmeer eingewandert (Lessepsscher Wanderer). Unten: *Stylocheilus longicauda*, 4 cm, RM, IP, im Gebiet überall gleich.

FLANKENKIEMER   PLEUROBRANCHIDAE

Großer Flankenkiemer
Large pleurobranchus
Länge: bis zu 21 cm.
Verbreitung: RM, AM, IP.
Allgemein: obwohl variabel, ist das Farbmuster meist blaß mit drei roten Bändern.

Mitglieder der Ordnung **Notaspidea** (Flankenkiemer) variieren enorm in der äußeren Körperform. Einige Familien haben eine interne Schale, andere eine externe, eine Fam. hat sie sogar völlig zurückgebildet. Bei primitiven Arten ist sie stark verkalkt und plattenförmig. Bei den meisten Arten ist sie allerdings auf eine innen liegende Platte reduziert.

Pleurobranchus grandis   Hurghada, Ägypten

Stern-Berthella
Stellate berthella
Länge: bis zu 2 cm.
Verbreitung: Rotes Meer, Arabisches Meer, Indo-Pazifik von Südafrika bis Mexiko.
Allgemein: kleine Art mit durchscheinendem weißen Körper. Auf dem Notum weiße Punkte, können zu Balken verschmolzen sein.

Alle Flankenkiemer haben eine große, wolkenförmige Kieme zwischen Mantel und Fuß, oft auf der rechten Körperseite. Die meisten Arten leben im Seichtwasser des Sublittorals, aber einige küstenferne Formen kommen bis in über 30 m Tiefe vor.

Berthella stellata   El Quseir, Ägypten

Zitronen-Berthellina
Lemon berthellina
Länge: 3 cm.
Verbreitung: Arabisches Meer, Indo-Pazifik von Südafrika bis Hawaii.
Allgemein: häufig, Oberfläche glatt, Farbe gelb bis orangerot. Nachtaktiv, versteckt sich nachts unter Steinen. Zu den Synonymen dieser Art gehören *Pleurobranchus punctatus, P. angasi* und *Berthella plumula*.

Flankenkiemer sind carnivor, sie fressen Schwämme, Manteltiere und andere sessile Wirbellose. Dafür haben sie starke Kiefer und breite Raspelzungen.

Berthellina citrina   Nuweiba, Sinai

243

SAFTSAUGER — POLYBRANCHIDAE

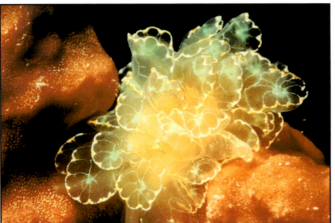

Cyerce elegans — Jeddah, Saudi-Arabien

Elegante Cyerce
Elegant cyerce
Länge: bis zu 2 cm.
Verbreitung: Rotes Meer, Arabisches Meer, Indo-Pazifik.
Allgemein: dieser delikate Saftsauger kann an den feinen weißen Randlinien seiner Cerata erkannt werden. Die Cerata werden oft aufgestellt und -geblasen. Häufig auf mit Schwämmen und Algen bewachsenem Felssubstrat.

Die Arten auf dieser Seite repräsentieren die Ordnung **Saccoglossa**, die Saftsauger. Sie sind hochspezialisierte Herbivoren, kleine, delikate Tiere mit externer, interner oder fehlender Schale.

SAFTSAUGER — ELYSIIDAE

Plakobranchus ocellatus — Jeddah, Saudi-Arabien

Augenfleck-Plakobranchus
Ocellated plakobranchus
Länge: bis zu 4 cm.
Verbreitung: Rotes Meer, Indo-Pazifik.
Allgemein: mit typisch gefärbten Augenfleckringen. Die Rhinophoren sind verlängerte Kanten seitlich am Kopf. Die natürliche Nahrung dieser Schneckenart ist unbekannt, aber im Aquarium weidet sie Algen der Gattungen *Udotea* und *Chlorodesmus* ab.

Elysia ornata — Shaab Sheer, Ägypten

Schmuck-Elysia
Ornate elysia
Länge: bis zu 4 cm.
Verbreitung: Rotes Meer, Indo-Pazifik.
Allgemein: diese gut bekannte und bunte Schnecke frißt Algen der Gattung *Codium*. Tags in großen Gruppen beim Fressen oder der Paarung zu beobachten. Diagnostisch für die Gattung sind zurückgebildete Augen hinter den Rhinophoren.

Auffälligstes Merkmal, das Saftsauger von Nacktkiemerschnecken unterscheidet, sind die eingerollten Rhinophoren, sofern diese vorhanden sind (alle Nacktschnecken haben sie).

NEONSTERNSCHNECKEN   POLYCERIDAE

Rotmeer-Nembrotha
Bighorn nembrotha
Länge: bis zu 7,5 cm.
Verbreitung: endemisch im Roten Meer. Allgemein: häufig, schwimmt bei Störung durch seitliches Biegen des Körper wie ein Fisch.

Diese und die folgenden Seiten zeigen Mitglieder der Ordnung **Nudibranchia** (wörtlich "nackte Kiemen": bei den meisten Arten sind die Kiemen oder Kiemenbüschel von außen zu sehen). Alle sind langsame, gierige Räuber. Da ohne Gehäuse, sind sie beweglicher als andere Schnecken. Die meisten kriechen am Boden, aber einige können schwimmen, wenigstens so lange, bis sie einen Partner gefunden haben oder einem Angriff entkommen sind.

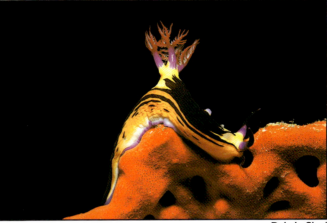

Dahab, Sinai

Nembrotha megalocera   Ghazala Reef, Ägypten

Orangeblaue Thecacera
Orange and blue thecacera
Länge: bis zu 6 cm.
Verbreitung: Rotes Meer, Arabisches Meer, Indischer Ozean. Allgemein: weitverbreitet, in der Gezeitenzone, in Seegras und unter Steinen. Typisch ist die gelbe bis orange Färbung des Körpers mit schwarzen und blauen Markierungen.

Die leuchtenden Farben der Nacktkiemer warnen Räuber vor ihrer Giftigkeit oder dienen der Tarnung: eine knallrote Schnecke "verschwindet", wenn sie auf einem roten Schwamm sitzt. Derartige Farbstoffe werden oft aus Beuteorganismen "recycelt".

Thecacera pacifica   Sharm el Naga, Ägypten

NEONSTERNSCHNECKEN — GYMNODORIDIDAE

Gymnodoris ceylonica — Jeddah, Saudi-Arabien

Ceylon-Gymnodoris
Ceylon gymnodoris
Länge: bis zu 5 cm.
Verbreitung: Rotes Meer, Indo-Pazifik bis Australien und Japan.
Allgemein: frißt Opisthobranchier, einschließlich anderer Gymnodorididen.

Chemische Kriegsführung ist für viele Nacktkiemer die Antwort auf Räuber. Einige Arten geben Säure ab, die die meisten Fischräuber extrem unschmackhaft finden. Andere sind giftig, einige davon so stark, daß ein einzelner Nacktkiemer alle Fische oder Krebse im Volumen eines Eimers innerhalb einer Stunde tötet.

Gymnodoris striata — Seven Brothers, Jemen

Gestreifte Gymnodoris
Striped gymnodoris
Länge: bis zu 5,5 cm.
Verbreitung: Rotes Meer, Indo-Pazifik bis Japan.
Allgemein: dieser distinkte Nacktkiemer frißt andere Schneckenarten der Gattung *Plocabranchus*. Das Tier auf dem großen Foto war fast vollständig im Sand vergraben.

Gymnodoris sp. — Jeddah, Saudi-Arabien

Gymnodoris-Art
Gymnodoris species
Länge: bis zu 6 cm.
Verbreitung: Rotes Meer, Indischer Ozean bis Südafrika.
Allgemein: eine unbeschriebene Art der Familie, deren meiste Mitglieder in den Tropen vorkommen. Mit ihrem weichen Körper erinnert sie an einen Polycerididen. *Gymnodoris*-Arten haben jedoch selten Anhänge, auch sind ihre Raspelzungen anders gebaut. Dieses Tier wurde während der Eiablage fotografiert.

Alle Opisthobranchier sind Zwitter, d. h. Adulte haben beiderlei Geschlechtsorgane, die im Rumpf zusammenliegen.

SPANISCHE TÄNZERINNEN   HEXABRANCHIDAE

Spanische Tänzerin
Spanish dancer
Länge: bis zu 40 cm.
Verbreitung: Rotes Meer, Arabisches Meer, Indo-Pazifik.
Allgemein: viele Taucher kennen die exquisiten, meist roten und weißen Farbmuster der Spanischen Tänzerin. Ihre erstaunliche Fähigkeit, mit anmutigen Wellenbewegungen ihres Mantelrandes zu schwimmen, hat ihr den Populärnamen eingebracht (siehe Foto S. 221). Da sie bis zu 50 cm lang werden kann, dachte man vor einigen Jahrzehnten an mehrere Arten. Aber der berühmte Weichtierkundler T. E. Thompson vereinigte 1972 alle zu einer Art. Es gibt jedoch vor der Küste Djiboutis, nahe dem Eingang zum Roten Meer, einen großen Nacktkiemer, *Hexabranchus sanguineus* nicht unähnlich (Foto Mitte). Der 'Djibouti-Riese,' so sein Spitzname, hat vier statt der üblichen sechs Kiemen. Könnte dies ein 'Quadrabranchus' sein? Das größte Exemplar maß 52 cm und wurde zwischen 15 und 35 m Tiefe gefunden.

Die Fotos oben und unten zeigen die Rotmeer-Farbform von *H. sanguineus*. Das Foto unten ist ungewöhnlich, da der Zwitter während des Laichvorgangs ertappt wurde. Die Eier erscheinen als orangebrauner Schleier von Myriaden winziger Punkte, die von einem dünnen Schleimfilm zusammengehalten werden. Nach Ende der Eiablage hinterließ die Schnecke das zerbrechliche Wunderwerk ohne weitere Fürsorge (siehe kleines Foto unten). Nach einiger Zeit schlüpfen die planktonischen Veligerlarven.

Die Art frißt Schwämme mit schlechtschmeckenden Abwehrstoffen. Sie wird immer von einem Paar der Partnergarnele *Periclimenes imperator* begleitet. Die farblich angepaßten Krebse bleiben auch beim Schwimmen ständig auf ihr sitzen. Siehe dazu auch S. 270.

Na'ama Bay, Sinai

Seven Brothers, Jemen

Hexabranchus sanguineus — Ras Nasrani, Sinai

PRACHTSTERNSCHNECKEN — CHROMODORIDIDAE

Ring-Chromodoris
Ringed chromodoris
Länge: bis zu 10 cm.
Verbreitung: Rotes Meer, Arabisches Meer bis östlicher Indischer Ozean.
Allgemein: man findet diese typisch gefärbte Chromodorididenart manchmal in kleinen Gruppen zusammen umherkriechend. Ihre Färbung ist ähnlich der von *Risbecia pulchella*, sie läßt sich aber leicht durch die Ringe um die Rhinophoren und die Kiemen sowie ihre geringere Größe unterscheiden.

Chromodoris annulata — Dahab, Sinai

Rotmeer-Chromodoris
Red Sea chromodoris
Länge: bis zu 3 cm.
Verbreitung: nur aus dem Roten Meer bekannt.
Allgemein: eine typische Prachtsternschnecke mit lebhafter Färbung. Über ihr Verhalten und ihre Biologie ist wenig bekannt. Die Art ist selten und noch unbeschrieben.

Chromodoris charlottae — Marsa Bareka, Sinai

Gepunktete Chromodoris
Dotted chromodoris
Länge: bis zu 4 cm.
Verbreitung: Rotes Meer, nördlicher Indischer Ozean bis West-Australien und Indonesien.
Allgemein: nicht häufig, kommt bis in die temperierten Gewässer West-Australiens vor. Im Vergleich zu Individuen aus dem Indischen Ozean erscheinen Tiere der Rotmeer-Population etwas blasser. Das Exemplar auf dem Foto wurde während eines Nachttauchgangs im nördlichen Golf von Aqaba beim Fressen eines Schwammes aufgenommen.

Chromodoris aspersa — Ras Atar, Sinai

PRACHTSTERNSCHNECKEN　　　CHROMODORIDIDAE

Pyjama-Chromodoris
Pyjama slug

L: bis zu 4,5 cm. V: Rotes Meer, Ost-Afrika. A: sehr farbenfroh, regelmäßig in Riffen. Frißt in Gruppen an dem Feuerschwamm *Latrunculia magnifica* und anderen roten Schwämmen (siehe Foto rechts, sp. undet.). Die kleinen Fotos unten, alle aus dem Golf von Aqaba, zeigen diverse Farbvariationen der Pyjamaschnecke.

Chromodoris quadricolor　　　Al Mukalla, Jemen

Zwillings-Chromodoris
Twin chromodoris

Länge: bis zu 6 cm.
Verbreitung: Rotes Meer bis Ost-Afrika.
Allgemein: die Mantelfärbung dieser Schnecke scheint unter Wasser zu lumineszieren. Im Seichtwasser, aber auch tiefer bis etwa 50 m, siehe kleines Foto unten. Auch diese Art frißt Schwämme, das Tier auf dem großen Foto sitzt auf einer *Latrunculia* sp. Es gibt sehr ähnliche Schwesterarten (*C. tritos, C. kuniei, C. leopardus*) im Indo-Pazifik, diese sind jedoch aus dem Roten Meer nicht bekannt.

Chromodoris geminus　　　Dahab, Sinai

249

PRACHTSTERNSCHNECKEN CHROMODORIDIDAE

Chromodoris tinctoria — Salalah, Oman

Färbende Chromodoris
Colouring chromodoris
Länge: bis zu 7 cm.
Verbreitung: Rotes Meer, Arabisches Meer, Indo-Pazifik bis Australien.
Allgemein: eine sehr attraktive Art, in unserem Gebiet nur aus dem südlichen Roten Meer und von den arabischen Küsten bekannt. Beim Überqueren von Sand- und Geröllflächen ist sie eine der schnelleren Schnecken, wie der Fotograf beobachten konnte.
   Im Gegensatz zu der nahe verwandten *C. reticulata* (von Tanzania bis zu den Philippinen) trägt diese Art eine gelbe Linie um den Mantel herum.

Cadlinella ornatissima — Seven Brothers, Jemen

Geschmückte Cadlinella
Most ornate cadlinella
Länge: bis zu 2 cm.
Verbreitung: Rotes Meer, Arabisches Meer, Indo-Pazifik bis Japan.
Allgemein: unterhalb der Gezeitenzone häufig. Bevorzugt Gezeitenkanäle und starke Strömungen wie bei den Seven Brothers Islands vor Djibouti.
   Wie auf dem Foto zu sehen, hat diese Art viele bunte Körperanhänge, gehört jedoch zur selben Familie wie die Art vorher. Die weißen "Tentakel" sind die Rhinophoren dieser reichlich "geschmückten" Sternschnecke.

Partner-Risbecia
Cute risbecia
Länge: bis zu 11 cm.
Verbreitung: Rotes Meer, Arabisches Meer, Indischer Ozean.
Allgemein: paarweise umherkriechend, eine am Rücken der anderen festgeheftet, wie auf dem kleinen Foto zu sehen. Hebt und senkt abwechselnd beim Kriechen den Kopf.

Risbecia pulchella — Jeddah, Saudi-Arabien

| PRACHTSTERNSCHNECKEN | CHROMODORIDIDAE |

Langschwanz-Ceratosoma
Long-tail ceratosoma
L: bis zu 11 cm. V: RM, AM, IP.
A: Arten der Gattung kräftig, Schwanz lang, Kiemen stark verzweigt. Weitverbreitete Art, für ihre hohe Variabilität bekannt. Mantel mit Seitenlappen. Rotmeer-Population mit Purpurband am Mantelrand.

Ceratosoma tenue — Dahlak, Eritrea

Rand-Glossodoris
Margin glossodoris
L: bis zu 6 cm. V: RM, IP bis Japan und Fiji. Eigene Farbform im RM. In Korallengeröll seichter Fleckriffe. Sondert bei Störung weiße Flüssigkeit aus dem Mantel ab. Unten: *G. atromarginata*, 9 cm, RM, IP bis Japan, mit zusätzlichem dunklen Band am Mantelrand.

Glossodoris cincta — Hurghada, Ägypten

Blutfleck-Glossodoris
Blood-spot glossodoris
L: bis zu 4,5 cm. V: RM, IP bis Philippinen. Deutliche Reihe blutroter Flecken auf den blauweißen Bändern entlang des Randes. Unten: *G. averni*, 6 cm, RM, IP bis Neuguinea. Arten der Gattung mit festem Körper, Mantelränder in starkem Farbkontrast zur Körpermitte.

Glossodoris cruentus — Nuweiba, Sinai

PRACHTSTERNSCHNECKEN — CHROMODORIDIDAE

Feuer-Hypselodoris
Fire hypselodoris
L: bis zu 4 cm. V: RM, AM, IP bis Australien und Philippinen. Sehr variabel, aber immer bläulich mit roten Rhinophoren und Kiemen. Unten: *H. maridadilus*, 4 cm, AM, IP bis Hawaii. Arttypisch sind rötliche Streifen auf gelblichem Körper im gesamten Gebiet.

Hypselodoris infucata — Rocky Island, Ägypten

GLANZSTERNSCHNECKEN — MIAMIRIDAE

Pracht-Miamira
Magnificent miamira
Länge: bis zu 8 cm.
Verbreitung: Rotes Meer, Indo-Pazifik bis Australien und Philippinen.
Allgemein: die Art ist einfach an der typischen Färbung und Musterung ihres Körpers zu erkennen. Der unwissende UW-Fotograf ist irritiert, wenn er versucht, ein Bild dieser Art aufzunehmen: das Tier scheint sich nicht fokussieren zu lassen, was aber ein optischer Effekt ist, den die eigenartige Körperoberfläche dieser Schnecke erzeugt.

Miamira magnifica — El Quseir, Ägypten

SANDSCHNECKEN — DENDRODORIDIDAE

Schwarze Dendrodoris
Black dendrodoris
Länge: bis zu 8 cm.
Verbreitung: Rotes Meer, IP bis Australien und Hawaii.
Allgemein: die Färbung dieser Art ist sehr variabel. Rotmeer-Exemplare sind generell dunkel, manchmal haben sie helle Punkte. Nicht immer ist die Identität der weitverbreiteten *D. nigra* klar, weitere Forschung ist nötig, um das Problem zu lösen. Das Foto zeigt den starken Kontrast zwischen der nachtschwarzen Färbung des Tieres und den goldenen Eiern, die es gerade legt.

Dendrodoris nigra — Aqaba, Jordanien

SANDSCHNECKEN — DENDRODORIDIDAE

Tuberkel-Dendrodoris
Tuberculated dendrodoris
Länge: bis zu 17 cm.
Verbreitung: Rotes Meer, Arabisches Meer, Indo-Pazifik bis Australien und Hawaii.
Allgemein: hat ein Aussehen, das nur eine Mutter lieben kann. Das sehr weiche Tier ist in der Lage, Augen und Haut leichtsinniger Taucher zu reizen und zu brennen, wenn sie es aus dem Wasser nehmen und unvorsichtig damit hantieren. Die Art lebt bevorzugt auf Schlammflächen in der Gezeitenzone und in schlammigen Riffen.

Dendrodoris tuberculosa — Na'ama Bay, Sinai

GERÖLLSCHNECKEN — PLATYDORIDIDAE

Düstere Platydoris
Dusky platydoris
Länge: bis zu 8 cm.
Verbreitung: Rotes Meer, Arabisches Meer, Indo-Pazifik bis Thailand und Indonesien.
Allgemein: häufige Nacktschnecke, unter Steinen und Korallengeröll zu finden von der Gezeitenzone abwärts bis in etwa 5 m Tiefe. Die Farbtracht dieser Art ist ein Beispiel für eine Farbanpassung ans Habitat und nicht für eine abschreckende Warnfärbung, wie sie viele andere Familienmitglieder aufweisen.

Platydoris scabra — Jeddah, Saudi-Arabien

HÖCKERSCHNECKEN — HALGERDIDAE

Bucklige Halgerda
Humped halgerda
Länge: bis zu 7 cm.
Verbreitung: Rotes Meer, Indo-Pazifik bis Australien.
Allgemein: distinkte Mittel- bis Tiefwasserart, die schon aus über 100 m gedredscht wurde (Dredsche = Bodenfanggerät).

Halgerda willeyi — Hanish Island, Jemen

253

WARZENSCHNECKEN — PHYLLIDIIDAE

Augenfleck-Warzenschnecke
Ocellated wart slug
Länge: bis zu 6 cm.
Verbreitung: Rotes Meer, Arabisches Meer, Indo-Pazifik bis Australien und Philippinen. Allgemein: die abgebildete Farbform ist als eigene Art *P. undula* beschrieben worden, nun aber zu dieser sehr variablen, weitverbreiteten Art gestellt worden. Die typische Farbform auf dem Foto findet man jedoch nur im Roten Meer und an den Küsten rund um die Arabische Halbinsel.

Phyllidia ocellata — Ras Mirbat, Oman

Gift-Warzenschnecke
Varicose wart slug
Länge: bis zu 7 cm. Verbreitung: RM, AM, IP. Allgemein: alle Warzenschnecken sind Meister der chemischen Verteidigung. Bei jedweder Belästigung geben sie ein stechendes Gift ab. Man kennt keinerlei Freßfeinde dieser Art im Meer.

Phyllidia varicosa — Jeddah, Saudi-Arabien

Pustel-Warzenschnecke
Pustulose wart slug
Länge: bis zu 6 cm. Verbreitung: Rotes Meer, Indo-Pazifik bis Hawaii. Allgemein: typisch für diese Art ist eine variable Verteilung der weißen Warzen auf dem Rücken des schwarzen Körpers. Obwohl deren Anordnung von Individuum zu Individuum verschieden sein kann, ist das Aussehen dieser Warzenschnecke einmalig und die Art daher leicht zu identifizieren. Im Vergleich zu anderen Rotmeer-Familienmitgliedern ist sie relativ länglich und schlank.

Phylidiella pustulosa — Sanganeb, Sudan

WARZENSCHNECKEN PHYLLIDIIDAE

Kardinal-Warzenschnecke
Cardinal wart slug

L: bis zu 5,5 cm. V: Rotes Meer, Arabisches Meer, Indo-Pazifik. A: die Färbung dieser unverwechselbaren Warzenschnecke läßt ihre äußere Form perfekt mit der dicht bewachsenen Umgebung oder sogar mit Sand verschmelzen (Foto, Erstnachweis im RM). Die helleren Punkte auf der dunkleren rotbraunen Grundfarbe des Körpers imitieren Sand und Geröll und verbergen die wahre Form. Unterschiedlich große Warzen und Beulen lösen den Umriß des langsamen Tieres völlig auf.

Phyllidiopsis cardinalis　　　　Dahab, Sinai

Dautzenbergs Warzenschnecke
Dautzenberg's wart slug

Länge: bis zu 2 cm.
Verbreitung: nur Rotes Meer.
Allgemein: unter Wasser leicht zu identifizieren, da diese Art die einzige der Gattung ist, die große, weiße, halbkreisförmige Flecken am Rande des schwarzen Körpers aufweist. Trotz dieses typischen, unverwechselbaren Farbmusters ist die Art bis jetzt nur aus dem Roten Meer bekannt und daher wahrscheinlich ein echter Endemit dieses Gebietes.

Phyllidiopsis dautzenbergi　　　　Dahab, Sinai

Rüppells Warzenschnecke
Rüppell's wart slug

Länge: bis zu 4 cm.
Verbreitung: nur Rotes Meer.
Allgemein: die Arten dieser Gattung unterscheiden sich von allen anderen Warzenschnecken in der Position des Afters: er liegt am Hinterende unter dem Mantel. Diese Art zeigt ein Farbmuster ähnlich dem einiger *Phyllidia*-Arten, ist aber verschieden genug, um leicht erkannt zu werden: sie hat meist nicht so viele orange Warzen, deren hellere Basen weniger dazu neigen, zu Bändern oder Netzwerken zusammenzufließen.

Fryeria rueppelli　　　　Elat, Sinai

BAUMSCHNECKEN   TRITONIIDAE

Grüne Marionia
Greenish marionia
Länge: bis zu 6 cm.
Verbreitung: nur Rotes Meer.
Allgemein: das Foto zeigt Details des Mundschleiers und der typischen umhüllten Rhinophoren dieser bizarren Tritonschnecke. Das kleine Foto unten einer gelblichen Form zeigt, das der Populärname irreführend sein kann.

Die Mitglieder der Familie Tritoniidae sind durch Kiemenbüschel entlang des Randes ihres Notums (Rückenschildes) charakterisiert. Sie ernähren sich ausschließlich von Alcyonarien wie Fächer- und Weichkorallen.

Marionia viridescens   Dahlak, Eritrea

Blaukiemen-Marionopsis
Blue-gilled marionopsis
Länge: bis zu 6 cm.
Verbreitung: Rotes Meer, Indo-Pazifik bis Südafrika und Philippinen.
Allgemein: diese Baumschneckenart frißt die Polypen der Weichkoralle *Heteroxenia,* wie auf dem großen Foto zu sehen. Sie ist nach dem blaugrünen Farbton der Spitzen ihrer Kiemen und Rhinophoren benannt. Der Gesamteindruck des Tieres ist dem seiner Weichkorallenbeute ziemlich ähnlich, allerdings sind die Farben der Schnecke noch viel ausgeprägter.

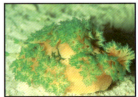

Marionopsis cyanobranchiata   Djibouti

BAUMSCHNECKEN — TETHYIDAE

Zweikopf-Tethysschnecke
Two-headed tethys slug
Länge: bis zu 10 cm
Verbreitung: Rotes Meer, Indischer Ozean bis Thailand.
Allgemein: dies ist die einzige Art der Gattung *Melibe* mit blattartig abgeflachten Rhinophoren. Sie ernährt sich von Gammariden und Caprelliden (Amphipoden = Flohkrebse), kleine, vielbeinige Krebstiere, die zwischen Geröll, Sand und sessilen Riffbewohnern aufgesammelt werden. Alle Arten der Familie haben vorn am Kopf einen großen, dehnbaren Mundschleier mit Fransenreihen, der dem Beutefang dient.

Melibe bucephala — Elat, Sinai

BAUMSCHNECKEN — SCYLLAEIDAE

Pelagische Scyllaschnecke
Pelagic scylla slug
Länge: bis zu 4 cm
Verbreitung: Rotes Meer, Arabisches Meer, Indo-Pazifik, zirkumtropisch. Allgemein: pelagisch, haftet an treibenden Algen. Körperfärbung variabel von fast weiß bis dunkelbraun mit dunkleren Punkten, immer an das driftende Pflanzenmaterial angepaßt, in dem man sie findet. Die Schnecke kann mit Wellenbewegungen ihres Körpers schwimmen. Frißt ausschließlich Hydroidpolypen, die auf den Pflanzen wachsen.

Scyllaea pelagica — Jeddah, Saudi-Arabien

BAUMSCHNECKEN — DOTIDAE

Tauchers Liebling
Diver's favourite
Länge: bis zu 1 cm.
Verbreitung: nur Rotes Meer.
Allgemein: es gibt viele Arten der Gattung *Doto* im tropischen Indo-Pazifik, die meisten sind noch unbeschrieben. Alle Gattungsmitglieder sind darauf spezialisiert, die nesselnden Polypen von Hydrozoen zu fressen, was sie zu DEN Lieblingsschnecken aller Taucher macht. Kein Taucher wird jemals die äußerst unangenehme Erfahrung des durch eine Feuerkoralle Genesseltwerdens vergessen können(!).

Doto sp. — El Quseir, Ägypten

FURCHENSCHNECKEN ARMINIDAE

Nacktkiemer werden in 4 Unterordnungen eingeteilt: **DORIDACEA** (nach Doris, der Tochter des Meeresgottes Okeanos, S. 245 - 255), die größte Unterordnung mit Vertretern in allen Weltmeeren. Es gibt mehr Sternschnecken, als die der anderen Unterordnungen zusammengenommen. Charakteristika sind: vorderes Rhinophorenpaar, Afterpapille Mitte-hinten, federartige Kiemen nahe der Afterpapille. Manche Arten haben große, leuchtend gefärbte Mantelpapillen, die oft Wehrdrüsen enthalten und nahe den Kiemen sitzen, um die Aufmerksamkeit von Freßfeinden von den lebenswichtigen Rhinophoren und Kiemen abzulenken. **DENDRONOTACEA** (Baumschnecken, S. 256 - 257): manchmal bis zu 30 cm lange Nacktkiemer mit gut entwickelten Kiefern (außer *Doto* spp.), Paare einfacher oder verzweigter Kiemen entlang einer deutlich abgesetzten Kante auf beiden Seiten des Körpers, fransiger oder glatter Mundschleier über dem Maul, einziehbare Rhinophoren mit großen Hüllen (einzigartig bei Nacktkiemern), After seitlich. Die Nahrung besteht hauptsächlich aus Nesseltieren, außer bei *Melibe* spp., die Filtrierer sind und keine Radula haben. Die Familie Tritoniidae, die Kiemenbüschel entlang ihres Rückenrandes haben, fressen ausschließlich Alcyonarien wie Fächerkorallen und Weichkorallen. Scyllaeidae und Dotidae sind auf Hydroidpolypen spezialisiert. **ARMINACEA** (Furchenschnecken): dies ist die kleinste Unterordnung, aber sie ist im Indo-Pazifik gut repräsentiert. Charakteristika: alle Arten haben einen Kopfschleier und Rhinophoren ohne Hüllen oder Taschen. Kiemen sitzen seitlich am Körper oder fehlen. Die Nahrung besteht aus Weichkorallen und Seefedern. Zur vierten Unterordnung, **AEOLIDACEA** (Fadenschnecken), siehe nächste Seite.

Schmuck-Furchenschnecke
Ornate dermatobranch
Länge: bis zu 7 cm.
Verbreitung: Rotes Meer, Arabisches Meer, bis West-Pazifik einschließlich West-Australien. Allgemein: diese auffällige Art zeigt eine große Bandbreite an Farbmustern, je nach geographischer Herkunft.

Dermatobranchus ornatus — Dahab, Sinai

Nudel-Furchenschnecke
Wavy dermatobranch
Länge: bis zu 12 cm.
Verbreitung: Rotes Meer, Arabisches Meer, bis in den westlichen Pazifik.
Allgemein: Den Mitgliedern dieser Gattung fehlt die fleischige Kante, die den Mantel von den Rhinophoren trennt. Das Verbreitungsgebiet dieser Art konnte kürzlich um das Rote Meer erweitert werden. Sie ist an ihrer einzigartigen Nudelform, einem Farbmuster schwarzer Längslinien auf dem Rücken und den schwarzen Rhinophoren leicht zu erkennen.

Dermatobranchus gonatophora — Brothers Islands, Ägypten

FADENSCHNECKEN   FLABELLINIDAE

Dekor-Flabellina
Decorated flabellina
Länge: bis zu 2,5 cm.
Verbreitung: Rotes Meer, Arabisches Meer, Indo-Pazifik bis Neuguinea und zu den Marshall-Inseln.
Allgemein: 'bilas' ist ein Pidgin-Wort und bedeutet 'Schmuck'. Dies ist die einzige Art der Gattung mit rotgebänderten Cerata und Rhinophoren.

AEOLIDACEA (nach Aeolus, dem griechischen Gott des Windes, Sohn des Jupiter, diese Seite) sind mit etwa 20 Familien die zweitgrößte Ordnung der Nacktkiemer. Charakteristika: langgestreckter, hinten zugespitzter Körper mit Cerata in Bündeln oder Reihen auf dem Rücken. Diese enthalten Aussackungen der Verdauungsdrüse mit "Nesselsäcken", in denen intakte Nesselzellen aus der verspeisten Beute zur eigenen Verteidigung gelagert werden. Ihre Nahrung besteht aus Bryozoen (Moostierchen), Seepocken und Hohltieren wie Hydrozoen, Seeanemonen, Weich- und Hartkorallen sowie dem Laich anderer Schnecken und dem von Fischen. Einige Aeoliden sind auf eine einzige Hydrozoenart spezialisiert. Alle Aeoliden haben ein Paar starker Chitin-Kiefer. Die meisten besitzen (wie die Saccoglossa) in ihrer Radula nur einen Zahn pro Reihe, *Flabellina* hat zusätzlich je einen Seitenzahn beiderseits der Mittelreihe.

Shaab Rumi, Sudan

Flabellina bilas   Jeddah, Saudi-Arabien

FADENSCHNECKEN   FACELINIDAE

Große Phyllodesmium
Large phyllodesmium
Länge: bis zu 13 cm.
Verbreitung: Rotes Meer, Arabisches Meer, Indo-Pazifik bis Australien, Hongkong und zu den Marshall-Inseln.
Allgemein: ernährt sich von der Weichkoralle *Sinularia*. Wie auch andere Mitglieder dieser Gattung, die ebenfalls Korallenpolypen fressen, hat *Phyllodesmium magnum* in Fuß und Maul große Schleimdrüsen. Der Schleim dient dem Schutz vor den Nesselzellen ihrer Beute.

Phyllodesmium magnum   Sharm el Sheik, Sinai

RIESENMUSCHELN — TRIDACNIDAE

Tridacna squamosa — Shaab Suadi, Sudan

Die nächsten drei Seiten zeigen Arten der Klasse **Bivalvia** (Muscheln). Siehe auch S. 222.

Schuppige Riesenmuschel
Squamose giant clam
L: bis zu 40 cm. V: Rotes Meer, Arabisches Meer, Indo-Pazifik. A: lokal häufig, groß, in seichten Riffen bis 10 m. In Korallenblöcke - Schloß unten, Öffnung oben - eingebettet. Farbiger Mantelrand (blau, grün, braun) sammelt Sonnenlicht für endosymbiontische Algen. Der Mantel wird bei Störung rasch eingezogen. Die schweren, gewellten Schalen tragen mehrere Schuppenreihen.

AUSTERN — OSTREIDAE

Lopha cristagalli — Marsa Alam, Ägypten

Hahnenkammauster
Cock's comb oyster
Länge: bis zu 10 cm. Verbreitung: Rotes Meer, Arabisches Meer, Indo-Pazifik. Allgemein: lokal häufig. Die linke Schale ist mit Byssusfäden an Hartsubstrat (Fels, Schwarze Korallen) an exponierten Stellen unterhalb der Gezeitenzone befestigt. Beide Schalenhälften haben typische, große Zickzack-Falten, sind purpurbraun mit violetten Rändern und oft von Schwämmen überwachsen. Leere Schalen zeigen innen einen Porzellanglanz. Plankton-Filtrierer.

STACHELAUSTERN — SPONDYLIDAE

Spondylus marisrubri — Shaab Sharm, Ägypten

Rotmeer-Stachelauster
Red Sea thorny oyster
L: bis zu 10 cm. V: RM, AM, IP. A: Schalen dick, fast rund, Rand glatt. Rechte Schale ans Substrat zementiert, gewölbt, enthält das Tier. Bewegliche, linke Schale als Deckel. Beide außen mit Radiärrippen und Stacheln, oft stark mit diversen Wirbellosen bewachsen. Mantelrand bunt, weiß, blau, gelb, braun und rot, mit Reihen kleiner, gestielter Augen (mit Kammuscheln verwandt, nicht mit Austern!). Schließt bei Beschattung schnell die Schalen. Filtrierer, ab 5 m Tiefe.

FEILENMUSCHELN — LIMIDAE

Geringelte Feilenmuschel
Annulated file clam
L: bis zu 4 cm. V: RM, AM, IP bis Japan. A: Feilenmuscheln sind nicht am Substrat befestigt und können sich durch schnelles Schließen der Schalen und Auspressen von Wasser frei bewegen. So entkommen sie 'springend' ihren Feinden (Krabben). Die Filtrierer können sich nicht völlig in ihre Schale zurückziehen. Typisch ist eine Reihe langer, runder, spitzer Tentakel an jedem Mantelrand, deren Farbmuster artspezifisch ist. Die fächerförmige Schale von *L. fragilis* ist dünn, durchscheinend weiß und hat etwa 30 feine Radiärrippen ohne Stacheln. Tentakel mit breiten, roten Ringen. Häufig, auf Sand bis 20 m, baut ein 'Nest' aus Steinen, Schalen- und Korallenteilen, die mit Schleim verklebt werden. Die **Gewöhnliche Feilenmuschel** *L. vulgaris*, syn. *sowerbyi*, bis zu 5 cm lang, im Indo-Pazifik häufig, hat viele dunkle, schmale Tentakelringe gleicher Farbe. Schalen mit weniger, aber breiteren Rippen, kurz bestachelt (auch kleines Foto unten).

Limaria fragilis   Salalah, Oman

Lima vulgaris   Ras Umm Sid, Sinai

KAMMUSCHELN — PECTINIDAE

Korallen-Kammuschel
Coral scallop   L: bis zu 6 cm. V: RM, IP. A: lebt eingebettet in Hirnkorallen (andere Arten der Familie schwimmen wie Feilenmuscheln). Mantelränder blau mit Reihen roter Augen. Korallenloch wird chemisch offengehalten. Filtriert Plankton.

Pedum spondyloideum   Brothers Islands, Ägypten

KAMMUSCHELN PECTINIDAE

Chlamys townsendi — Hanish Island, Jemen

Townsends Kammuschel
Townsend's scallop
Länge: bis zu 16 cm.
Verbreitung: Rotes Meer, Arabisches Meer, Arabischer Golf.
Allgemein: lokal häufige, sessile Kammuschel, küstenfern bis zu etwa 20 m Tiefe. Die Schale hat rund 20 flache, gerundete Radiärrippen mit Zwischenräumen gleicher Breite. Hellbraun mit dunkelbraunen konzentrischen oder Zickzack-Bändern. Auf dem Foto sind die sensorischen Tentakel am Mantelrand zu erkennen. Die Schalen sind mit Epibionten wie z. B. Schwämmen bewachsen, die wie die Muschel Plankton aus dem Wasser filtrieren.

FLÜGELAUSTERN PTERIIDAE

Radir el Bar, Ägypten

Pteria aegyptiaca — Aqaba, Jordanien

Rotmeer-Flügelauster
Red Sea winged oyster
Länge: bis zu 10 cm.
Verbreitung: nur Rotes Meer.
Allgemein: Schalen symmetrisch, eine deutlich gewölbter als die andere, Schloß lang und gerade, ein kurzer und ein langer Fortsatz an jedem Ende. Fortsätze Juveniler erheblich länger als die Schalenbreite. Braune Schalenoberfläche rauh und schuppig, oft von Epibionten überwachsen, innen perlmuttern (die echte Perlmuschel *Pinctada margaritifera* gehört in diese Familie). Mit langen Byssusfäden an Feuer-, Steinkorallen oder Gorgonarien geheftet (siehe Fotos). Einzeln oder in kleinen Gruppen ab 2 m abwärts an exponierten Stellen im Riff, Plankton aus dem Wasser filtrierend. In unserem Gebiet gibt es mehrere ähnliche Arten, unterschieden durch Größe, Tiefenbereich und Winkel zwischen Flügelfortsatz und Schalenrand. Das Foto unten zeigt einige Exemplare der Art an dem mit Aufwuchs verkrusteten Stahlseil eines Wracks.

KRAKEN — OCTOPODIDAE

Die nächsten drei Seiten zeigen Vertreter der am höchsten entwickelten Klasse der Mollusken: **Cephalopoda**. S. a. Seite 222.

Weißfleck-Krake
White-spotted octopus
L: bis zu 150 cm, meist 60 cm. V: RM, AM, in den meisten tropischen und subtropischen Meeren. A: acht muskulöse Arme mit zwei Saugnapfreihen. Rötlichbraun mit weißen Punktreihen, Hautoberfläche glatt oder warzig, Merkmale aber sehr variabel, da sie unter nervöser Kontrolle schnell verändert werden können. Nachtaktiv, frißt Weichtiere und Krebse. Siehe auch Vorseite.

Octopus macropus — Sharm el Naga, Ägypten

Roter Krake
Big red octopus
Länge: bis zu 140 cm. Verbreitung: Rotes Meer, Arabisches Meer, Indo-Pazifik bis Hawaii. Allgemein: Grundfärbung purpurbraun, aber variabel. Zwei mehr oder weniger deutliche Ringflecken vor den Augen auf der schirmartigen Haut, die die acht Arme verbindet. Tags in der Wohnung (Riffhöhle) versteckt, deren Eingang von leeren Muschelschalen und Krebspanzern gesäumt ist (Reste der Mahlzeiten). Arme können aus der Höhle ragen. Nachtaktiv, Adulte am Tage nur in der Paarungszeit zu sehen (zweites Tier in der Nähe). Juvenile weniger versteckt im Seichtwasser. Der Artname *cyaneus* (= blau) wurde wahrscheinlich einem konservierten, verfärbten Exemplar verliehen.

Eine dritte Art unseres Gebietes ist *Octopus aegina*, bis 30 cm lang, Mantel mit feinen Papillen in einem Netzmuster, ein dauerhafter Cirrus über jedem Auge, nicht sehr kryptisch zwischen 30 und 120 m.

Der Molluskenfuß ist bei allen Kopffüßern zu flexiblen, sensiblen Armen umgewandelt.

Ras al Hadd, Oman

Octopus cyaneus — Safaga, Ägypten

KALMARE — LOLIGINIDAE

Großflossen-Riffkalmar
Bigfin reef squid
Länge: bis zu 35 cm (Mantel). Verbreitung: RM, AM, IP bis Hawaii. Allgemein: Körper länglich, zigarrenförmig, Flossen entlang des gesamten Randes (wie bei Sepien, siehe unten). Kopf klein, Augen groß. Acht kurze Arme mit zwei Saugnapfreihen, zwei lange Tentakel (enden in "Keulen" mit Saugnäpfen), die zum Fang von Fischen und Garnelen vorwärts geschleudert werden können. Küstennah in offenem Wasser, über Riffen, in Lagunen und Seegraswiesen, von der Oberfläche bis mindestens 100 m. Meist nachts aktiv. Tags sieht man kleine Gruppen (Foto unten) oft langsam parallel oder gestaffelt schwimmen. Bei Annäherung teilt sich die Gruppe in zwei verschiedene Richtungen, um sich nach einem Vollkreis wiederzutreffen.

Kalmare und Sepien sind zehnarmige Kopffüßer. Sie haben zwei weitere, verlängerte Arme, Tentakel genannt, die in einer saugnapfbewehrten Keule enden. Kalmar-Saugnäpfe tragen Hornringe mit zahnartigen Spitzen, die ideal zum Fang schlüpfriger Beute sind. Kopffüßer sind für extrem schnelle Farbwechsel berühmt. Kein anderer lebender Organismus zeigt ähnliche "Farbshows", die eine lebenswichtige Rolle im Sozialleben dieser am höchsten entwickelten Wirbellosen spielen. Besonders bei Aggression, Balz und Interaktion mit Beute oder Räubern verblüffen die üppigen Farbmuster das menschliche Auge. Direkte nervöse Kontrolle verschiedener Typen von Pigmentzellen, die schnell ausgedehnt oder kontrahiert werden, ermöglicht die natürlichen Feuerwerke. Man versuche, sich einer Gruppe von Kalmaren langsam zu nähern und sie von nahem zu betrachten. Und man erinnere sich daran, wenn man wieder einmal Calamari ißt...

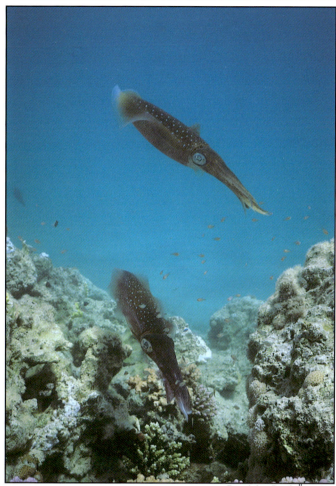
Daedalus Reef, Ägypten

Sepioteuthis lessoniana — Sharm el Naga, Ägypten

SEPIEN   SEPIIDAE

Musandam, Oman

Hauben-Sepia
Hooded cuttlefish
Länge: bis zu 30 cm, meist etwa 15 cm.
Verbreitung: Rotes Meer, Arabisches Meer, Indischer Ozean bis Indien und Madagaskar.
Allgemein: Körperrand nicht glatt, sondern mit permanenten blattförmigen Hautlappen über den durchsichtigen Flossen. Hautoberfläche kann warzig werden, um die Körperkonturen zu verwischen. Färbung wie bei den meisten Kopffüßern variabel, das Foto oben zeigt die Balzfärbung, das Foto Mitte die hell und dunkel wechselnden Bänder auf Körper und Armen bei Störung. Das kleine Foto unten (mit dem Kardinalbarsch) zeigt die typische Aggressionspose der Sepien mit erhobenen Mittelarmen. Acht kurze Arme mit vier Saugnapfreihen, zwei lange Tentakel mit saugnapfbesetzten Endkeulen zum Fang der Fisch- und Krebsbeute. Über Sand und Seegras, meist nachtaktiv.

Sepien gehören zusammen mit den Kalmaren zu den Zehnarmigen Kopffüßern. Viele Arten werden vom Menschen zum Verzehr gefangen.

Sepia prashadi   Safaga, Ägypten

Pharao-Sepia
Pharaoh cuttlefish
L: bis zu 43 cm (Mantel).
V: RM, AM, IP bis Japan.
A: Körperrand glatt, Kopf breit. In Riffen, 1 - 110 m, meist über 40 m, steigt nachts auf. Beute: Krebse, auch Fische. Großes Foto: Paar in typischer Balzfärbung. Kleines Foto: juveniles Tier.

Sepia pharaonis   Dubai, Arabischer Golf

KREBSTIERE — CRUSTACEA

Die Klasse Crustacea umfaßt mehr als 30.000 bekannte Arten. Etwa zwei Drittel gehören in die 14 Ordnungen Höherer Krebse. Die meisten Arten der Ordnung Decapoda mit den zwei Unterordnungen Natantia (Garnelen) und Reptantia (Hummer und Krabben) leben im Seichtwasser, in Reichweite von Taucher und Kamera. Fotografen sollten diese Gruppe gut kennen, um ihre Schönheit sinnvoll festhalten zu können.

Krebstiere leben in den verschiedensten Habitaten, fressen fast alles und besetzen wichtige Nischen im Ökosystem Meer, besonders als Nahrung für andere. Sie sind die 'Insekten des Meeres', die artenreichste Gruppe außer den Weichtieren. Ihr Körper wird von einem Panzer oder Carapax umhüllt, der auch die Kiemen schützt, aber gleichzeitig den Kontakt mit frischem, sauerstoffreichem Wasser behindert. Daher haben Krebstiere ein spezielles Pumpbein, den Scaphognathiten, der einen konstanten Strom sauerstoffreichen Wassers in den Kiemenraum leitet. Wie die Wirbeltiere haben auch Krebstiere einen sauerstoffbindenden Blutfarbstoff (das blaue Hämozyanin), der das lebenswichtige Element zu den Organen transportiert. Das Herz liegt dorsal im Carapax, es pumpt Blut von den Kiemen in zwei Hauptgefäße, die Kopf und Schwanzmuskulatur versorgen. Der Kreislauf ist offen, das Blut fließt oft nicht in Gefäßen, sondern in Lakunen. Das verlangt nach einem unbeschädigten Panzer, sonst würde Blut auslaufen. Das Problem ist durch Autotomie (Selbstverstümmelung) gelöst: jedes Beingelenk kann bei Verletzung durch Räuber schnell abgetrennt und versiegelt werden. Das fehlende Teil wird beim Wachsen durch Häutung des starren Panzers regeneriert. Die Geschlechter sind getrennt, Sexualdimorphismus kommt vor. Die Entwicklung der Krebse beginnt mit planktonischen Eiern und durchläuft eine Metamorphose mit mehreren Larvenstadien, von denen die meisten einen Großteil der Plankton-Biomasse ausmachen.

Alle Krebse haben zwei Antennenpaare, aber nur Dekapoden haben fünf Beinpaare, das erste oft stark entwickelt und in Scheren endend. Die größte der etwa 10.000 Dekapoden-Arten hat eine Carapaxlänge von 0,5 m und eine Beinspannweite von bis zu 3 m. Aber Größe ist nicht alles. Das Beobachten und Fotografieren der farbenfrohen Vielfalt der Krebse in tropischen Riffen wird immer neue Einsichten in die komplexen Wechselbeziehungen zwischen Krebsen und ihren Wirten, Freunden und Feinden hervorbringen.

PUTZERGARNELEN — HIPPOLYTIDAE

Hohlkreuz-Garnele
Squat cleaner shrimp
Länge: bis zu 2 cm. Verbreitung: RM, AM, weitverbreitet im Indo-Pazifik. Allgemein: die typische Art lebt als Kommensale auf Korallen und diversen Anemonen, e.g. *Heteractis*. Das Abdomen wird auf charakteristische Weise fast rechtwinklig nach oben gestreckt. Weibchen sind fast doppelt so groß wie Männchen. Meist paarweise auf dem Wirt, aber auch in kleinen Gruppen von 6 bis 8 Tieren gleicher Größe. Manchmal auf einer Anemone zusammen mit einer Partnergarnele der Gattung *Periclimenes* (siehe unten; siehe auch das Pärchen von *Thor amboinensis* auf der Vorseite).

Thor amboinensis — Wadi Gimal, Ägypten

PUTZERGARNELEN   HIPPOLYTIDAE

Weißband-Putzergarnele
White-banded cleaner shrimp
Länge: bis zu 6 cm.
Verbreitung: Rotes Meer, Arabisches Meer, weitverbreitet im Indo-Pazifik. Allgemein: einer der wichtigsten wirbellosen Putzer von Riffischen. Typische Färbung, ähnlich der atlantischen Art *L. grabhami*, deren Synonymie noch diskutiert wird. Die weiße Linie auf dem roten Rücken ist bei *L. amboinensis* am Schwanzfächer unterbrochen, aber durchgehend bei *L. grabhami*. Oft paarweise, Gruppen von bis zu 100 wurden im Riff beobachtet. Siehe auch PUTZFIMMEL, S. 107.

Lysmata amboinensis   Ras Atar, Sinai

Zuckerrohrgarnele
Sugarcane shrimp
Länge: bis zu 3 cm.
Verbreitung: Rotes Meer, Arabisches Meer, Indo-Pazifik bis Japan. Allgemein: Rostrum kurz, überragt die Augen nur um Augendurchmesser, Antennen und Beine sehr lang und dünn. Orangerote Querstreifen auf transparentem Körper, zwei weiße Punkte am Ende des Schwanzfächers. Färbung sehr ähnlich der nahe verwandten *Parhippolyte uveae*, die meisten Unterschiede verlangen mikroskopische Untersuchung. Meist auf Korallengeröll unterseeischer Höhlen. Syn. *Koror misticus*.

Parhippolyte mistica   Salalah, Oman

Marmorgarnele
Marble shrimp
Länge: bis zu 4 cm.
Verbreitung: Rotes Meer, Arabisches Meer, IP bis Hawaii. Allgemein: Carapax kurz, Abdomen mit dem typischen Buckel aller Familienmitglieder, Rostrum lang und dornig, eine Reihe Borstenbüschel läuft von seiner Basis den Rücken entlang. Färbung kryptisch: braun mit weißgepunkteten, grünen Flecken, Antennen und Beine braun-weiß gebändert. Nachtaktiv, einzeln oder paarweise in geschützten Lagunen und Saumriffen. Erstes Beinpaar adulter Männchen länger als bei Weibchen.

Saron marmoratus   Safaga, Ägypten

PARTNERGARNELEN — PALAEMONIDAE

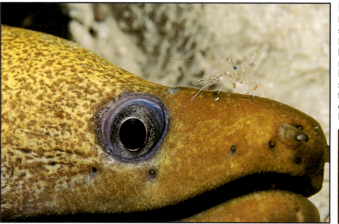

Bruuns Partnergarnele
Bruun's cleaning partner shrimp
L: bis zu 3 cm. V: RM, AM, IP bis Japan. A: transparent, mit roten und weißen Punkten. In Löchern und Höhlen, schwebt schwerelos (siehe unten). Oft fälschlich als *Leandrites cyrtorhynchus* identifiziert. Links: beim Putzen einer großen Muräne.

Urocaridella antonbruunii — Sharm el Sheik, Sinai

Imperatorgarnele
Emperor partner shrimp
L: bis zu 2 cm. V: RM, AM, IP bis Hawaii. A: breite Antennenschuppen erinnern an einen Entenschnabel. Färbung an den Wirt angepaßt, meist auf *Hexabranchus sanguineus,* frißt Kotpillen und Schleim nahe den Kiemen (siehe unten); auch auf Seegurken (links).

Periclimenes imperator — Sharm el Sheik, Sinai

Rotmeer-Partnergarnele
Anemone partner shrimp
L: bis zu 2,5 cm.
V: nur im Roten Meer.
A: transparent, weiße und violette Zeichnung. Zweites Beinpaar verlängert, mit größeren Scheren. Hier einige zwischen den Tentakeln der Seeanemone *Entacmaea quadricolor.*
Siehe auch S. 107.

Periclimenes longicarpus — Safaga, Ägypten

PARTNERGARNELEN   PALAEMONIDAE

Clown-Partnergarnele
Clown shrimp
L: bis zu 4 cm. V: RM, AM, IP
bis Marshall-Ins. A: mit großen,
weißen Flecken, fünf dunkle
'Ocelli' auf Schwanzfächer. Mit
Seeanemonen assoziiert, meist
Cryptodendrum adhaesivum (Foto). S. a. S. 204. Unt.: **Federsterngarnele** *P. ceratophthalmus*, Farbe an Wirt angepaßt.

Periclimenes brevicarpalis   Rocky Island, Ägypten

Schmuck-Partnergarnele
Ornate partner shrimp
L: bis zu 4 cm. V: RM, AM, IP.
A: transparenter Körper mit
feinem, rotem Netzmuster.
Beine und Schwanzfächer dunkelpurpur und weiß gefleckt.
Mit *Entacmaea* spp. und *Heteractis magnifica* (Foto) assoziiert.
Unten: **Langarmgarnele**
P. tenuipes, bis zu 3,5 cm lang.

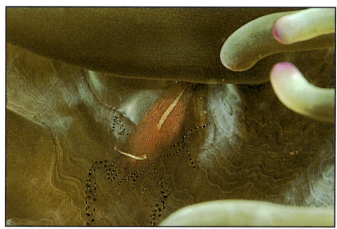

Periclimenes ornatus   Safaga, Ägypten

Schwarzkorallen-Partnergarnele
Black coral shrimp
Länge: bis zu 1,5 cm.
Verbreitung: Rotes Meer, Arabisches Meer, Indo-Pazifik bis
Japan und Hawaii. Allgemein:
typisches Farbmuster, das die
Polypen der Schwarzen Koralle
Cirripathes imitiert, auf der die
Art meist lebt. Färbung ocker
mit weißlichen Mustern. Weibchen sollen größer sein. Die
Art hat ein gut entwickeltes
Rostrum mit 8 bis 10 Dornen,
die typischen Rückenbuckel
anderer Familienmitglieder fehlen. Der Pontoniide *Dasycaris
zanzibarica* lebt auf der gleichen Koralle, hat aber Buckel.

Pontonides unciger   Ras Umm Sid, Sinai

KNALLKREBSE ALPHEIDAE

Roter Knallkrebs
Red snapping shrimp
L: bis zu 3,5 cm. V: RM, IP.
A: Knallkrebse haben eine vergrößerte Schere, die zur Abschreckung von Feinden einen Wasserstrahl und ein Knallgeräusch erzeugen kann. Unten (Safaga, Ägypten): *Alpheus* sp., immer auf dem Seeigel *Echinometra mathaei*.

Alpheus bisincisus Gubal, Ägypten

Weißsattel-Knallkrebs
White saddle snapping shrimp
L: bis zu 4 cm. V: RM, AM, IP bis Japan. A: weiße Sattelflecken und feine gelbe Körperlinien. Preferenzen wie bei *A. djiboutensis*. Einige Knallkrebsarten graben ständig Höhlen im Sandsubstrat und sind mit Partnergrundeln assoziiert.

Alpheus ochrostriatus Jeddah, Saudi-Arabien

Rotpunkt-Knallkrebs
Red spot snapping shrimp
Länge: bis zu 3,5 cm.
Verbreitung: endemisch im RM. Allgemein: häufig, Körper weißlich mit verstreuten, unregelmäßigen, orangebraunen Flecken. Gräbt wie alle Knallkrebsarten immer paarweise eine Höhle in Seichtwasser-Sandhabitaten. Dieses Art ist meist mit der Grundel *Lotilia graciliosa* (Foto) assoziiert, seltener aber auch mit den Grundelarten *Cryptocentrus lutheri*, *Cryptocentrus cryptocentrus* und *Ctenogobiops maculosus*.

Alpheus rubromaculatus El Quseir, Ägypten

KNALLKREBSE   ALPHEIDAE

Djibouti-Knallkrebs
Djibouti snapping shrimp

Länge: bis zu 3,5 cm.
Verbreitung: RM, AM, IP bis Japan und Salomonen.
Allgemein: Körper grau, mit einem typischen, attraktiven, schwarz-gelben Farbmuster. Beine schwarz mit gelben Gelenkringen. Antennen braun. Auf Korallensand in tieferem Wasser. In enger Assoziation mit den Grundeln *Cryptocentrus lutheri* (Foto) und *Amblyeleotris steinitzi*, aber auch mit *Ctenogobiops maculosus*, *Eilatia latruncularia* und anderen Grundelarten. Siehe auch WOHNGEMEINSCHAFT, S. 18.

Alpheus djiboutensis   Safaga, Ägypten

Rapax-Knallkrebs
Raptor snapping shrimp
L: bis zu 4 cm. V: RM, AM, Indischer Ozean bis Indonesien. A: Körper grau oder weiß mit dunkeloliver Wölkung. Mit Grundeln assoziiert, meist *Cryptocentrus ssp.*, selten *A.steinitzi*. Siehe auch WOHNGEMEINSCHAFT, S. 18. Unten: mit *Ctenogobiops maculosus*.

Alpheus rapax   Marsa Alam, Ägypten

Djedda-Knallkrebs
Djedda snapping shrimp
Länge: bis zu 4 cm.
Verbreitung: RM, AM, IP bis Salomonen. Allgemein: ähnlich der vorigen Art, aber die olivgrüne oder bräunliche Wölkung ist diffuser. Trägt einen typischen weißen Rücken-Sattelfleck. Antennen gelblich. Dieser Knallkrebs lebt auf Korallengeröllboden in Assoziation mit Arten der Grundelgattung *Amblyeleotris* (hier *A. steinitzi*). Etwa 140 Familienmitglieder sind aus tropischen Meeren bekannt, die meisten sind nicht symbiontisch.

Alpheus djeddensis   Shaab Samadai, Ägypten

HARLEKINGARNELEN — HYMENOCERIDAE

Harlekingarnele
Harlequin shrimp
L: bis zu 3 cm. V: RM, AM, IP bis Panama. A: farbenfroh, Mundwerkzeuge und Scheren gut entwickelt, um Seesterne zu fressen, u. a. der Gattungen *Fromia* (Foto *F. monilis*), *Nardoa*, *Linckia* und *Acanthaster*. Arbeiten paarweise, drehen den Seestern um und fressen die Saugfüßchen und Eingeweide heraus. Soll von den Armspitzen zur Zentralscheibe hin fressen, um die Beute möglichst lange am Leben zu lassen. Paare werden von Pheromonen des Weibchens zusammengehalten. Große Scheren zur opt. Signalübermittlung.

Hymenocera elegans — Brothers Islands, Ägypten

TANZGARNELEN — RHYNCHOCINETIDAE

Grünaugen-Tanzgarnele
Green-eyed dancing shrimp
L: bis zu 3 cm. V: RM bis Japan. A: durch große Augen und Aufwärtswinkel des Rostrums von ähnlichen Gruppen verschieden. Männchen mit größeren Scherenbeinen. Foto: Weibchen auf Männchen.

Cinetorhynchus reticulatus — Nuweiba, Sinai

Hendersons Tanzgarnele
Henderson's dancing shrimp
L: bis zu 4 cm.
V: RM bis West-Pazifik.
A: rötlich oder braun, tags zwischen Korallengeröll oder in Löchern versteckt, nachts fressend. Rostrum gelenkig, nicht starr mit Carapax verbunden (Familienmerkmal).

Cinetorhynchus hendersoni — Ras Atar, Sinai

TANZGARNELEN — RHYNCHOCINETIDAE

Durban-Tanzgarnele
Durban dancing shrimp
L: bis zu 4 cm. V: RM bis Philippinen. A: im Muster ähnlich wie und oft fälschlich als *R. uritai* bezeichnet, verschieden durch langes, bezahntes Rostrum und weiße, innenliegende Linien gleich breit wie die roten. In Höhlen, meist viele zusammen. Unten: Sinai.

Rhynchocinetes durbanensis — Al Mukalla, Jemen

SCHERENGARNELEN — STENOPODIDAE

Gebänderte Scherengarnele
Banded boxer shrimp
L: bis zu 5 cm. V: RM, AM, IP. A: häufig, Körper und Scherenbeine (Ansätze blau) borstig und dornig. Immer paarweise, Männchen kleiner. In Höhlen ab etwa 6 m Tiefe.

Stenopus hispidus — Brothers Islands, Ägypten

Rotantennen-Scherengarnele
Zanzibar boxer shrimp
L: bis zu 3 cm. V: RM, AM, IO bis Indonesien. A: Abdomen und Scherenbeine mit repetitivem Muster in Weiß und Rot, charakteristisch für alle Arten der Gattung. Antennen rot, Körper und erste Beinglieder gelb. Die ersten beiden Beinpaare der *Stenopus*-Arten sind klein, drittes Paar zu Scherenbeinen vergrößert. Wahrscheinlich sind alle Putzer, sie winken mit Antennen am Höhleneingang, um Fischkundschaft anzulocken: nach Beruhigung durch Betasten mit Antennen wird diese geputzt.

Stenopus zanzibaricus — Seven Brothers, Jemen

GEISSELGARNELEN PENAEIDAE

Ägyptische Geißelgarnele
Egyptian tiger prawn
L: bis zu 8 cm. V: RM, AM, IP bis Philippinen. A: Rostrum kurz, dornig. Nachtaktiv auf Sandboden, Augen reflektieren Licht. Die Eier aller Dekapoden werden während der Häutung befruchtet und dann vom Weibchen umhergetragen. Nach dem Schlüpfen entwickeln sich die Larven durch mehrere planktonische Phasen, bevor sie zum Bodenleben übergehen. Juvenile leben oft in Ästuaren. Viele wirtschaftlich wichtige Arten der Familie, Fang nachts mit Flachwassertrawls oder mit Wurfnetzen in Mangrovengebieten.

Metapenaeopsis aegyptia Na'ama Bay, Sinai

Westliche Geißelgarnele
Western king prawn

Länge: bis zu 10 cm. Verbreitung: RM, AM, IP bis Japan. Allgemein: Färbung dem Sandbodenhabitat angepaßt, nur Schwanzfächerhinterrand irisierend blau. Reflektierende Augen auf langen Stielen. Nachtaktiv.

Malicertus latisulcatus El Quseir, Ägypten

LANGUSTEN PALINURIDAE

Schmuck-Languste
Ornate spiny lobster
Länge: bis zu 40 cm. Verbreitung: Rotes Meer, Arabisches Meer, Indo-Pazifik. Allgemein: alle Langustenarten können mit schnellen Bewegungen von Abdomen und Schwanzfächer rückwärts schwimmen. Abdominalsegmente mit scharfen Dornen und Kanten zur Verteidigung. Vorsichtig hantieren, nur wenn nötig. Die langen Antennen sind das Hauptsinnesorgan. Nachtaktiv, vertrauen auf ihren Tastsinn. Abgebrochene Antennen werden regeneriert.

Panulirus ornatus Wingate, Sudan

LANGUSTEN   PALINURIDAE

Gestreifte Languste
Painted spiny lobster
L: bis zu 40 cm. V: RM, AM, IP.
A: Antennen weiß, Carapax
schwarz und gelblich-weiß,
Abdomen grün mit schwarzen
und weißen Querbändern.
Schwanzfächer grün bis blau.
Manche Langustenarten wan-
dern in langen Gänsemarsch-
Reihen zu ihren Laichgründen.

Panulirus versicolor   Sanganeb, Sudan

Kamm-Languste
Scalloped spiny lobster
Länge: bis zu 33 cm.
Verbreitung: RM, AM, IP.
Allgemein: viele Langustenarten wandern im Sommer in
seichteres Wasser. Manche
Arten sind regional wirtschaftlich wichtig und werden z. B.
in mit Aas beköderten Fallen
gefangen.

Panulirus homarus   Salalah, Oman

Gemeine Rotmeer-Languste
Common Red Sea spiny lobster
Länge: bis zu 35 cm.
Verbreitung: Rotes Meer, Arabisches Meer, weitverbreitet
im Indo-Pazifik. Allgemein: häufigste Languste unseres Gebietes. Antennen nicht weiß, Reihen dunkelrandiger, weißer
Punkte auf dem gefleckten,
dunklen Abdomen. Beine dunkel mit weißen Längslinien.
Breiter Schwanzfächer. Scheren
fehlen. Tags in Höhlen ab einigen Metern Tiefe, Antennen
ragen heraus, oft in kleinen
Gruppen. Kommen nachts heraus und fressen Aas, Würmer,
Muscheln und Stachelhäuter.

Panulirus penicillatus   Nuweiba, Sinai

277

BÄRENKREBSE — SCYLLARIDAE

Buckel-Bärenkrebs
Humpbacked slipper lobster
Länge: bis zu 25 cm.
Verbreitung: Rotes Meer, Arabisches Meer, weitverbreitet im Indo-Pazifik.
Allgemein: ähnlich der folgenden Art, aber in tieferem Wasser lebend. Abdomen höher gewölbt als bei S. tridacnophaga. Carapaxrand ohne Dornen, Oberfläche mit vielen kleinen Dornen, Warzen und Borsten. Erstes Antennenpaar dünn, kurz, gegabelt, zweites Paar sind große, flache Platten zum Ausgraben von Muscheln. Beine kurz, ohne Scheren, Schwanzfächer groß. Augen klein, in Gruben. Nachtaktiv.

Scyllarides haanii — Na'ama Bay, Sinai

Muschelgräber
Clam digger
L: bis zu 30 cm. V: RM, AM, IP. A: Körperrand bezahnt, Abdomen mit scharfen Dornen. Am Tage in Löchern oder Sand versteckt. Kann wie Langusten rückwärts schwimmen, um seinem Hauptfeind, dem Kraken, zu entgehen. In unserem Gebiet häufiger Bärenkrebs.

Scyllarides tridacnophaga — Muscat, Oman

EINSIEDLERKREBSE — DIOGENIDAE

Rotmeer-Einsiedler
Rosy hermit crab
L: bis zu 3 cm. V: nur RM. A: linke Schere größer, beide mit Löffelspitzen. Dunkelrot mit weißen Punkten, Beinspitzen schwarz. Augen schwarz mit weißen Punkten und dunklem Ring. Tagaktiv, Allesfresser.

Calcinus rosaceus — Safaga, Ägypten

EINSIEDLERKREBSE   DIOGENIDAE

Streifen-Einsiedler
Cone shell hermit crab
L: bis zu 6 cm. V: RM, AM, IP bis Hawaii und Tahiti. A: auf Korallengeröll und algenbewachsenen Felsen. Rechte Schere bei einigen Tieren größer, Borstenkämme quer über den Scherenbeinen, 2. und 3. Beinpaar länger, dünn, ohne Scheren. Alle Beine rot mit gelben Ringen. Körper und Scheren abgeflacht, um in leere Kegelschnecken zu passen. Nachtaktiv, frißt lebende und tote Tiere. 4. und 5. Beinpaar aller Einsiedlerkrebse reduziert, das weiche Abdomen wird zum Schutz in einem leeren Schneckenhaus verborgen.

Ciliopagurus strigatus — Dahab, Sinai

Anemonenträger
Anemone carrier
L: bis zu 10 cm. V: RM, AM, IP. A: linke Schere viel größer, auf Sand und Geröll ab dem Seichtwasser. Nachtaktiv, omnivor. Trägt meist einige *Calliactis polypus* Anemonen zur Verteidigung auf dem Gehäuse, diese werden bei Umzug in ein größeres Haus mitgenommen.

Dardanus tinctor — Sharm el Sheik, Sinai

Schwarzaugen-Einsiedler
White-stalked hermit crab
L: bis zu 3 cm. V: RM, AM, IP bis Japan und Salomonen. A: kleine Art der Gattung. Körper hell- und dunkelbraun gefleckt, mit weißspitzigen Borsten bedeckt, Augenstiele und Antennen weiß. In Gehäusen mit weiten Mündungen.

Dardanus lagopodes — Elphinstone, Ägypten

SPRINGKREBSE GALATHEIDAE

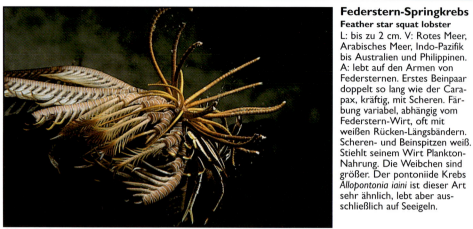

Federstern-Springkrebs
Feather star squat lobster
L: bis zu 2 cm. V: Rotes Meer, Arabisches Meer, Indo-Pazifik bis Australien und Philippinen. A: lebt auf den Armen von Federsternen. Erstes Beinpaar doppelt so lang wie der Carapax, kräftig, mit Scheren. Färbung variabel, abhängig vom Federstern-Wirt, oft mit weißen Rücken-Längsbändern. Scheren- und Beinspitzen weiß. Stiehlt seinem Wirt Plankton-Nahrung. Die Weibchen sind größer. Der pontoniide Krebs *Allopontonia iaini* ist dieser Art sehr ähnlich, lebt aber ausschließlich auf Seeigeln.

Allogalathea elegans — Daymaniyat, Oman

Rotmeer-Springkrebse
Red Sea squat lobster
Länge: bis zu 2 cm. Verbreitung: RM, AM. Allgemein: Springkrebse sind Anomuren mit ovalem Carapax und langem, konischen, spitzen Rostrum. Fünftes Beinpaar größenreduziert, wird dicht am Körper gehalten und dient nur noch dem Putzen. Einige Arten leben als Kommensalen auf Korallen und Federsternen (Crinoidea).

Galathea spp. — Dahab, Sinai

ÜBERRASCHUNG BEI NACHT

Das Korallenriff eröffnet UW-Fotografen immer neue Perspektiven. Man muß nur die Augen offen halten, um einmalige Abenteuer zum Beispiel im Reich der Krebse zu erleben. Eine Vielzahl winziger Krabben besetzt etwa so viele ökologische Nischen, wie es Arten gibt. Lassen wir den Fotografen selbst erzählen, welche ungewöhnlichen Beobachtungen er während zwei Nachttauchgängen im Golf von Aqaba gemacht hat.

ALLE FOTOS: H. M. HACKENGBERG

Heiße Liebe auf der Feuerkoralle

Springkrebse (Galatheidae) sind häufige Riffbewohner. Dennoch werden sie von den meisten Tauchern übersehen, was daran liegt, daß sie nur wenige Millimeter groß, farblich unscheinbar und zudem nachtaktiv sind. Sie besiedeln fast alle Korallenarten, auch Federsterne und jeglichen felsigen Riffgrund. Man findet sie oft zahlreich auf den Ästen der Feuerkorallen und auf diversen Lederkorallen. Nur aus nächster Nähe erkennt man ihre Schönheit - am besten durch ein Vergrößerungsobjektiv.

Als ich vor einigen Jahren während eines kalten Nachttauchgangs im März die winzigen Kletterkünstler beobachtete, hatte ich Glück und konnte ihr interessantes Liebesleben fotografieren. Im schwachen Licht meiner Einstell-Lampe schaute ich ihnen durch den Sucher der Kamera zunächst bei der Nahrungssuche zu. Auf jedem Zweig der Feuerkoralle vor mir saßen mehrere der winzigen Springkrebse und fischten geschickt Plankton aus der Strömung. Nur ein etwas kräftigeres Individuum mit schön rotgestreiften Scheren hatte offenbar kein Interesse an dem ungewöhnlich großen, lichtbedingten Planktonangebot. Dieser Krebs kletterte nur unruhig hin und her. Alle anderen verschwanden blitzartig, wenn der kräftigere in ihre Nähe kam. Schließlich schien dieser gefunden zu haben, wonach er suchte: ein helleres Exemplar mit etwas schlankeren Scheren blieb während seiner

Annäherung ruhig sitzen und ließ sich sogar vorsichtig von seinen Scheren berühren. Wie in Zeitlupe tastete sich der größere Springkrebs heran, berührte den Rücken seines Partners, als wolle er ihn streicheln. Dann griff er mit einem plötzlichen Sprung die Scheren des kleineren Krebses, drehte ihn auf den Rücken und kopulierte. Wohl an die fünf Minuten blieben die beiden in dieser Bauch-an-Bauch-Stellung. Dann lösten sie sich voneinander, und mit kräftigem Sprung verschwand der größere Springkrebs im Geäst der Feuerkoralle. Von dieser Beobachtung so fasziniert, wußte ich nicht einmal mehr, wieviele Aufnahmen ich während des Aktes gemacht hatte. Erst als der Film entwickelt war, wurde mir klar, daß ich den Auslöser instinktiv jeweils zum richtigen Zeitpunkt betätigt hatte. Trotz der Kälte war es ein heißer Nachttauchgang gewesen.

Seefeder-Story

Es war einer von "diesen" Nachttauchgängen. Anfangs hatte ich mich mit einer sanften Strömung etwas weiter hinaus zu einem Riff treiben lassen und dümpelte nun zurück über ein endlose Sandfläche in Richtung Ausstieg. Irgendwie war ich nicht zufrieden, weil ich bis jetzt keine einzige Aufnahme gemacht hatte; andererseits war ich auch entspannt und locker im oktoberwarmen Wasser des Golfs von Aqaba. Ein paar große Seefedern *(Pennatula sp.)* erschienen im Scheinwerferlicht. Voll aufgeblüht streckten sie ihre zerbrechlichen Polypen in die Strömung. "Dann sollen es eben ein paar Seefederaufnahmen sein", ging es mir durch den Kopf. Ich schaltete das Licht aus und ließ mich im Mondlicht sanft auf den Sandgrund absinken, um einige vollformatige Aufnahmen zu schießen. Plötzlich erkannte ich im Sucher meiner Kamera, daß auf einigen der prachtvollen Seefedern kleine Krebschen herumturnten. Ganz vorsichtig richtete ich die Kamera aus. In dreifacher Vergrößerung erschienen sie als wunderschöne Porzellankrebse *Porcellanella triloba*. Die Arten der Familie Porcellanidae benutzen ihre umgewandelten dritten Kieferbeine (Maxillipeden), die mit langen, feinen Borsten bedeckt sind, um Plankton aus dem Wasser zu filtern. Diese winzigen Kommensalen leben auf den Zweigen der Seefedern,

wo sie abwechselnd mit ihren beiden Fangfächern wedeln. Beide werden so weit wie möglich ausgestreckt. Durch das Wedeln wird eine große Wassermenge durch die Borstenkämme gedrückt und das Plankton zurückgehalten. Diese Nahrung wird anschließend zu den Kiefern (Mandibeln) geleitet und gefressen. Da die Seefedern selbst mit ihren Polypen Plankton fangen, ist das strömungsreiche Sandflächen-Habitat ideal für beide Organismen. Bei der geringsten Störung verbergen sich die Krebse am Stamm der Seefeder. Laborexperimente haben gezeigt, daß sie völlig von ihrem Wirt abhängig sind, sobald die planktonische Larve zum Bodenleben übergeht. Larven verschiedener Stadien wurden auf Seefedern verschiedener Größe im Meer gefunden. Das gleiche gilt für verschieden große Adulte. Gewaltsam von ihrem Wirt entfernt, sterben die Krebse innerhalb weniger Stunden, wenn ihnen im Aquarium kein anderes Substrat angeboten wird. Sie akzeptieren faltigen Stoff, kehren aber sofort zur Seefeder zurück, wenn diese eingesetzt wird. Als Kommensale hat *Porcellanella triloba* sicher Vorteile vom Leben auf der Seefeder. Jedoch wird auch der Wirt von seinen Bewohnern (einzeln oder paarweise) geputzt, vielleicht ist diese Gemeinschaft also eine echte Symbiose.

Im Lampenlicht zogen sich die Seefedern langsam zusammen und verschwanden mitsamt den Krebsen im Sand. Schließlich war es noch ein fantastischer Nachttauchgang.

PORZELLANKREBSE PORCELLANIDAE

Anemonen-Porzellankrebs
Anemone crab
L: bis zu 3 cm.
V: Rotes Meer, Arabisches Meer, Indo-Pazifik. A: Carapax rund, krabbenartig, Oberfläche glatt. Scherenbeine breit, kräftig, mit sehr großen Scheren. Farbe cremeweiß mit vielen kleinen roten Punkten. Immer zwischen den Tentakeln oder unter dem Rand von großen Seeanemonen *(Cryptodendrum, Entacmaea)*. Drittes Kieferbein aller Fam.mitglieder mit vielen langen Borsten: diese Fächer filtern mit rhythmischen Bewegungen Plankton aus dem Wasser, Kiefer holen Nahrung ein.

Neopetrolisthes maculatus   Suakin, Sudan

Blauer Porzellankrebs
Blue-fan porcelain crab
L: bis zu 1,5 cm. V: RM, Indischer Ozean. A: Porzellankrebse sehen wie Krabben aus, sind aber eher mit Springkrebsen verwandt: Antennen lang, erstes Laufbeinpaar klein, Schwanz unter dem Carapax. Unten: *P. rufescens*, 1,5 cm (Hurghada, Ägypten).

Petrolisthes tomentosus   Safaga, Ägypten

MAULWURFKREBSE HIPPIDAE

Rotmeer-Maulwurfkrebs
Red Sea mole crab
L: bis zu 1,5 cm. V: nur RM. A: häufig, am Strand bis zu den Augen in grobem bis feinem Sand eingegraben. Reproduziert das ganze Jahr über. Alle Antennen filtern den Ebbestrom nach kleinen Partikeln.

Hippa picta   Aqaba, Jordanien

SPINNENKRABBEN — MAJIDAE

Dornen-Spinnenkrabbe
Spiny spider crab
L: bis zu 4 cm. V: RM bis W-Pazifik. A: erstes Beinpaar kurz, mit kleinen Scheren, übrige Beine lang, Beine und Körper borstig, zu Abwehr und Tarnung mit Hydroidpolypen (Zancleidae) bewachsen. Zwei spitze Dornen zwischen den Augen. Körper weiß, Augen rot. Nachtaktiv, auf Weichkorallen (Fotos), frißt organische Partikel, ohne seinen Wirt zu schädigen.

Spinnenkrabben sind echte Krabben mit dreieckigem Carapax und langen, schlanken Beinen (daher 'Spinnen'krabben). Viele Arten tarnen sich durch an Carapax und Beinen angeheftete Organismen und totes Material. Die Borsten der Körperoberfläche halten diese fest.

Achaeus spinosus — Daedalus Reef, Ägypten

Korallen-Spinnenkrabbe
Coral spider crab
L: bis zu 3 cm. V: RM bis W-Pazifik. A: erstes Beinpaar mit kleinen Scheren, zwei sehr lange, spitze Zwischenaugendornen, ein stumpfer Dorn am Hinterende des Carapax. Auf Weichkorallen. Dünn mit Hydroidpolypen und Detritus belegt. Viele ähnliche Arten.

Hyastenus sp. — Safaga, Ägypten

SPINNENKRABBEN — MAJIDAE

Weichkorallen-Spinnenkrabbe
Oates' soft coral spider crab
L: bis zu 1,5 cm. V: RM, AM, IP. A: 1. Beinpaar: kleine Scheren, Körper: große Dornen, durchscheinend mit roten und weissen Mustern, ahmt Weichkorallenwirt *Dendronephthya* nach, frißt die Polypen und nimmt so vielleicht die Färbung an.

Hoplophrys oatesii — Dahab, Sinai

Schwammträger
Sponge carrier
L: bis zu 3,5 cm. V: Rotes Meer. A: Augenstiele sehr lang, zwei sehr lange Zwischenaugendornen, erstes Beinpaar mit kleinen Scheren. Gut mit verschiedenfarbigen Schwämmen und anderen Organismen getarnt. Auf verzweigten Steinkorallen (z. B. *Acropora*).

Stilbognathus longispinosus — Sharm el Naga, Ägypten

Gabel-Spinnenkrabbe
Eyelash spider crab
L: bis zu 10 cm. V: RM, AM, IP. A: zwei kurze, gegabelte Zwischenaugendornen, erstes Beinpaar mit großen Scheren. Carapax und Beine (nicht die Scheren) oft stark mit Schwämmen, Weichkorallen, Algen und anderem bewachsen. Nachtaktiv, in Riffen zwischen 5 und 15 m.

Schizophrys aspersa — Marsa Alam, Ägypten

SPINNENKRABBEN — MAJIDAE

Camposcia retusa — Muscat, Oman

Dekor-Spinnenkrabbe
Camouflage spider crab
L: bis zu 3 cm. V: RM, AM, IP.
A: Carapax mit kurzem, gegabeltem Rostrum, Körper und Beine völlig mit diversen Meerestieren, Algen und Detritus bedeckt, nur die schwarzen, tränenförmigen Augen schauen heraus. Bewegt sich langsam. Zwischen Algen, von 10 - 15 m.

Grüne Spinnenkrabbe
Green spider crab
L: bis zu 2 cm. V: RM, AM, IP.
A: Carapax lang, dreieckig, grün. Rostrum lang, spitz, mit weißen Seitenstreifen. Scherenbeine lang, grün, wie das erste Schreitbeinglied. Auf Korallengeröll und Gorgonarien in 30 m. Unten: undet. Weichkorallen-tragende Spinnenkrabbbe.

Huenia proteus — Hurghada, Ägypten

SCHWIMMKRABBEN — PORTUNIDAE

Carupa tenuipes — Nuweiba, Sinai

Schlanke Schwimmkrabbe
Slender swimming crab
L: bis zu 2,2 cm. V: RM bis Arabischer Golf. A: vier kleine und zwei große Dornen auf jeder Seite des Carapax. Interorbital glatt. Schwimmkrabben haben breite Carapaxe, oft mit langen, spitzen Seitendornen. Das fünfte (letzte) Beinpaar ist zu Schwimmpaddeln und Grabschaufeln (graben in Sandböden) abgeflacht. Einige Arten erreichen eine ansehnliche Größe (und werden vermarktet), einige haben eine lebhaft rote oder blaue Färbung.

SCHWIMMKRABBEN — PORTUNIDAE

Rote Schwimmkrabbe
Red swimming crab
Länge: bis zu 10 cm. Verbreitung: Rotes Meer, Arabisches Meer, Indo-Pazifik bis Hawaii. Allgemein: leuchtend rot und orange, mit dunklen Scheren- und Dornenspitzen. Carapax mit vier bis fünf spitzen Seiten- und sechs stumpfen Zwischenaugendornen. Scheren mit mehreren spitzen Dornen. Die beiden Endglieder des fünften Beinpaares sind zu abgeflachten Schwimmpaddeln umgewandelt. Die relativ große Art lebt in seichten Korallenriffen, auf Riffplattformen und in Lagunen. Sie ernährt sich von Würmern und Krebsen.

Charybdis erythrodactyla — Rocky Island, Ägypten

Rosa Schwimmkrabbe
Pink swimming crab
Länge: bis zu 10 cm. Verbreitung: um die Arabische Halbinsel herum. Allgemein: ähnlich *Charybdis erythrodactyla*, aber weniger bunt und dornig.

Schwimmkrabben gehören zu den schnellsten Krebsen. Sie sind nicht an ein bestimmtes Habitat gebunden, sondern bewegen sich frei über Hart- und Weichsubstrate. Beim Beutefang bedecken sie sich mit Sand, um dann plötzlich vorbeischwimmende Fische oder Garnelen mit ihren scharfen Scheren zu packen. Vorsicht mit Zehen und Fingern!

Charybdis paucidentata — Safaga, Ägypten

Gurken-Schwimmkrabbe
Sea cucumber swimming crab
L: bis zu 4 cm. V: RM, AM, IP bis Hawaii. A: variables, braunweißes Farbmuster, das invertiert sein kann. Dornen schwach, Interorbital glatt. Kommensale auf Seegurken und Seeanemonen. Unten: eine noch unbestimmte Art der Gattung *Lissocarcinus*.

Lissocarcinus orbicularis — Aqaba, Jordanien

KORALLENKRABBEN   TRAPEZIIDAE

Lila Korallenkrabbe
Pink coral crab
L: bis zu 2 cm. V: RM, AM, IP.
A: Carapax rund, convex, Auge in Grube klappbar, erstes Beinpaar vergrößert, Scheren kräftig, mit borstiger Außenseite. Tags immer paarweise, auch mit Juvenilen auf Zweigen von *Stylophora* und *Pocillopora* Korallen. Häufigste *Trapezia*.

Trapezia cymodoce   Socotra, Jemen

Tiger-Korallenkrabbe
Tiger coral crab
L: bis zu 1,5 cm. V: nur RM.
A: creme bis orange mit etwa 200 roten Punkten auf Carapax und Beinen, Interorbital mit 6 Dornen. Auf Zweigen von *Stylophora* und *Pocillopora* Korallen, oft mit anderen Arten. Frißt Schleim und Detritus. Ähnlich: *T. rufopunctata*.

Trapezia tigrina   Jeddah, Saudi-Arabien

Braune Korallenkrabbe
Brownish coral crab
L: bis zu 1,2 cm. V: RM, AM, IP.
A: Interorbital breit, rund, glatt. Hellbraun, Beingelenke mit dunkleren Flecken. Alle *Tetralia*-Arten leben auf *Acropora* Korallen. Unten: *Quadrella* sp. (Oman), Interorbital dornig, Scherenbeine lang, nachtaktiv auf Schwarzen Korallen.

Tetralia cavimana   Gubal, Ägypten

RUNDKRABBEN   XANTHIDAE

Doppelpunkt-Steinkrabbe   Variable coral crab
L: bis zu 9 cm. V: RM, AM, IP.
A: Carapax und Beine glatt, ohne Dornen. Scheren kräftig, rechte vergrößert. Färbung variabel, ganz orangerot oder unregelmäßig dunkler gemustert. Nachtaktiv, frißt Mollusken, deren Schalen mit den Scheren geöffnet werden.

Carpilius convexus   El Quseir, Ägypten

Glanz-Rundkrabbe
Splendid coral crab
L: bis zu 20 cm. V: RM, AM, IP bis Hawaii. A: groß, rot. Scherenfinger heller, mit haken- oder keulenförmigen Enden. Etwa 10 unregelmäßige Dornen am Carapaxrand. Nachtaktiv, frißt Mollusken, die mit den Scheren geöffnet werden, aber auch Algen. Soll sehr giftig sein.

Etisus splendidus   El Quseir, Ägypten

Abbotts Rundkrabbe
Abbott's coral crab
L: bis zu 3 cm.
V: um die Arabische Halbinsel.
A: rot, typisch sind zahlreiche Borsten an Körper, Beinen und Scheren, manchmal in Büscheln. Diese Borsten halten Sand und Detritus fest und tarnen so das Tier.

Steinkrabben sind mit Riffkorallen assoziiert, einige leben als Kommensalen auf bestimmten Arten. Alle Arten der Familie haben dunkle Scherenspitzen trotz erheblicher Variabilität in Körperform, Ornamentierung und Färbung. Die Trapeziiden werden manchmal auch in diese Familie gestellt.

Hypocolpus abbotti   Daedalus Reef, Ägypten

RUNDKRABBEN — XANTHIDAE

Rotmeer-Boxerkrabbe
Red Sea boxing crab
L: bis zu 1,5 cm. V: nur RM.
A: Oberfläche borstig, voll Schlamm und Algen. Auf Korallenschutt und Steinen im Seichtwasser. Frißt Detritus und Aufwuchs. Immer mit einer kleinen Anemone (oft *Triactis producta*) in jeder Schere (siehe NESSELSCHUTZ, S. 203).

Lybia caestifera — Shaab Samadai, Ägypten

FEDERSTERNKRABBEN — EUMEDONIDAE

Rotmeer-Federsternkrabbe
Red Sea feather star crab
L: bis zu 2 cm. V: Rotes Meer bis W-Pazifik. A: Carapax mit mehreren, großen, stumpfen Dornen (andere Arten haben Dornen nur am Carapaxrand und leben auf verschiedenen Seeigelarten). Auch die Scherenbeine und die längsten Beinglieder haben einzelne Dornen. Die letzten Beinglieder bilden Haken zum Festhalten am Federsternwirt. Wahrscheinlich nicht wirtsartspezifisch. Lebt nachtaktiv in seichten Korallenriffen.

Ceratocarcinus spinosus — Jeddah, Saudi-Arabien

REITERKRABBEN — OCYPODIDAE

Rotmeer-Reiterkrabbe
Red Sea ghost crab
Länge: bis zu 6 cm.
Verbreitung: nur Rotes Meer.
Allgemein: leben an tropischen Stränden in feuchten Sandhöhlen, die gestielten Augen werden zur 360°-Rundumsicht hochgehalten. Alle Arten der Familie (einschließlich der *Uca* Winkerkrabben) leben in Kolonien. Dort kommunizieren sie optisch, akustisch und chemisch. Lauterzeugung durch ein Stridulationsorgan an der größeren Schere, diese wird gegen die andere Schere gerieben. 'Ohren' in den Beinen.

Ocypode saratan — Aqaba, Jordanien

BLINDE GARNELE NEBEN DEM MEER

Entlang der Küste des Roten Meeres zeigen sich Risse in den angehobenen pleistozänen Riffen, und wo diese nahe genug am Meer liegen, können große Spalten mit Seewasser gefüllt und von einer außergewöhnlichen Meeresfauna besiedelt sein. Vor nur wenigen Jahren entdeckten Wissenschaftler solch einen Riß in der Nähe des berühmtesten Tauchplatzes auf der Sinai-Halbinsel. Der Fotograf erinnert sich an seine Erlebnisse in dieser und einer weiteren Spalte in Südägypten.

1. Die Spalte am Ras Mohamed.

Auf einem Ausflug nach Sharm-el-Sheikh fand ich eine kleine Broschüre mit dem Titel "Ras Mohamed, Guide to Wildlife and Diving" (R. M., Wildtier- und Tauchführer) in einem der örtlichen Souvenirläden. Beim flüchtigen Durchblättern fesselte das letzte Foto darin meine Aufmerksamkeit: ein Schnorchler steht in einer langen Bodenspalte auf der Landzunge von Ras Mohamed! Ich las, daß darin zwei Garnelenarten leben, die es sonst nirgendwo im Roten Meer gibt! Das war der Ort, den ich erforschen und wo ich Fotos von diesen Krabbeltieren machen wollte.

Zusammen mit meinem Führer fuhr ich im Landrover nach Ras Mohamed, um ein paar Landtauchgänge zu machen und nach der Spalte zu suchen. Was wir nicht lange tun mußten, denn eine staubige Piste führte uns direkt zu der wassergefüllten Spalte. Der Riß, der 1968 durch ein Erdbeben entstand, ist etwa 40 m lang und 0,2 bis 1,5 m breit. Er liegt rund 150 m von der nächsten Bucht entfernt und hat keine Verbindung zum Meer. Sein Wasserspiegel liegt 1 m tief unter der Oberfläche. Die Wassertiefe beträgt stellenweise über 14 m. Die Felswände sind ausgehöhlt und hängen über; daher gibt es in der Spalte große beschattete Areale, besonders entlang der algenbewachsenen Wände. Der Wasserkörper muß doch eine Verbindung zum Meer haben, da sein Spiegel mit den Gezeiten schwankt. Seine Temperatur beträgt um die 25 °C und der Salzgehalt 23 ‰. So weit die Fakten.

In der heißen Sonne ziehen wir unsere Tauchanzüge an. Unter der Oberfläche wird die Höhle breiter.

2. Die blinde Garnele Calliasmata pholidota an der algenbewachsenen Spaltenwand.

Das Wasser ist salzig und sehr klar, wir können von einem Ende des kleinen Sees zum anderen schauen. Als wir den abschüssigen Sandboden in die dunkleren Bereiche hinuntergleiten, sehe ich die erste Garnele frei im Wasser schwimmen. Offensichtlich ist es keine blinde Art, da sie schnell flüchtet, sobald ich sie zu fotografieren versuche. Die Höhlenwände sind mit Algen und Schwämmen bewachsen. Nach genauerem Hinsehen entdecke ich Muscheln,

3. Nahfoto der Ras Mohamed-Blindgarnele.

4. Die neuentdeckte Partnergarnele Periclimenes pholeter, die zusammen mit der blinden Garnele in dem vom Meer getrennten, unterirdischen See am Ras Mohamed lebt.

Käferschnecken und einige Manteltiere. Plötzlich eine schnelle Bewegung: es ist die blinde Garnele! Wunderschön hellrot gefärbt, verschwindet sie in einem Spalt. Im vorhandenen Licht sehe ich ihre langen Antennen und die zurückgebildeten Augen. Da sie sich immer noch bewegt, kann ich keine weiteren Details erkennen. Ich fokussiere sie durch den Sucher meiner Kamera. Beim ersten Fotoblitz flüchtet sie wie wild und versteckt sich unter Algen. Die Garnelensuche geht weiter. Es gibt mehr Augengarnelen als blinde, erstere sind leicht an der blaßorangen Farbe und den relativ großen Scheren zu erkennen.

Einen Monat später: zurück in Ägypten, nun aber in der südlichen Wüste auf dem Weg nach Marsa Alam, wo wir in einem Tauchcamp bleiben werden. Nachts sitzen wir ums Lagerfeuer und tauschen mit anderen Tauchern Informationen aus. Ich erzähle ihnen von der Spalte am Ras Mohamed, und der Tauchführer erwähnt, daß er eine ähnliche Spalte ganz in der Nähe kennt! Gleich morgens verlassen drei von uns das Camp, um diese zu untersuchen. Sie ist der am Ras Mohamed ähnlich, nur etwas breiter! Wir ziehen uns um und tauchen hinein. Schon von der Oberfläche aus sehen wir *Cassiopeia*-Quallen am Boden pulsieren. Bedacht, nichts aufzuwirbeln, tauchen wir durch den vom Meer getrennten See. Die Vegetation ist der im Ras Mohamed-See ähnlich, auch finden wir bald die Augengarnele mit ihren kräftigen Scheren. Die blinde jedoch läßt sich nicht blicken. Der Tauchführer bestätigt, nie eine gesehen zu haben. Die Wände sind von Grünalgen, Schwämmen, Tunikaten, auch Muscheln, Käferschnecken und kleinen, weißen Röhrenwürmern bedeckt. Seltsamerweise ist das Wasser an der Oberfläche viel kälter als am Boden. Auch diese Spalte wird schließlich zu eng zum Weitertauchen.

Daheim erfuhren wir, daß der holländische Experte Lipke B. Holthuis zusammen mit israelischen Kollegen sich dieser ungewöhnlichen Garnelen angenommen hatte. Beide Arten waren neu für die Wissenschaft, die blinde wurde sogar in eine neue Gattung gestellt. Die Gattung der Augengarnele *Periclimenes pholeter* gehört zur Familie Palae-

5. Taucher mit Kamera beim Dokumentieren des Unterwasserlebens in der Spalte bei Marsa Alam, Südägypten.

monidae und ist Tauchern vertraut, da im Roten Meer viele ihrer Arten vorkommen. Die blinde Garnele wurde *Calliasmata pholidota* benannt und gehört zur Familie Hippolytidae, die wichtige Arten der Korallenriffgesellschaften enthält. Auch auf einer Malediven-Insel und Hawaii wurden blinde Garnelen gefunden, wo sie ähnliche, vom Meer getrennte Habitate bewohnen, vergleichbar dem der Rotmeer-Hippolytide. Der unterirdische Wasserkörper am Ras Mohamed wurde erst nach seiner Öffnung zur Oberfläche durch ein Erdbeben (1968) entdeckt. Für die Wissenschaft steht aber fest, daß er schon lange vorher von seinen Bewohnern besiedelt war. Das Spreizen der Rotmeerregion durch Kontinentaldrift wird im Lauf der Zeit wahrscheinlich weitere solcher Spalten öffnen.

6. Die Partnergarnele Periclimenes pholeter aus dem See bei Marsa Alam.

STRUDELWÜRMER   PSEUDOCEROTIDAE

Pracht-Strudelwurm
Splendid flatworm
L: bis zu 3 cm. V: RM, IP. T: 2 - 30 m. A: der Stamm Platyhelminthes umfaßt die Plattwürmer, viele sind Parasiten. Die farbigen Meeresarten mit zwei Fühlern sehen wie Nacktschnecken aus. Unten: **Gelbpunkt-Plattwurm** *Thysanozoon flavomaculatum,* 4,5 cm.

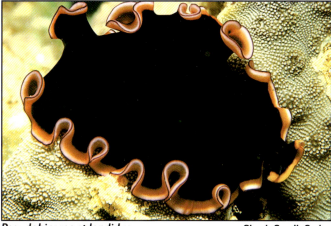

Pseudobiceros splendidus   Shaab Suadi, Sudan

SERPEL-RÖHRENWÜRMER   SERPULIDAE

Weihnachtswurm
Christmas tree worm
B: bis zu 1,5 cm. V: RM, IP. T: 1 - 26 m. A: der Stamm Annelida umfaßt segmentierte Würmer (auch den Regenwurm). Kalkröhre in lebender Koralle (*Porites*). Zwei bunte Tentakelspiralen, Operculum.

Spirobranchus giganteus   Tiran, Sinai

SABELLA-RÖHRENWÜRMER   SABELLIDAE

Indischer Röhrenwurm
Indian tubeworm
B: bis zu 10 cm. V: RM, IP. T: 5 - 34 m. A: Röhre überragt das Sandsubstrat, federartige Tentakel, Farbe variabel, oft geringelt, scheu, filtriert Plankton. Unten: *Filogranella elatensis* Kolonie (Serpulidae). B: 0,4 cm.

Sabellastarte indica   Shaab Sharm, Ägypten

FEUERKORALLEN — MILLEPORIDAE

Feuerkoralle
Fire coral
B: bis zu 100 cm. V: RM, IP. T: 2 - 20 m. A: Hydrozoe mit sprödem Kalkskelett. Stark nesselnder Planktonfresser mit endosymbiontischen Algen (Zooxanthellen). Schnellwachsende Kolonien in starker Strömung sonnenbeschienener Riffe. Polypen 1 bis 2 mm lang.

Millepora dichotoma — Wingate, Sudan

LEDERKORALLEN — ALCYONIIDAE

Lederkoralle
Leather coral
B: bis zu 15 cm. V: RM, IP. T: 1 - 15 m. A: Cnidaria, Anthozoa, Unterklasse Octocorallia. In der Sonne im Riff, mit Zooxanthellen. U: *Heteroxenia fuscescens,* 12 cm, häufigste Koralle im RM (Xeniidae).

Sarcophyton ehrenbergi — Brothers Islands, Ägypten

ORGELKORALLEN — TUBIPORIDAE

Orgelkoralle
Organ pipe coral   B: bis zu 100 cm. V: RM, IP. T: 2 - 14 m. A: Octocorallia, Ordnung Stolonifera. In der Sonne im Riff, mit Zooxanthellen. Kalkskelett rot, Polypen grau. Unt.: **Broccoli-Weichkoralle** *Lithophyton arboreum,* Nephtheidae, Alcyo.

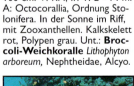

Tubipora musica — Wadi Gimal, Ägypten

BÄUMCHEN-WEICHKORALLEN   NEPHTHEIDAE

Klunzingers Weichkoralle
Klunzinger's soft coral
L: bis zu 100 cm. V: RM, IO.
T: 15 - 40 m. A: Octocorallia,
Ordnung Alcyonaria. Hydro-
skelett, rote Kalksklerite als
lose verteilte Nadeln in der
Körperwand. Rosa bis violett.
Auf Hartsubstrat, frißt nachts
Plankton, ohne Zooxanthellen.
Unten: *D. hemprichi*, 70 cm, RM.

Dendronephthya klunzingeri   Brothers Islands, Ägypten

GORGONIEN-SEEFÄCHER   SUBERGORGIIDAE

Hicksons Seefächer
B: bis zu 200 cm. V: RM, IP. T:
10 - 60 m. A: Octocor., Ord.
Gorgonaria. Flexibles, planes
Skelett. An Drop-offs in Strö-
mung, nächtl. Planktonfresser.

Annella mollis   Marsa Bareka, Sinai

KNOTEN-SEEFÄCHER   MELITHAEIDAE

Knoten-Seefächer
Splendid knotted fan coral
B: bis zu 80 cm. V: RM, Indischer Ozean. T: 20 - 60 m.
A: alle Anthozoen bis hier sind
Octocorallia (mit Achter-
symmetrie der Polypen). Steife,
orange bis rote Zweige mit
verschmolzenen Kalkskleriten
und intermediären flexiblen
hornigen Knoten. Weiße Polypen in der Hauptebene, beiderseits des Zweiges. Quer
zur Strömung auf tieferen Riffhängen, frißt Plankton. Oft sind
Ophiothela Schlangensterne um
die Zweige gewickelt. Gehört
zur Ordnung Gorgonaria.

Acabaria splendens   Shaab Rumi, Sudan

BEERENANEMONEN — ALICIIDAE

Alicia pretiosa — Tower, Sinai

Alicia-Anemone
Alicia anemone
L: bis zu 30 cm. V: RM, IP.
T: 15 - 50 m. A: ab hier bis
S. 298: **Hexacorallia** (mit
Sechsersymmetrie). Auf
Geröll, Stamm mit nesselnden
Blasen, fängt nachts mit langen,
stark nesselnden Tentakeln
Plankton. Order Actiniaria.
Unten: *Triactis producta*.

PARTNERANEMONEN — THALASSIANTHIDAE

Cryptodendrum adhaesivum — Jeddah, Saudi-Arabien

Noppenrand-Anemone
Knob-edged anemone
B: bis zu 35 cm. V: RM, IP.
T: 0,5 - 5 m. A: solitär, Körper
unter Steinen oder in Spalten
mit Geröll oder Sand verborgen. Obere Körperhälfte mit
klebrigen Tuberkeln. Mundscheibe sehr breit und wellig,
mit vielen kurzen, klebrigen,
verzweigten Tentakeln. Typisch
ist ein unverzweigter Rand
andersfarbiger Tentakel mit
runden Spitzen. Mund klein
(1 cm), Lippen in Kontrastfarbe. Färbung extrem variabel.
Wirt von Arten der Gattungen
Amphiprion, Thor, Periclimenes.

WIRTSANEMONEN — STICHODACTYLIDAE

Stichodactyla haddoni — Muscat, Oman

Haddons Wirtsanemone
Haddon's anemone B: bis zu
75 cm. V: RM, IP. T: 4 - 40 m.
A: warziger Stamm in Spalten,
Mundscheibe teppichartig. Ten.
nesseln nicht, äußere 2 cm
lang, zentrale 5 cm. Unten: *S.
mertensii*, ähnlich, aber orange
gepunktet, Tentakel nesseln.

WIRTSANEMONEN   STICHODACTYLIDAE

Prachtanemone
Magnificent anemone
B: bis zu 30 cm. V: RM, IP.
T: 1 - 10 m.
A: Stamm gedrungen, faßförmig, Farbe variabel, rot in sudanesischen Gewässern (Foto), Tentakel (bis zu 8 cm) grau, mit kugliger, irisierender, gelblicher Spitze. Auf Hartsubstrat an exponierten Stellen wie Drop-offs und Hänge, kann Ort wechseln. Oft viele zusammen (asexuelle Vermehrung durch Knospung). Wirt von *Amphiprion bicinctus* (Foto), auch von Porzellankrebsen. Mit Zooxanthellen. Wird bei Störung kuglig. Siehe auch WIE MACHT..., S. 142.

Heteractis magnifica   Shaab Suadi, Sudan

Lederanemone
Leather anemone...B: bis zu 30 cm. V: RM, IP. T: 3 - 40 m. A: Stamm ledrig, warzig, lange Tentakel in konzentrischen Ringen. Oft in Spalten verborgen, nur Mundscheibe sichtbar. Farbe variabel. Auf sandbedecktem Hartsubstrat. Wirt von *Amphiprion* (Foto) und *Periclimenes*. Mit Zooxanthellen.

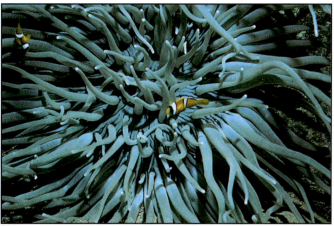

Heteractis crispa   Na'ama Bay, Sinai

SEEANEMONEN   ACTINIIDAE

Knubbelanemone
Bubble anemone
B: bis zu 40 cm. V: RM, IP. T: 2 - 30 m. A: Stamm glatt, Tentakelspitzen geschwollen. Siehe auch NESSELSCHUTZ, S. 204. Unt.: seltene Scheibenanemone *Discosoma* sp. (Discosomatidae), 12 cm, Zooxanth., keine Ten.

Entacmaea quadricolor   Dahab, Sinai

BUSCHKORALLEN　　　　　　　POCILLOPORIDAE

Himbeer-Buschkoralle
Raspberry coral
B: bis zu 30 cm. V: RM, IP. T: 2
- 10 m. A: auf der Riffplattform
häufig. Pioniersiedler, im Wettbewerb aber chancenlos. Kolonien sind Habitat von Gesellschaften (andere als in *Acropora*) von Garnelen, Korallenkrabben, *Dascyllus*- und *Chromis*-Arten. U: weiße *Acropora*-Arten.

Pocillopora damicornis　　　　Wadi Gimal, Ägypten

KELCHKORALLEN　　　　　　　DENDROPHYLLIIDAE

Gelbe Kraterkoralle
Yellow waver coral
B: bis zu 120 cm. V: RM, IP.
T: 4 - 25 m. A: einzige Art der
Gattung im RM. Oberseite mit
deutlich getrennten Polypen,
ihre Koralliten (individuelle
Gehäuse) überragen die Oberfläche des Korallums (Hauptkörper). Grünlichgelb, Polypen
kräftiger gefärbt. Sehr variabel:
oft inkrustierend, meist mit
freien Rändern, oft zylindrisch
gefaltet. Kann große Flächen
geschützter Riffhänge bewachsen. Ein weitere, farbenfrohe
Art der Familie ist *Tubastraea
faulkneri* auf dem Titel.

Turbinaria mesenterina　　　　Marsa Bareka, Sinai

KEGELKORALLEN　　　　　　　MERULINIDAE

Kegelkoralle
Cone coral
B: bis zu 120 cm. V: RM, IP. T:
1 - 40 m. A: massive Kolonien
in geschützten Riffen, Korallitenwände erheben sich zu
kegelförmigen, ovalen 'Hydnae'. Unten: *Acropora* Tischkoralle, artenreichste Gattung.

Hydnophora exesa　　　　　　Wadi Gimal, Ägypten

298

SEESTERNE   OPHIDIASTERIDAE

Ägyptischer Seestern
Egyptian sea star
B: bis zu 15 cm. V: RM, IP.
T: 5 - 30 m. A: fünf konische
Arme, Querschnitt rund, mit
konischen Dornen. Nachtaktiv.
  Echinodermata sind ein
mariner Stamm mit 5 Hauptklassen: Seesterne (Asteroidea)
sind Räuber (siehe NACHTJÄGER..., S. 236), Federsterne
(Crinoidea) filtrieren Plankton,
Schlangensterne (Ophiuroidea)
sammeln den Bakterienfilm
von der Oberfläche, Seeigel
(Echinoidea) weiden Algen,
Seegurken (Holothurioidea)
sieben das Substrat. Alle haben
ein mehr oder weniger flexibles äußeres Kalkskelett.

Gomophia egyptiaca   Jeddah, Saudi-Arabien

Perlenseestern
Pearl sea star
B: bis zu 10 cm. V: RM, IP.
T: 1 - 30 m. A: Färbung typisch,
auf Sand und Korallengeröll in
Lagunen und Hartböden des
Riffhangs. Frißt Detritus und
kleine Wirbellose. Unten:
Ghardaqa-Seestern *F. ghardaqana*, bis 8 cm, nur RM, 5 zentrale Flecken, können fehlen.

Fromia monilis   Seven Brothers, Jemen

GRIFFEL-SEEIGEL   ECHINOMETRIDAE

Griffelseeigel
Slate-pencil sea urchin
B: bis zu 30 cm. V: RM, IP.
T: 0,5 - 8 m. A: tags in Riffspalten verkeilt. Frißt nachts Algen.
Unten: juveniler **Schwarzer
Diademseeigel** *Echinothrix
diadema*, 10 cm, RM, IP,
Familie Diadematidae.

Heterocentrotus mammillatus   Aqaba, Jordanien

LEDER-SEEIGEL — ECHINOTHURIIDAE

Asthenosoma marisrubri — Aqaba, Jordanien

Lederseeigel
Toxic leather sea urchin
B: bis zu 18 cm. V: nur RM. T: 3 - 28 m. A: Färbung variabel, überall im Riff, im RM nicht häufig, aber verbreitet. Vom indo-pazifischen *A. varium* verschieden, erwartet Beschreibung. Nachtaktiv, omnivor (Algen, Schwämme, Seescheiden). Stachelspitzen mit weißen Giftblasen, Stiche sehr schmerzhaft!

Alle Stachelhäuter haben ein sogenanntes Ambulakralsystem, bestehend aus wassergefüllten Röhren, die in vielen kleinen Füßchen enden. Diese, Stacheln und diverse 'Werkzeuge' dienen Fortbewegung und Hantieren der Nahrung.

GIFT-SEEIGEL — TOXOPNEUSTIDAE

Tripneustes gratilla — Dahab, Sinai

Bischofsmützenseeigel
Parson's hat sea urchin
B: bis zu 12 cm. V: RM, IP. T: 1 - 10 m. A: getarnt in Seegras, Farbe variabel. Giftige Pedicellarien zwischen den Stacheln. Herbivor. Unten: **Sanddollar** *Clypeaster humilis,* Clypeasteridae, bis 8 cm, im Sand grabend.

SEEGURKEN — STICHOPODIDAE

Stichopus monotuberculatus — Hurghada, Ägypten

Stachel-Seegurke
Tubercle sea cucumber
L: bis zu 40 cm. V: RM, IP. T: 1 - 30 m. A: in Seegras und auf Sand, filtert Sediment nach Detritus und Mikroorganismen. Unten: **Eßbare Seegurke** *Holothuria edulis,* Holothuriidae, bis 30 cm, 1 - 25 m, häufig.

FEDERSTERNE   COLOBOMETRIDAE

Sägezahn-Federstern
Sawtooth feather star
Breite: bis zu 12 cm.
Verbreitung: RM, IP.
Tiefe: 15 - 50 m.
Allgemein: dieser Crinoide lebt
auf Gorgonarien (Foto), Feuer-
und Weichkorallen oder
Schwämmen, wo er sich tage-
lang aufhält, ohne sich weit zu
bewegen. Manchmal sitzen
mehrere Individuen auf einem
Wirt. Zehn Arme (eigentlich
fünf, jeder an der Basis gespal-
ten; andere Arten mit 20, 40
oder sogar bis zu 200), die Tag
und Nacht ausgebreitet sind,
um Mikroplankton zu fangen.
Färbung variabel. Schwimmt mit
Wellenbewegung der Arme.

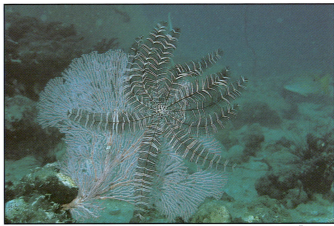

Oligometra serripinna   Daedalus Reef, Ägypten

KEULENSEESCHEIDEN   CLAVELINIDAE

**Gestielte
Keulenseescheide**
Stalked club sea squirt
L: bis zu 1,5 cm. V: RM, AM, IP.
T: 15 - 50 m. A: in Kolonien
Dutzender Individuen. Transparent, Stiel und Darm orange.
  Seescheiden (Klasse **Asci-
diacea**, Stamm Chordata)
gehören zu den nächsten Verwandten der Wirbeltiere inkl.
des Menschen. Alle 2.000
solitären oder koloniebilden-
den Arten sind marin und ses-
sil. Manche sehen aus wie bunte Schwämme. Ein Tier gleicht
einer Vase mit 2 Öffnungen.
Innere Kieme als Planktonfilter.

Clavelina detorta   Salalah, Oman

GEWÖHNLICHE SEESCHEIDEN   ASCIDIIDAE

Wachposten-Seescheide
L: bis zu 18 cm. V: AM. T: 3 -
15 m. A: auffälligste Seescheide
auf den Riffplattformen um die
Arabische Halbinsel. Solitär,
Färbung variabel (siehe Fotos).
Order Phlebobranchiata.

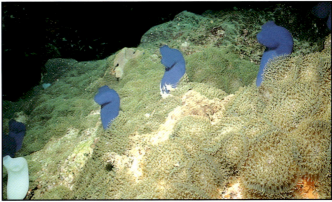

Phallusia sp.   Ras Mirbat, Oman

MEERESSCHILDKRÖTEN CHELONIIDAE

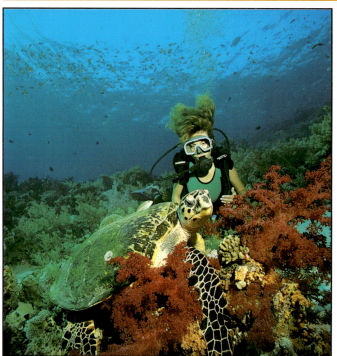

Chelonia mydas Sabargad, Ägypten

Suppenschildkröte
Green sea turtle

Von sieben Arten mariner Schildkröten kommen fünf pantropische im Roten Meer vor, zwei davon häufig. Alle sind aquatisch außer für kurze Zeit, wenn - oft nach langen Wanderungen - die Weibchen etwa alle zwei Jahre auf den Strand zurückkehren, wo sie geboren wurden, um ihre Eier abzulegen. 50 bis 150 werden in ein mühselig mit den Hinterflossen gegrabenes Loch abgelegt und sofort mit Sand bedeckt. Dort liegen sie für rund zwei Monate, nur die Sonnenwärme ist für ihre Reifung zuständig. Die Sterblichkeit von Eiern und Schlüpflingen ist durch viele Räuber extrem hoch (Seevögel, Echsen, Mensch). Meeresschildkröten sind carnivor und fressen Quallen, Schwämme, Manteltiere, Krebse, Kopffüßer und Fische. Nur adulte Suppenschildkröten (zweithäufigste Art unseres Gebietes, ein Paar Schuppen zwischen den Augen) fressen Seegras und Algen.

Eretmochelys imbricata Ras Abu Galum, Sinai

Echte Karettschildkröte
Hawksbill sea turtle

Leicht an zwei Paar Schuppen zwischen den Augen zu erkennen. Häufigste Art unseres Gebietes. Schildkröten sind erheblich älter als Dinosaurier, aber die heutigen Populationen der evolutionär sehr erfolgreichen Meeresschildkröten sind durch den Menschen stark bedroht: durch Jagd, Sammeln der Eier, versehentliches Ertrinken in riesigen Treibnetzen, die eigentlich Thune, Makrelen und andere pelagische Fische fangen sollen, durch Verschlucken von Rohöl oder treibendem Abfall und besonders durch Brutplatzzerstörung. Letzteres geschieht, wenn neue Hotelkomplexe genau an den Stränden errichtet werden, zu denen die Schildkröten zur Eiablage zurückkehren, geleitet vom natürlichen Instinkt und fantastischer Navigation. Leider stehen heute alle Meeresschildkröten auf der Roten Liste der IUCN (International Union for Conservation of Nature).

SEESCHLANGEN   HYDROPHIIDAE

Seeschlangen sind nicht nur riesige Fabelwesen, welche die Weltmeere unsicher machen, sondern auch eine Familie lungenatmender Reptilien, die hervorragend und ausdauernd (mindestens 30 Min.) tauchen können. In Anpassung an die Fortbewegung im Wasser ist ihr Hinterkörper seitlich stark abgeplattet (Ruderschwanz). Adulte sind 0,5 bis 2 m lang und erreichen je nach Art ein Alter von bis über 10 Jahren.

Die 54 vollmarinen Arten der Unterfamilie Hydrophiinae, davon allein 29 in der Gattung *Hydrophis,* gebären nach langen Tragzeiten von bis zu 9 Monaten etwa 12 lebende Junge unter Wasser. Die 5 amphibischen Seekobra-Arten der Gattung *Laticauda* (Unterfamilie Laticaudinae) hingegen legen ihre Eier wie die meisten Schlangen an Land ab.

Pelamis platurus   Jubail, Arabischer Golf

Viele Geschichten werden von ihrer Gefährlichkeit erzählt. In der Tat sind sie extrem giftig, so produziert die Schnabel-Seeschlange *Enhydrina schistosa* bis zu 15 mg eines Giftes, von dem 1,5 mg einen Erwachsenen töten können. Doch Seeschlangen sind nicht aggressiv, kein unprovozierter Angriff auf Taucher, Schnorchler oder Riffwanderer ist belegt. Aus Südostasien allerdings wurde von Unfällen mit Fischern berichtet, die beim Entfernen der Tiere aus dem Netz gebissen wurden.

Viele Seeschlangenarten bewohnen tropische Korallenriffe, wo sie meist in rund 10 m Tiefe Bodenfische wie Grundeln, Muränen und Röhrenaale jagen, andere sind auf Fischlaich spezialisiert. Sie selbst werden von Seeadlern und Tigerhaien gefressen. Wegen ihrer Giftigkeit und der auffälligen, hell/dunkel-geringelten Warnfärbung vieler Arten werden sie allerdings von den meisten Raubfischen gemieden.

Astrotia stokesii   Ras al Hadd, Oman

Außer im Roten Meer nördlich von Bab el Mandeb kommen 10 Arten der Unterfamilie Hydrophiinae in unserem Gebiet vor. Dies liegt an 16 °C kaltem Auftriebswasser, das im Golf von Aden eine Barriere bildet. Augenzeugenberichte von Seeschlangen im Roten Meer gehen sicher nur auf eine Verwechslung mit dem Ringelschlangenaal *Myrichthys colubrinus* zurück!

Enhydrina schistosa   Kuria Muria Islands, Oman

VÖGEL AVES

VÖGEL AVES

Seevögel des Roten Meeres (Körperlänge in cm)

1. **Fischadler** *Pandion haliaetus* 50 cm. Zeigt oft bussardartigen Rüttelflug bei der Jagd. Taucht beim Fischfang häufig ins Wasser. Frißt auch Säuger, Frösche und Krebse. Gelegentlich in losen Kolonien. Ca. 200 Paare in Ägypten. Häufig an der Arab. Halbinsel. Weltweite Verbreitung. **2. Weißbauchtölpel** *Sula leucogaster* 70 cm. Lebt als Stoßtaucher auf dem offenem Meer. Nistet auf Inseln (Farasan, Suakin). Weit verbreitet an der Arab. Halbinsel. Weltweit in Tropen und Subtropen. **3. Rotschnabel-Tropikvogel** *Phaethon aethereus* 50 cm. Pelagische Art, taubenartiger Flug. Stoßjäger aus großen Höhen. Charakteristische verlängerte Schwanzfedern. Felsbrüter. Tropen und Subtropen. **4. Weißaugenseeschwalbe** *Larus leucophthalmus* 40 cm. Roter Schnabel. Wenig scheu, folgt oft Schiffen. Überwintert im Indischen Ozean. Kehrt im Frühling zu den Nistplätzen an der Arab. Halbinsel zurück. **5. Hemprich-Möve** *Larus hemprichi* 40 cm. Gelber Schnabel. Im Winter in Ägypten oft an Inseln. Im Sommer an der gesamten Arab. Halbinsel bis Ostafrika. **6. Rötelpelikan** *Pelecanus rufescens* 130 cm. Jungvögel grau. Oft in Gruppen auf Sardinenjagd in Lagunen und Häfen. Küstenbrutvogel von Sudan bis Jemen. Trop. Afrika. **7. Rußseeschwalbe** *Sterna fuscata* 40 cm. Meeresvogel, der oft nachts Schiffen folgt. Brutvogel auf ozean. Inseln der Tropen und Subtropen. Oman und Arab. Golf. **8. Zügelseeschwalbe** *Sterna anaethetus* 36 cm. Im Sommer in losen Kolonien auf flachen Inseln von Suakin bis Farasan und Hanish, vielleicht Brothers Is. Tropen und Subtropen. **9. Weißwangenseeschwalbe** *Sterna repressa* 33 cm. Wenig scheuer Fischfresser. Brütet im Sommer häufig in dichten Kolonien auf Küsteninseln vom Roten Meer bis Somalia und Indien. **10. Noddiseeschwalbe** *Anaous stolidus* 40 cm. Dunkelbraun mit gekerbtem Schwanz. Nistet in großen Kolonien auf Sand- oder Buschinseln. Südl. Rotes Meer. Tropen und Subtropen. **11. Eilseeschwalbe** *Sterna bergii* 50 cm. Gelber Schnabel. Häufig in Häfen und um Schiffe. Oft als Koloniebrüter mit der nächsten Art zusammen. Rotes Meer bis Pazifik. **12. Rüppell-Seeschwalbe** *Sterna bengalensis* 37 cm. Rotgelber Schnabel. Geselliger Fischfresser. Arab. Halbinsel bis Australien. **13. Goliathreiher** *Ardea goliath* 120 cm. Schwarz-grau, Flug langsam. Als Fischfresser immer in Wassernähe. Sinai und Arab. Halbinsel. **14. Rosaflamingo** *Phoenicopterus ruber* 160 cm. Oft in Gruppen in flachen Lagunen bei der Nahrungssuche nach kleinen Krebsen. Im Winter unregelmäßiger Zugvogel, vorwiegend aus Südeuropa, Asien und Nordafrika. **15. Küstenreiher** *Egretta gularis* 55 cm. Zwei Farbvarianten, auch Mischfarben. Gelber Schnabel. Bei der Nahrungssuche im Flachwasser werden die Flügel oft gespreizt, um die Beute im Schatten zu erkennen. Häufiger Küstenvogel an der Arabischen Halbinsel. **16. Reiherläufer** *Dromas ardeola* 36 cm. Kräftiger Schnabel. In Lagunen und an Küstenriffen. Brütet in Sandhöhlen. Gelegentlich in Ägypten, regelmäßig im südlichen Roten Meer, Arabischen Golf und Ostafrika.

Jedes Jahr ziehen Millionen von Zugvögeln von den nördlichen Brutplätzen gen Süden. Dieses Zugverhalten ist wahrscheinlich nach der letzten Eiszeit vor 40.000 Jahren entstanden, als Nordafrika eine üppige Vegetation aufwies und halb Europa von Tundren und Eismassen bedeckt war. Heute sind Gibraltar, Malta und die Dardanellen die wichtigsten "Brücken" für Zugvögel. Die Sinai-Halbinsel ist die einzige Landbrücke für Zugvögel zwischen Asien und Afrika und ein wichtiger Rastplatz: Zehntausende von Weiß- und Schwarzstörchen, Adlern und Bussarden (praktisch die gesamte osteuropäische Population) können im Oktober oder März an guten Zugtagen beobachtet werden. Unzählige Singvögel ziehen im Herbst oder Frühjahr durch die Sinaiwüste: an Küstenorten ist oft jeder Busch mit Nachtigallen, Wiedehopfen, Laubsängern oder Steinschmätzern belegt. Die meisten Landzieher benutzen den Nil als wichtigste Zugstraße, während die Seevögel das parallel liegende Rote Meer gen Süden bevorzugen. Für die meisten der nördlichen "Seenomaden" bleibt aber das Rote Meer der wichtigste Winterrastplatz: Sturm-, Silber-, Zwerg- und Dünnschnabelmöven können an den Küsten beobachtet werden. Viele Seeschwalben sind im Winter recht häufig: Zwerg- (brütet auch im südlichen Roten Meer), Lach-, Raub- und Brandseeschwalben ziehen entlang der Küsten.

Um Tauchen und Ornithologie zu verbinden, ist eine Schiffsreise ideal. Neben abenteuerlichen Tauchgängen in entlegenen Gebieten gibt es genug Pausen für einzigartige Vogelbeobachtungen. So lassen sich Schieferfalken an den Brothers I. bei Sonnenuntergang bei der Jagd nach Fledermäusen und ziehenden Schwalben beobachten. Die Falken nisten an Felswänden, auf flachen Inseln oder sogar in Mangrovenbäumen. Die auffälligste Art ist der häufige Fischadler, ein seltener Brutvogel Schottlands und Westdeutschlands, aber noch regelmäßig in Ostdeutschland und Skandinavien vorkommend. Sein charakteristischer Flötenruf ist am Brutplatz zu hören: an fossilen Kliffs, steilen Felsinseln oder sogar auf flachen Sandinseln. Bei El Quseir und im Sinai nistet er sogar - wie in Ostdeutschland - auf Strommasten. Die Vögel bauen 1 m große Nester und legen in den kühlen Wintermonaten von Dezember bis April 2 bis 4 Eier. Gelegentlich brüten sie in losen Kolonien nah beieinander. Das Jagdverhalten der Adler ist bemerkenswert: sie rütteln wie ein Bussard über dem Riffdach oder über der Brandung (Jemen) und stürzen plötzlich mit vorgestreckten Greifen ins Wasser, verschwinden kurz in der Gischt und tauchen dann mit der zappelnden Beute auf. Nachdem sie das Salzwasser abgeschüttelt haben, fliegen sie direkt zu einem nahen Felsen oder Pfahl. Im Roten Meer haben sich Fischadler auf Riff-Fische spezialisiert (Kaninchen- und Papageifische, Meerbarben).

Die Küsten Sudans besitzen berühmte Brutkolonien für Seevögel: auf den flachen Suakininseln südlich von Port Sudan findet man im Juni/Juli große Kolonien von Möven (Nr. 4 und 5) und Seeschwalben (Nr. 8 bis 11). Diese entlegenen, kahlen und wasserlosen Inseln sind für viele Seevögel ideale Brutplätze. Die umliegenden Gewässer haben reiche Nahrungsgründe und selbst Mantas werden von dem planktonreichen Wasser angelockt. Aber diese Gebiete ziehen leider auch jemenitische Fischer an, die das Gebiet nach Haien, Mantas und Schildkröten ausbeuten. Vier Meeresschildkröten-Arten leben hier, und Karettschildkröten sieht man noch bei jedem Tauchgang. Die 200 Kalksteininseln im Dhalak Archipel (Eritrea) und die Vulkaninseln Zugar und Hanish (Jemen) sind für jeden Vogelbeobachter Paradiese. Tausende von Seeschwalben und Möven nisten auf den Inseln. Auf den ausgedehnten Wattflächen sieht man Reiher neben verschiedenen nördlichen Watvögeln. Raritäten wie Rötelpelikane, Reiherläufer, Löffler und Tropikvögel nisten auf den Inseln. Es gehört zu den spektakulärsten Beobachtungen, wenn nach einem Tauchgang an den Hanish Inseln weiße Pelikane auf dem schwarzen Strand hocken und elegante Tropikvögel am blauen Himmel kreuzen.

DUGONGS   DUGONGIDAE

Seekühe sind Säugetiere und werden in zwei Familien der Ordnung **Sirenia** zusammengefaßt. Es sind hoch spezialisierte Wassertiere, deren Vorderbeine echte Flossen ohne gegliederter Finger bilden und die im Schulter- und Handgelenk frei beweglich sind. Das Tier stützt sich darauf und benutzt sie zu komplizierten Bewegungen, etwa um Nahrung ins Maul zu stopfen. Die Hintergliedmaßen sind bis auf im Körper verborgene Reste des Beckens reduziert. Der Hinterrumpf ist gestreckt und geht in einen dicken Schwanzstiel über, der in einer flachen, horizontal gestellten Schwanzflosse ohne inneres Knochenskelett endet. Bei der Familie Trichechidae (Rundschwanzseekühe) ist diese abgerundet, bei den Dugongidae (Gabelschwanzseekühe) gegabelt. Die Oberlippe ist stark entwickelt und bildet zusammen mit der Nase so etwas wie einen Rüssel, der über die Unterlippe herabhängt, sehr beweglich ist und den Pflanzenfressern zum Nahrungsgreifen dient. Die kleinen Augen sind durch das Sekret einer besonderen Drüse gegen das Salzwasser geschützt. Ungewöhnlich für Säuger ist das System des Zahnersatzes: neue erscheinen am Hinterende der Zahnreihe, so daß sich die gesamte Reihe ständig horizontal nach vorne verschiebt. Einen solchen Zahnwechsel findet man sonst nur bei den entfernt verwandten Elefanten.

Dugong dugon   beide Fotos Shaab Marsa Alam, Ägypten

Der Lebensraum der Seekühe liegt zwischen dem der anderen Meeressäuger-Ordnungen, der Robben und Wale: sie gehen niemals aufs Trockene, vermeiden aber auch das offene Meer; sie bevorzugen das Littoral tropischer Küsten mit Mangroven, Lagunen und Flußmündungen. Es gibt bzw. gab 5 rezente Arten. Die der Familie **Manatis** (Trichechidae) haben 6 Halswirbel. Die bekannteste ist *Trichechus manatus* (4 m, 400 kg), sie wechselt zwischen Meer- und Süßwasser und lebt an der Ostküste Amerikas von Florida bis nach Brasilien. Die **Dugongs** (Dugongidae) haben 7 Halswirbel. *Dugong dugon* (3 m, 400 kg), im Roten Meer und an der afrikanischen Ostküste fast ausgerottet, von dort bis in den Westpazifik verbreitet, ist um Nord-Australien noch in kleinen Herden zu finden. Die **Stellersche Seekuh** *Hydrodamalis gigas* (8 m, 3.200 kg) lebte im Beringmeer, wurde erst 1741 entdeckt und war 27 Jahre später vom Menschen ausgerottet. Im Tertiär waren Seekühe wesentlich häufiger und weiter verbreitet als heute. *Halitherium schinzi* (2,5 m, 200 kg) lebte im Oligozän vor 30 Millionen Jahren im Mainzer Becken Deutschlands. Durch das Washingtoner Artenschutzabkommen (CITES) sind die als sehr menschenscheu geltenden Dugongs unter Schutz gestellt worden, zu spät für viele Populationen. Noch 1930 wurde von einem Dugong berichtet, der durch den Suezkanal an die Küste Palästinas gelangt war! Leider sind heute die Dugongs in den Mangroven des Sinai oder vor den Küsten Jemens und Äthiopiens so gut wie verschwunden. Aber es gibt noch einige wenige bei den Tiran-Inseln, der Wedj-Bank und im Golf von Suez. Auch um die südlichen Archipele, das Festland südlich von Al Lith und in den seichten Gewässern vor Port Sudan, Suakin und dem Dahlak-Archipel kommen sie noch vor. Insgesamt schätzt man die Rotmeer-Population auf etwa 4.000 Tiere. Die Dugongs und die atlantischen Manatis sind die einzigen pflanzenfressenden Meeressäuger der Erde. Jedes Tier frißt am Tag bis zu 40 kg Seegras und Algen. Der älteste bekannte Dugong war 70 Jahre alt. Die Größe ihrer sozialen Gruppen hängt von Futterangebot und Umweltbedingungen ab. Die meisten Dugongs leben paarweise (Weibchen und Männchen oder Mutter mit Kalb). Sie nutzen Ebbe und Flut, um größere Distanzen zurückzulegen und fressen bei Flut, da einige Seegraswiesen bei Ebbe trockenfallen. Die Wassertiefe an den Freßplätzen beträgt oft nur 2 m, das Wasser ist vorzugsweise trüb. Beide Fotos zeigen dasselbe Tier an der Südküste Ägyptens. Es wird regelmäßig von der Crew eines Live-aboards besucht, die mit ihm Freundschaft schloß und sich ihm nähern darf.

DELPHINE — DELPHINIDAE

Die marine Säugerordnung **Cetacea** (Wale) umfaßt zwei Unterordnungen: Zahnwale (Odontoceti, einschließlich der Delphine) und Bartenwale (Mysticeti, siehe folgende Seite). Sie sind keine Korallenriffbewohner, sind aber häufig in der Nähe zu sehen. Obwohl diese eleganten, fischförmigen Tiere wie wir Säuger sind, gibt es zwischen ihnen und dem Menschen mehr Unterschiede als Gemeinsamkeiten. An ihrer Schnauzenspitze sitzen ein paar Haare, und sie säugen ihre Jungen. Aber der stromlinienförmige Körper ist exzellent an ein Leben im offenen Wasser angepaßt, die Vorderbeine sind zu Flossen umgebildet. Die Hinterbeine sind völlig reduziert, eine horizontale Schwanzflosse (Fluke) treibt alle Wale an. Delphine erreichen leicht UW-Geschwindigkeiten von über 40 km/h, was durch eine spezielle Hautstruktur ermöglicht wird (Widerstandsreduktion). Ihr Hirn ist größer und komplexer als das des Menschen. Die meisten der 45 Arten der Familie leben in tropischen Gewässern und kommen nur selten in kältere Breiten. Zwei häufige Arten unseres Gebietes werden gezeigt: **Großer Tümmler** *Tursiops truncatus* und **Spinner-Delphin** *Stenella longirostris*. Auch **Risso-Delphin** *Grampus griseus*, **Falscher Schwertwal** *Pseudorca crassidens* und **Schwertwal** *Orcinus orca* wurden im Gebiet beobachtet. Delphine leben sehr sozial, einige in riesigen Schulen von bis zu mehreren Tausend. Mütter mit Jungen, Subadulte und Adulte bilden oft getrennte Gruppen innerhalb der Schule. In der Nähe von Marsa Alam, Ägypten, hat sich ein Taucher mit einer Gruppe von Spinner-Delphinen bei regelmäßigen jährlichen Besuchen angefreundet. Er wird von der Gruppe voll akzeptiert und kann ihr Balz- und Paarungsverhalten (siehe Foto unten) aus der Nähe studieren.

Tursiops truncatus (Mutter mit Kind) — Nuweiba, Sinai

Stenella longirostris — beide Fotos Marsa Alam, Ägypten

307

UNGLAUBLICHE BEGEGNUNG

Wer im Roten Meer taucht, der erwartet Korallen, bunte Fische und mit Glück auch Mantas oder Haie. Bestimmt aber keinen Wal, der normalerweise die Hochseegewässer der großen Ozeane durchstreift! Bei Dahab an der Sinai-Küste im Golf von Aqaba überraschte ein Wal ein Team von drei Tauchern dicht an einem Korallenriff. Der Fotograf erinnert sich an den Tauchgang und die Reaktionen auf diese unglaubliche Begegnung.

Während eines Nachmittag-Tauchgangs nahe dem bekannten Canyon bei Dahab erfreuten wir uns dicht am Riff an den Fischschwärmen. Nach 20 Minuten tauchten wir in einer Tiefe von etwa 15 m am Riff entlang. Da wir alle die Tiere im Riff beobachteten, paßte niemand auf, was hinter unseren Rücken geschah. Plötzlich fühlten wir uns alle von hinten beobachtet. Also drehten wir uns um und sahen etwas, was wir unser Leben lang nicht mehr vergessen werden. In etwa 10 m Entfernung und auf gleicher Höhe mit uns schwamm ein riesiges Tier, offensichtlich ein Bartenwal mit sehr großen Brustflossen. Ein grotesker Anblick, ein solch ozeanisches Tier im Seichten so nahe am Riff zu sehen, wo es kaum Platz zum Schwimmen hatte.

ALLE FOTOS: BERND VOGEL

Mit einem Blick zu den Tauchpartnern versicherte man sich, daß dies keine Einbildung war oder man gar mit irgendwelchen tauchphysiologischen Problemen zu kämpfen hatte. Inzwischen kam der Wal langsam auf uns zu, wobei wir den Eindruck hatten, daß er uns ebenso interessiert beobachtete wie wir ihn. Als er gerade an uns vorbeigezogen war, wendete der Wal, indem er sich zunächst senkrecht im Wasser aufstellte, so daß sein Maul die Oberfläche erreichte und die Schwanzflosse dabei fast den Grund berührte. Dann ließ er sich langsam wieder, in unsere Richtung gedreht, in die Horizontale sinken. Als wir uns vorsichtig näherten, vergrößerte der Wal die Distanz etwas. Nachdem er noch einmal an uns vorbeigeschwommen war, verschwand er in Richtung auf das offene Meer. Aufgeregt und begeistert beendeten wir unseren Tauchgang und begannen, über dieses einzigartige und außergewöhnliche Erlebnis zu sprechen, sobald wir die Oberfläche erreicht hatten. Wir stimmten darin überein, einen Buckelwal *Megaptera novaeangliae* gesehen zu

haben, leicht an den langen Brustflossen zu erkennen. Als wir von unserer Begegnung berichteten, stießen wir zunächst auf große Skepsis. Glücklicherweise hatten wir einige Fotos übrig, um diesen Leviathan auf Film zu bannen. Hier kann man ihn mit dem Riff im Hintergrund sehen (links). Außerdem berichtete ein schnorchelnder Beduine von einem Fisch, "so groß wie ein Boot". Als man ihm ein Walbuch vorlegte, zeigte er sofort auf den Buckelwal. Unser Wal war ein Jungtier von rund 8 m Länge, etwa 10 Monate alt. Wir hoffen, daß dieser Riffbesucher im Roten Meer überleben kann.

ROCHEN UND HAIE — ELASMOBRANCHII

Die letzten Seiten dieses Buches wenden sich einer Gruppe von Fischen zu, die sich von den Knochenfischen zu Beginn etwas unterscheiden. Es wurde nämlich Wert darauf gelegt, die Knorpelfische abschließend zu präsentieren. Denn viele Haie und Rochen können im Roten Meer und an den Küsten der Arabischen Halbinsel von Tauchern immer noch beobachtet werden. Das ist nicht selbstverständlich, denn woanders sind jene insbesondere durch unkontrolliertes Fangen mit Treibnetzen erheblich gefährdet, in denen diese wichtigen Mitglieder der Nahrungskette gleich zu Tausenden ertrinken. Zudem werden Haie auch deshalb gezielt verfolgt, um ihnen lebend (!) die Flossen abzuschneiden, die dann in Suppen oder als männliche Potenzhilfen "kommerziell" genutzt werden. Die hilflosen Tiere werden danach wieder ins Meer geworfen und verenden elendig. In unserem Sprachraum bemüht sich insbesondere die Deutsche Elasmobranchier-Gesellschaft e.V. (DEG) in Hamburg engagiert, die Öffentlichkeit auf diese Mißstände aufmerksam zu machen.

Das Skelett von Haien und Rochen wird aus mehr oder weniger kalkhaltigen Knorpelzellen aufgebaut. Die Wirbelsäule, die sich vom Kopf bis zur oberen Schwanzflossenspitze erstreckt, besteht - je nach Art - aus 60 bis 420 Wirbelkörpern. Alle Flossen sind durch Knorpelstützgürtel verankert. Die der Fortbewegung dienende Seitenrumpfmuskulatur ist durch bindegewebige Scheidewände fest mit der Wirbelsäule verbunden und reicht vom Schädel bis zur Schwanzflosse. Separate Muskelgruppen konzentrieren sich auf Kiefer und Brustflossen. Früheste Funde heute noch lebender Haie sind fossile Zähne des Makohais (etwa 100 Mill. Jahre alt) und des Weißen Hais (etwa 65 Mill. Jahre alt): seit Beginn des Tertiärs, der Periode gewaltiger Gebirgsauffaltungen (Alpen, Himalaya, Anden), schwimmen also Vertreter rezenter Haie fast unverändert durch die Evolution! Wie bescheiden klingen im Vergleich die 120.000 Jahre, als sich der Vormensch zum Homo erectus aufrichtete.

Knorpelfische sind Fleischfresser, und obwohl viele gerade das fressen, was sie bekommen können, gibt es Arten, die Vorlieben haben. So verzehren Hammerhaie gern Stechrochen, Adler- und Kuhrochen dagegen Muscheln. Allerdings hängt das Jagdverhalten auch vom Alter des Jägers ab: kleine Tigerhaie ernähren sich meist von Seeschlangen, während große Exemplare Schildkröten angreifen. Junge Adlerrochen suchen Muscheln direkt unter dem Sediment, während Alttiere mit ihrem ausgeprägten Kopf im tiefen Sand graben. Haiflossen-Gitarrenrochen, Stech- und Adlerrochen haben ein spezielles Malmgebiß entwickelt, um Panzer von Krabben, Schnecken und Seeigeln zu knacken.

Knorpelfische entwickelten interessante Jagdstrategien. Junge Ammenhaie wie auch Stechrochen wurden dabei beobachtet, wie sie sich bewegungslos auf ihren Brustflossen abstützten und praktisch eine Höhle unter ihrem Körper bildeten. An diesem Ort Schutz suchende Fische oder Krebse haben dann keine Chance. Viele Haie verlassen sich auf ihre Schwimmgeschwindigkeit, um ihre Beute zu fangen. Hammerhaie jagen auch im flachen Wasser Rochen, wobei sie ihre Geschwindigkeit nicht immer kontrollieren können: auf der Jagd nach einem Adlerrochen schoß einmal ein Großer Hammerhai auf den Sandstrand und war nicht mehr in der Lage, ins Wasser zurückzukehren. Von den Rochen selbst nutzen nur wenige Arten, etwa die Kuh- und Adlerrochen, ihre Beweglichkeit, um Riffbewohner und schnell schwimmende Kopffüßer zu jagen.

HAIFLOSSEN-GITARRENROCHEN — RHYNCHOBATIDAE

Bogenmund-Gitarrenrochen Bowmouth guitarfish
L: bis zu 240 cm. V: RM, IO. T: 3 - 90 m. A: Übergangsart, vorn Rochen, hinten Hai. Schwimmt über Sandböden.
U: **Großer Gitarrenrochen** *Rhynchobatus djiddensis*, bis zu 310 cm, RM, AM, 2 - 50 m.

Rhina ancylostoma — Jeddah, Saudi-Arabien

GITARRENROCHEN — RHINOBATIDAE

Rotmeer-Gitarrenrochen
Red Sea guitarfish
L: bis zu 80 cm. V: endemisch in nördlichen RM. T: 1 - 45 m. A: über Seegras- und Sand, nachtaktiv. Selten, aber gut an seinen weißen Punkten zu identifizieren. Wurde erst vor wenigen Jahren auf einem Beduinen-Fischmarkt entdeckt und beschrieben! Unten: Auge.

Rhinobatos punctifer — Aqaba, Jordanien

TORPEDOROCHEN — TORPEDINIDAE

Bogenstirn-Torpedorochen Scalloped torpedo ray
L: bis zu 45 cm. V: RM. T: 2 - 55 m. A: viele Farbvarianten des häufigsten Torpedos im RM, möglicherweise mehrere Arten. Torpedorochen betäuben mit elektrischen Organen bodenlebende Beutetiere.

Torpedo panthera — Hurghada, Ägypten

STECHROCHEN — DASYATIDIDAE

Federschwanz-Stechrochen Feathertail stingray
B: bis zu 180 cm. V: RM, AM. T: 2 - 48 m. A: an den flatternden Hautanhängen am Schwanz gut zu erkennen. Schwimmt in der Nähe von Riffen und in Lagunen. Frißt Schnecken, Muscheln und Krebse.

Pastinachus sephen — Jackson Reef, Sinai

STECHROCHEN DASYATIDIDAE

Blaupunkt-Stechrochen
Bluespotted stingray
B: bis zu 100 cm. V: RM, IO. T: 2 - 20 m. A: häufig in unserem Gebiet. Schwimmt mit der Flut ins Flachriff, um Würmer, Garnelen und Einsiedler zu jagen. Rechts: balzendes Paar! Unterstes Foto: **Schwarzpunktrochen** Taeniura meyeni, Breite bis zu 300 cm.

Taeniura lymma Rocky Island, Ägypten

ADLERROCHEN MYLIOBATIDIDAE

Gefleckter Adlerrochen
Spotted eagle ray
Breite: bis zu 350 cm.
Verbreitung: RM, IO.
Tiefe: 1 - 45 m.
Allgemein: ist deutlich an den weißen Rückenflecken von anderen Adlerrochen zu unterscheiden. Die Unterseite des Körpers und die spitzen Brustflossen sind weißlich. Als Taucher sieht man ihn im Roten Meer oft in kleinen Gruppen vor Saumriffen und Drop-offs "fliegen". Gefressen wird aber mit der mächtigen Wühlschnauze im Boden: Mollusken, Würmer, Krebse und Sepien sind die Lieblingsnahrung der Art. Adlerrochen selbst sind eine bevorzugte Beute von Hochseehaien.

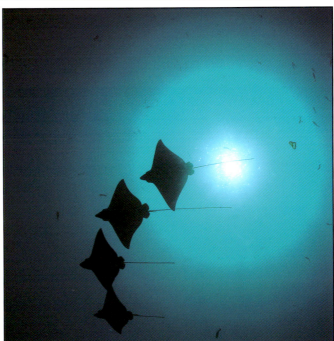

Aetobatus narinari Elphinstone, Ägypten

KUHNASENROCHEN — RHINOPTERIDAE

Rhinoptera jayakari — Kuria Muria Islands, Oman

Indischer Kuhnasenrochen
Indian cownose ray

B: bis zu 150 cm. V: RM, IO. T: 1 - 40 m. A: man sieht diese Art oft in großen Schulen bis zu hundert Tieren in der Nähe von versandeten Riffen, Ästuaren oder Mangrovensümpfen. Ihre Jungen werden auch im Brackwasser geboren, wo sie geschützt sind, weil sich die natürlichen Feinde dort nicht aufhalten. Wie beobachtet wurde, kopulieren Kuhnasenrochen Bauch an Bauch am Meeresgrund, wobei das Weibchen obenauf liegt. Ernährt sich von pelagischen Krebsen, kleinen Fischen und Mollusken.

TEUFELSROCHEN — MOBULIDAE

Manta birostris — Dahlak, Eritrea / Marsa Alam, Ägypten

Mantarochen
Manta ray

B: bis zu 670 cm, meist max. 400 cm. V: zirkumtropisch. T: 1 - 40 m. Allgemein: Planktonfiltrierer. Mit den wie Hörner aussehenden Kopfflossen (daher der Populärname Teufelsrochen) führen sie Planktontiere zum Maul. Je trüber das Wasser, desto planktonreicher ist es, und so kommt es vor, daß Mantas auch in Gruppen auftreten, so wie hier auf dem oberen Foto im südlichen Roten Meer vor Eritrea. Die meiste Nahrung befindet sich dann direkt unter der Wasseroberfläche. Im Norden sieht man sehr selten mehrere Mantas zusammen schwimmen, eher einzeln. Das seltene Foto unten zeigt ein riesiges Tier, das in sein "Scheunentor" Unmengen kleiner Krebse einschaufelt, die direkt über der Seegraswiese schweben. Leider sind diese Winzlinge auf dem Foto nicht zu erkennen, lockten aber zunächst auch den hungrigen Fotografen an, der freiwillig dem Mantarochen den Vortritt ließ. Die im Freiwasser lebenden Mantas kommen auch dann in Riffnähe, wenn ein Putzbedürfnis vorliegt. Sie sind ovovivipar und gebären nach einer Tragzeit von 13 Monaten 1 bis 2 Junge. Es wurde beobachtet, daß die Mutter dabei aus dem Wasser springt und ein Junges ausstößt.

WALHAIE · RHINCODONTIDAE

Walhai
Whale shark
L: bis zu 1.200 cm. V: zirkumtropisch. T: 1 - 130 m. A: größte lebende Fischart, leicht an Größe und dem Zweifarb-Muster heller Punkte und Linien auf dem dunkelbraunen Rücken zu erkennen. Riesiges Maul endständig, kann weit geöffnet werden, um große Wassermengen nach kleinen Fischen und Plankton zu durchfiltern. Maximale Wurfgröße bei Haien: weit über 100 Junge. Subadulte in Gruppen (nur sehr selten zu sehen), Adulte solitär. Unten: das erste Zusammentreffen des Autors mit dieser Art war nahe Djibouti. Erst 18 Jahre später sah er den nächsten Walhai.

Rhincodon typus — Daedalus Reef, Ägypten

ZEBRAHAIE · STEGOSTOMATIDAE

Leopardenhai
Zebra shark
L: bis zu 350 cm. V: RM, IO. T: 5 - 65 m. A: nachtaktiv, einzeln in Riffen und Lagunen. Schwanzflosse fast so lang wie der Körper. Das seltene große Foto zeigt die beginnende Kopulation, Männchen hinten. Unten: **Rotmeer-Ammenhai** *Nebrius concolor,* Familie Ginglymostomatidae, 300 cm.

Stegostoma fasciatum — Shaab Sharm, Ägypten

GRUNDHAIE   CARCHARHINIDAE

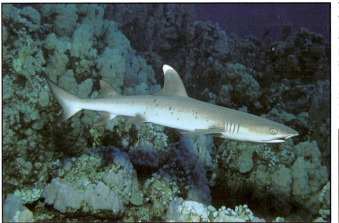

Weißspitzen-Riffhai
White-tip reef shark
L: bis zu 210 cm. V: RM, IO. T: 1 - 40 m. A: einzeln oder in kleinen Gruppen im Riff, tags am Boden ruhend, nachts Fische jagend. Stationär, kehrt immer zum selben Ruheplatz zurück, oft eine Höhle. Häufig. Oft der erste Hai, den ein Taucher in unserem Gebiet sieht.

Triaenodon obesus — Marsa Alam, Ägypten

Rotmeer-Zitronenhai
Red Sea lemon shark
L: bis zu 310 cm. V: RM, IP. T: 1 - 35 m. A: gelblichbraun, beide Rückenflossen etwa gleichgroß. In Außenriffen, (vorzugsweise trüben) Lagunen und Mangrovengebieten. Scheu, aber leicht erregbar und potentiell gefährlich. Frißt Bodenfische (auch Rochen).

Negaprion acutidens — Jeddah, Saudi-Arabien

Großrückenflossenhai
Sandbar shark
L: bis zu 240 cm. V: RM, IO. T: 1 - 280 m. A: einzeln in Riffen, über Schlammböden und in sandigen Ästuaren. Große Rückenflosse, sehr scheu und schwierig zu fotografieren. Plazental vivipar (lebendgebärend), bis zu 14 Junge pro Wurf. Frißt Fische, Krebse und Mollusken.

Carcharhinus plumbeus — Ras Mohamed, Sinai

GRUNDHAIE   CARCHARHINIDAE

Ozeanischer Weißspitzenhai
Oceanic white-tip shark
Länge: bis zu 350 cm.
Verbreitung: RM, IO.
Tiefe: 1 - 150 m.
Allgemein: eine primär ozeanisch pelagische Art, die nur manchmal dicht an Korallenriffe herankommt. Als eine der größten Arten der Familie ist der Ozeanische Weißspitzenhai leicht an seinen großen, gerundeten Rücken- und Brustflossen zu erkennen, die alle weiße Enden haben. Er ist ein eleganter und schneller Schwimmer ohne die typisch hektische Schwimmweise vieler Grundhaiarten. Ist oft in Begleitung von Pilotmakrelen *Naucrates ductor,* Familie Carangidae (Fotos), oder anderen Haien. Die große und schwere Art ist die Nr. 1 in der Hierarchie der ozeanischen Haie vor dem Blau- und dem Seidenhai. Soll einer der vier für den Menschen gefährlichsten Haie sein, aber bis heute gibt es keinen belegten Angriff. Die plazental vivipare Art gebiert bis zu 15 lebende Junge pro Wurf. Sie folgt Fischschwärmen und macht Jagd auf Marline, Barrakudas, Thune, Makrelen und pelagische Rochen. Der Ozeanische Weißspitzenhai wird häufig auch zusammen mit Pilotwalen angetroffen, denen er beim Beutezug Konkurrenz macht. Im Roten Meer regelmäßig an küstenfernen Riffen zu sehen.

Elphinstone, Ägypten

Carcharhinus longimanus   Brothers Islands, Ägypten

Silberspitzenhai
Silvertip reef shark
Länge: bis zu 300 cm.
Verbreitung: RM, IO.
Tiefe: 30 - 150 m.
Allgemein: im offenen Wasser nahe bei Korallenriff-Drop-offs, meist unter 30 m. Schwimmt einzeln oder paarweise, auch kleine Gruppen wurden schon beobachtet. Eine scheue Art, schwierig auf Film zu bannen. Reproduktion plazental vivipar, Etwa alle zwei Jahre Würfe von bis zu 11 lebenden Jungen (Anzahl abhängig von Größe und Alter der Mutter). Die Art frißt pelagische und benthische Knochenfische und wurde aus dem Roten Meer beschrieben.

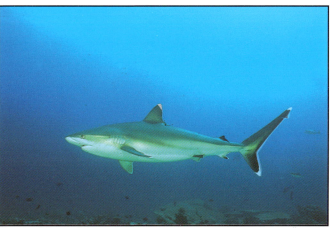
Carcharhinus albimarginatus   Elphinstone, Ägypten

GRUNDHAIE — CARCHARHINIDAE

Grauer Riffhai
Grey reef shark
L: bis zu 180 cm. V: RM, IO. T: 5 - 280 m. A: nahe Korallenriffen. Neugierig, oft fotografiert. Plazental vivipar, bis zu 6 Junge pro Reproduktionszyklus. Frißt viele verschiedene Knochenfischarten. Wird bei Belästigung aggressiv und zeigt ein typisches Drohverhalten.

Carcharhinus amblyrhynchos — Shaab Rumi, Sudan

Seidenhai
Silky shark
L: bis zu 330 cm. V: Rotes Meer, nördl. IO. T: 1 - 500 m. A: ozeanisch pelagisch, im Roten Meer auch küstennah. Begegnungen nicht aggressiv. Frißt Thune. Unten: **Schwarzspitzen-Riffhai** *Carcharhinus melanopterus*, 180 cm, auf Riffen häufig, Flossenspitzen typisch.

Carcharhinus falciformis — Ras Mohamed, Sinai

HAMMERHAIE — SPHYRNIDAE

Bogenstirn-Hammerhai
Scalloped hammerhead shark
L: bis zu 420 cm. V: RM, IO. T: 3 - 280 m. A: häufigster Hammerhai, einzeln oder in großen Wanderschulen, auch im RM. Plazental vivipar mit bis zu 31 Jungen. Nicht aggressiv. Siehe auch S. 309.

Sphyrna lewini — Shaab Marsa Alam, Ägypten

INDEX: WISSENSCHAFTLICHE NAMEN

Abudefduf sexfasciatus .140
Abudefduf vaigensis .140
Acabaria splendens .295
Acanthaster .274
Acanthaster planci .233, 236
Acanthopagrus berda .103
Acanthopagrus bifasciatus .103
Acanthopleura vaillanti .222
Acanthurus gahhm .188
Acanthurus mata .188
Acanthurus nigricauda .188
Acanthurus nigrofuscus .188
Acanthurus sohal .186
Acropora 46, 139, 140, 173, 181, 184, 210, 288, 285, 298
Acropora sp. .298
Actinodendron .204
Achaeus spinosus .284
Aeoliscus punctulatus .34
Aethaloperca rogaa .55
Aetobatus narinari .311
Alicia pretiosa .296
Alpheus bellulus .18, 177, 273
Alpheus bisincisus .272
Alpheus djeddensis .176, 273
Alpheus djiboutensis .272, 273
Alpheus ochrostriatus .18, 177, 272
Alpheus rubromaculatus .177, 272
Alpheus sp. .272
Aluterus scriptus .211
Alloblennius pictus .19, 173
Allogalathea elegans .280
Allopontonia iaini .280
Amanses scopas .210
Amblyeleotris diagonalis .177
Amblyeleotris steinitzi .176, 273
Amblyeleotris sungami .176
Amblyeleotris triguttata .177
Amblyglyphidodon flavilatus .111, 141
Amblyglyphidodon leucogaster .19, 141
Amblygobius albimaculatus .179
Amblygobius hectori .179
Amblygobius nocturnus .179
Amphiprion .296, 297
Amphiprion bicinctus .137, 142, 297
Amphiprion omanensis .136
Amphiprion sebae .137
Anampses caeruleopunctatus .152
Anampses lineatus .152
Anampses meleagrides .153
Anampses twistii .152
Annella mollis .295
Anous stolidus .305
Antennarius coccineus .29
Antennarius nummifer .30
Antennarius pictus .29
Antipathes dichotoma .184
Aphareus furca .96
Aplysia dactylomela .242
Aplysia juliana .242
Apogon annularis .80
Apogon aureus .78
Apogon dhofar .80
Apogon evermanni .79
Apogon fleurieu .79
Apogon fraenatus .79
Apogon heptastygma .81
Apogon isus .79
Apogon pselion .79
Apogon urostigma .80
Apolemichthys xanthotis .119
Aprion virescens .96
Archamia fucata .81
Archamia lineolata .81
Ardea goliath .305
Arothron diadematus .215, 216
Arothron hispidus .216
Arothron immaculatus .216
Arothron nigropunctatus .216
Arothron stellatus .217
Asterhombus intermedius .201
Asterropteryx semipunctatus .182
Asthenosoma sp. .300
Asthenosoma varium .300
Astrotia stokesii .303
Atherinomorus lacunosus .25
Aulostomus chinensis .35
Balistapus undulatus .206
Balistoides viridescens .205
Berthella plumula .243
Berthella stellata .243
Berthellina citrina .243
Bifax lacinia .27
Bistolida hirundo .228
Bodianus anthioides .144
Bodianus axillaris .108, 144
Bodianus diana .145
Bodianus macrognathos .145
Bodianus opercularis .145
Bolbometopon muricatum .162
Boops lineatus .102
Bothus pantherinus .201
Brachysomophis cirrocheilos .20
Brotula multibarbata .23
Bryaninops natans .184
Bryaninops tigris .184
Bunodeopsis .203
Cadlinella ornatissima .250
Caesio caerulaurea .98
Caesio lunaris .97
Caesio striata .97
Caesio suevica .97
Caesio varilineata .98
Calcinus rosaceus .278
Calpurnus verrucosus .231
Callechelys marmoratus .20
Calliactis polypus .279
Calliasmata pholidota .291, 292
Callionymus filamentosus .175
Callogobius amikami .182
Calloplesiops altivelis .73
Camposcia retusa .286
Cantherhines pardalis .210
Cantherhines pullus .210
Cantherhines sandwichiensis .210
Canthidermis macrolepis .208
Canthigaster coronata .218
Canthigaster margaritata .218
Canthigaster pygmaea .218
Canthigaster solandri .218
Carangoides bajad .195
Carangoides ferdau .194
Carangoides fulvoguttatus .196
Carangoides orthogrammus .194
Caranx heberi .196
Caranx ignobilis .197
Caranx melampygus .197
Caranx sexfasciatus .195
Carapus homei .31
Carcharhinus albimarginatus .315
Carcharhinus amblyrhynchos .316
Carcharhinus falciformis .316
Carcharhinus longimanus .315
Carcharhinus melanopterus .316
Carcharhinus plumbeus .314
Carpilius convexus .289
Carupa tenuipes .286
Casmaria ponderosa .232
Cassiopeia .292
Cassiopeia andromeda .203
Caulerpa .31
Cellana rota .223
Centropyge acanthops .119
Centropyge multispinis .118
Cephalopholis argus .54
Cephalopholis hemistiktos .54
Cephalopholis miniata .55
Cephalopholis sexmaculata .54
Ceratocarcinus spinosus .290
Ceratosoma tenue .251
Cetoscarus bicolor .162
Ciliopagurus strigatus .279
Cinetorhynchus hendersoni .274
Cinetorhynchus reticulatus .274
Cirrhilabrus blatteus .150
Cirrhilabrus rubriventralis .150
Cirrhitichthys aprinus .135
Cirrhitichthys calliurus .134
Cirrhitichthys oxycephalus .134
Cirripathes .271
Cirripectes castaneus .174
Clanculus pharaonius .224
Clavelina detorta .301
Clypeaster humilis .300
Codium .244
Conger cinereus .22
Conus arenatus .240
Conus arenatus punctatus .240
Conus geographus .240
Conus pennaceus .240
Conus striatus .240
Conus textile .240
Coriocella nigra .232
Coris africana .155, 156
Coris aygula .155
Coris caudimacula .156
Coris cuvieri .156
Coris frerei .156
Coris variegata .155
Corythoichthys flavofasciatus .41
Corythoichthys nigripectus .41
Corythoichthys schultzi .40
Crenimugil crenilabis .164
Cryptocentrus caeruleopunctatus 18, 177
Cryptocentrus cryptocentrus .272
Cryptocentrus leptocephalus .177
Cryptocentrus lutheri 18, 177, 272, 273
Cryptodendrum .283
Cryptodendrum adhaesivum .204, 271 296
Ctenochaetus striatus .190
Ctenogobiops maculosus .176, 272, 273
Cyclichthys orbicularis .220
Cyclichthys spilostylus .219
Cyerce elegans .244
Cymatium caudatum .233
Cypraea pantherina .229
Cypraea tigris .229
Chaetodon auriga .127
Chaetodon austriacus .125
Chaetodon collare .130
Chaetodon decussatus .126
Chaetodon dialeucos .128
Chaetodon fasciatus .129
Chaetodon gardineri .127
Chaetodon larvatus .129
Chaetodon leucopleura .126
Chaetodon lineolatus .127
Chaetodon lunula .129
Chaetodon melannotus .130
Chaetodon melapterus .125
Chaetodon mesoleucos .128
Chaetodon nigropunctatus .128
Chaetodon paucifasciatus .125
Chaetodon pictus .126
Chaetodon selene .127
Chaetodon semilarvatus .124
Chaetodon trifascialis .130
Chanos chanos .25
Charonia tritonis .233, 236
Charybdis erythrodactyla .287
Charybdis paucidentata .287
Cheilinus abudjubbe .146
Cheilinus digrammus .146
Cheilinus fasciatus .148
Cheilinus lunulatus .148
Cheilinus mentalis .148
Cheilinus undulatus .147
Cheilio inermis .153, 154
Cheilodipterus arabicus .82
Cheilodipterus lineatus .82
Cheilodipterus macrodon .83
Cheilodipterus persicus .83
Cheilodipterus quinquelineatus .83
Chelidonura flavolabata .241
Chelidonura livida .241
Chelidonura sandrana .241
Chelonia mydas .302
Chicoreus ramosus .237
Chlamys townsendi .262
Chlorodesmus .244
Chromis .298
Chromis axillaris .138
Chromis dimidiata .138
Chromis flavaxilla .138
Chromis pelloura .138
Chromis pembae .139
Chromis trialpha .138
Chromis viridis .139
Chromodoris annulata .248
Chromodoris aspersa .248
Chromodoris charlottae .248
Chromodoris geminus .249
Chromodoris kuniei .249
Chromodoris leopardus .249
Chromodoris quadricolor .249
Chromodoris reticulata .250
Chromodoris tinctoria .250
Chromodoris tritos .249
Dardanus lagopodes .279
Dardanus tinctor .279
Dascyllus .298
Dascyllus aruanus .140
Dascyllus marginatus .139
Dascyllus trimaculatus .140
Dasycaris zanzibarica .271
Dendrochirus brachypterus .46
Dendrochirus zebra .46
Dendrodoris nigra .252
Dendrodoris tuberculosa .253
Dendronephthya .38, 285
Dendronephthya hemprichi .295
Dendronephthya klunzingeri .295
Dendropoma maxima .223
Dermatobranchus gonatophora .258
Dermatobranchus ornatus .258
Diadema .205
Diadema setosum .83
Diademichthys lineatus .31
Diagramma labiosum .88
Diagramma pictum .88
Dictyota .191
Diodon holocanthus .220
Diodon hystrix .220
Diplodus cervinus cervinus .102
Diplodus cervinus omanensis .102
Diplodus noct .102
Diplogrammus randalli .175
Diploprion drachi .66
Discosoma sp. .297
Discotrema lineata .31
Doto sp. .257
Drepane longimana .106
Droma ardeola .305
Drupa ricinus .237
Dugong dugon .306
Dunckerocampus boylei .42
Dunckerocampus dactyliophorus .42
Dunckerocampus multiannulatus .42
Ecklonia .77
Ecsenius aroni .172
Ecsenius dentex .171
Ecsenius frontalis .172
Ecsenius gravieri .170
Ecsenius midas .172
Ecsenius pulcher .172
Echeneis naucrates .116
Echidna nebulosa .16
Echinometra mathaei .272
Echinothrix diadema .299
Egretta gularis .305
Eilatia latruncularia .273
Elagatis bipinnulata .198
Elysia ornata .244
Enchelycore pardalis .17
Enhydrina schistosa .303
Enneapterygius sp. .174
Entacmaea .271, 283
Entacmaea quadricolor .136, 137, 204, 270, 297
Epibulus insidiator .149
Epinephelus chlorostigma .56
Epinephelus fasciatus .60
Epinephelus flavocaeruleus .60
Epinephelus fuscoguttatus .56
Epinephelus gabriellae .56
Epinephelus lanceolatus .59
Epinephelus malabaricus .58
Epinephelus multinotatus .60
Epinephelus ongus .58
Epinephelus polyphekadion .56, 57
Epinephelus stoliczkae .59
Epinephelus summana .58
Epinephelus tauvina .57
Epinephelus tukula .61
Eretmochelys imbricata .302
Erosaria erosa .228
Erosaria turdus .228
Erronea caurica .228
Etisus splendidus .289
Eurypegasus draconis .34
Eviota prasites .183

Eviota sebreei 182, 183
Exallias brevis 173
Filogranella elatensis 293
Fistularia commersonii 35
Flabellina bilas 259
Fromia ghardaqana 299
Fromia monilis 274
Fromia monilis 299
Fryeria rüppelli 255
Galathea sp. 280
Genicanthus caudovittatus 122
Gerres acinaces 84
Gerres oyena 84
Glossodoris atromarginata 251
Glossodoris averni 251
Glossodoris cincta 251
Glossodoris cruentus 251
Gnathanodon speciosus 58, 196
Gnatholepis anjerensis 180
Gobiodon citrinus 181
Gobiodon reticulatus 181
Gomophia egyptiaca 299
Gomphosus caeruleus 115, 159
Gomphosus caeruleus klunzingeri . .159
Gomphosus varius 159
Gorgasia sillneri 22
Grammatorcynus bilineatus 200
Grammistes sexlineatus 66
Grampus griseus 307
Gymnodoris ceylonica 246
Gymnodoris sp. 246
Gymnodoris striata 246
Gymnomuraena zebra 16, 17
Gymnosarda unicolor 200
Gymnothorax favagineus 14, 19
*Gymnothorax flavimarginatus*13, 19, 109
Gymnothorax javanicus 12, 109
Gymnothorax monochrous 14
Gymnothorax nudivomer 13
Gymnothorax rueppelliae 12
Gymnothorax undulatus 13
Halgerda willeyi 253
Halicampus macrorhynchus 41
Halichoeres hortulanus 109, 157
Halichoeres marginatus 157
Halimeda 76
Haliophis diademus 72
Haliophis guttatus 72
Haliotis mariae 77
Haliotis varia 223
Halitherium schinzi 306
Harpa amouretta 239
Helcogramma steinitzi 175
Hemigymnus sexfasciatus . . .153, 154
Hemigymnus melapterus 154
Heniochus diphreutes 131
Heniochus intermedius 131
Heteractis 204, 268
Heteractis aurora 137
Heteractis crispa 136, 297, 204
Heteractis magnifica . . .142, 271, 297
Heterocentrotus mammillatus 299
Heteropriacanthus cruentatus 74
Heteroxenia 256
Heteroxenia fuscescens 294
Hexabranchus sanguineus 221, 247, 270
Himantura uarnak 311
Hippa picta 283
Hippocampus camelopardalus 39
Hippocampus fuscus 39
Hippocampus histrix 38
Hippocampus jayakari 38
Hippocampus lichtensteinii 38
Hippocampus suezensis 39
Hipposcarus harid 163
Histrio histrio 30
Hologymnosus annulatus 154
Holothuria edulis 300
Homalocantha scorpio 237
Hoplophrys oatesii 285
Huenia proteus 286
Hyastenus sp. 284
Hydatina physis 241
Hydnophora exesa 298
Hydrodamalis gigas 306
Hydrophis 303
Hymenocera elegans 274
Hypocolpus abbotti 289
Hyporamphus gambarur 25
Hypselodoris infucata 252
Hypselodoris maridadilus 252
Idiomysis tsurnamali 203
Inimicus filamentosus 47
Istigobius decoratus 180
Istiophorus platypterus 201
Juncella fragilis 184
Juncella juncea 184
Koror misticus 269
Kyphosus cinerascens 111
Labroides 146
Labroides bicolor 160
Labroides dimidiatus . .108, 160, 171
Lactoria cornuta 212
Lagocephalus sceleratus 214
Lambis lambis 225
Larabicus quadrilineatus 160
Larus hemprichi 305
Larus leucophthalmus 305
Laticauda 303
Latrunculia magnifica 249
Latrunculia sp. 249
Leandrites cyrtorhynchus 270
Lethrinus harak 100
Lethrinus mahsena 101
Lethrinus nebulosus 99
Lethrinus obsoletus 99
Lethrinus olivaceus 101
Lethrinus variegatus 100
Lethrinus xanthochilus 100
Lima sowerbyi 261
Lima vulgaris 261
Limaria fragilis 261
Linckia 274
Lissocarcinus orbicularis 287
Lissocarcinus sp. 287
Lithophyton arboreum 294
Littorina scabra 224
Lobotes surinamensis 111
Lopha cristagalli 260
Lotilia graciliosa 177, 272
Lutjanus argentimaculatus 94
Lutjanus bohar 93
Lutjanus coeruleolineatus 92
Lutjanus ehrenbergii 92
Lutjanus fulviflamma 90
Lutjanus gibbus 94
Lutjanus kasmira 90, 92
Lutjanus monostigma 93
Lutjanus quinquelineatus 92
Lutjanus rivulatus 94
Lybia caestifera 290
Lybia tesselata 203
Lyncina carneola 230
Lyncina leviathan 230
Lyncina lynx 230
Lyncina vitellus 230
Lysmata amboinensis 107, 269
Lysmata grabhami 269
Macolor macularis 95
Macolor niger 95
Macropharyngodon bipartitus 157
Malacanthus brevirostris 116
Malacanthus latovittatus 116
Manta birostris 312
Marionia viridescens 256
Marionopsis cyanobranchiata 256
Marsupenaeus japonicus 276
Mauritia arabica 229
Mauritia grayana 229
Megalactis hemprichi 203, 204
Megaptera novaeangliae 308
Meiacanthus nigrolineatus 170
Melibe bucephala 257
Metapenaeopsis sp. 276
Miamira magnifica 252
Millepora 46, 173, 210
Millepora dichotoma 294
Mimoblennius cirrosus 173
Monocentris japonica 32
Monodactylus argenteus 111
Monotaxis grandoculis 101
Mulloides flavolineatus 112
Mulloides vanicolensis 112
Myrichthys colubrinus 21, 303
Myrichthys maculosus 21
Myripristis murdjan 33
Nardoa 274
Naso brevirostris 191
Naso hexacanthus 190
Naso lituratus 191
Naso unicornis 190
Nassa 238
Nassarius gemmulatus 238
Natica 239
Naucrates ductor 315
Nebrius concolor 313
Negaprion acutidens 314
Nembrotha megalocera 245
Neoniphon sammara 33
Neopetrolisthes maculatus 283
Neopomacentrus miryae 141
Notarchus indicus 242
Octopus aegina 264
Octopus cyaneus 264
Octopus macropus 263, 264
Ocypode saratan 290
Odonus niger 205
Oligometra serripinna 301
Oliva miniacea 239
Oman ypsilon 70
Ophichthus retifer 21
Ophiothela 295
Oplopomus caninoides 178
Orcinus orca 307
Ostracion cubicus 213
Ostracion cyanurus 214
Oxycirrhites typus 135
Oxymonacanthus halli 209, 210
Pandion haliaetus 305
Panulirus homarus 277
Panulirus ornatus 276
Panulirus penicillatus 277
Panulirus versicolor 277
Papilloculiceps longiceps 49
Paracaesio caeruleus 95
Paracirrhites forsteri 135
Paracheilinus octotaenia 151
Paramonacanthus nematophorus . .211
Parapercis hexophthalma 168
Parapercis maculata 168
Parapriacanthus ransonneti 110
Pardachirus balius 202
Pardachirus marmoratus 202
Parhippolyte mistica 269
Parhippolyte uveae 269
Parupeneus cyclostomus 115, 153
Parupeneus forsskali 115, 148
Parupeneus heptacanthus 114
Parupeneus macronema 114
Parupeneus rubescens 114
Pastinachus sephen 310
Pedum spondyloideum 261
Pelamis platurus 303
Pelecanus rufescens 305
Pempheris adusta 110
Pempheris vanicolensis 110
Pennatula sp. 282
Periclimenes 268
Periclimenes 296
Periclimenes brevicarpalis 204, 271, 297
Periclimenes ceratophthalmus 271
Periclimenes imperator 247, 270
Periclimenes longicarpus .107, 204, 270
Periclimenes ornatus 271
Periclimenes pholeter 292
Periclimenes tenuipes 271
Petrolisthes rufescens 283
Petrolisthes tomentosus 283
Petroscirtes mitratus 174
Phaethon aethereus 305
Phallusia sp. 301
Phenacovolva brevirostris 231
Phoenicopterus ruber 305
Phos roseatus 238
Photoblepharon steinitzi 32
Phylidiella pustulosa 254
Phyllidia 255
Phyllidia ocellata 254
Phyllidia undula 254
Phyllidia varicosa 254
Phyllidiopsis cardinalis 255
Phyllidiopsis dautzenbergi 255
Phyllodesmium magnum 259
Pinctada margaritifera 262
Pinjalo pinjalo 96
Pisodonophis cancrivoris 20
Plagiotremus rhinorhynchus 171
Plagiotremus tapeinosoma 171
Plagiotremus townsendi 170
Plakobranchus ocellatus 244
Planaxis sulcatus 224
Platax orbicularis 105, 106
Platax pinnatus 106
Platax teira 106
Platydoris scabra 253
Plectorhinchus flavomaculatus 86
Plectorhinchus gaterinus 85
Plectorhinchus gibbosus 87, 108
Plectorhinchus playfairi 86
Plectorhinchus schotaf 86
Plectropomus pessuliferus marisrubri 52, 108
Plerogyra sinuosa 204
Plesiops coeruleolineatus 73
Pleurobranchus angasi 243
Pleurobranchus grandis 243
Pleurobranchus punctatus 243
Pleuroploca trapezium 238
Pleurosicya micheli 185
Pleurosicya mossambica 185
Plocabranchus 246
Plotosus lineatus 23
Pocillopora 130, 173, 288
Pocillopora damicornis 298
Polinices 239
Polinices tumidus 232
Pomacanthus asfur 108, 120
Pomacanthus imperator 120
Pomacanthus maculosus 107, 121
Pomacanthus semicirculatus 122
Pomacentrus sulfureus 141
Pomacentrus trilineatus 141
Pomadasys aheneus 89
Pomadasys commersonni 88
Pomadasys furcatum 89
Pomadasys guoraca 89
Pomadasys taeniatus 89
Pontonides unciger 271
Porcellanella triloba 282
Porites 139, 293
Priacanthus blochii 74
Priacanthus hamrur 55, 74
Priolepis cincta 181
Priolepis squamogena 181
Pseudanthias fasciatus 62
Pseudanthias heemstrai 64
Pseudanthias lunulatus 64
Pseudanthias marcia 64
Pseudanthias squamipinnis 62
Pseudanthias taeniatus 64, 65
Pseudanthias townsendi 65
Pseudechidna brummeri 14
Pseudobalistes flavimarginatus . . .206
Pseudobalistes fuscus 206
Pseudobiceros splendidus 293
Pseudocheilinus evanidus 150
Pseudochromis aldabraensis . . .68, 71
Pseudochromis caudalis 70
Pseudochromis dixurus 68
Pseudochromis dutoiti 71
Pseudochromis flavivertex 69
Pseudochromis fridmani 67
Pseudochromis leucorhynchus 70
Pseudochromis linda 69, 70
Pseudochromis nigrovittatus 70
Pseudochromis olivaceus 69, 70
Pseudochromis omanensis 71
Pseudochromis persicus 71
Pseudochromis pesi 68
Pseudochromis sankeyi 69
Pseudochromis springeri 68
Pseudodax moluccanus 146
Pseudorca crassidens 307
Pseudosimnia marginata 231
Ptarmus gallus 49
Pteragogus cryptus 151
Pteragogus pelycus 151
Ptereleotris evides 185
Pteria aegyptiaca 262
Pterocaesio chrysozona 98
Pterois mombasae 45
Pterois radiata 45
Pterois russelli 45
Pterois volitans 29, 44, 45
Purpuradusta fimbriata 228
Pygoplites diacanthus 118
Quadrella sp. 288
Rastrelliger kanagurta 199
Rhabdosargus haffara 102
Rhina ancylostoma 309
Rhincodon typus 313
Rhinecanthus assasi 207
Rhinobatos punctifer 310
Rhinoptera jayakari 312

Rhynchobatus djiddensis 309
Rhynchocinetes durbanensis 275
Rhynchocinetes uritai 275
Risbecia pulchella 248, 250
Rumphella 99
Rusichthys explicitus 72
Sabellastarte indica 293
Sagartia 203
Sarcophyton 231
Sarcophyton ehrenbergi 294
Sargassum 76, 191
Sargocentron spiniferum 33
Saron marmoratus 269
Saurida nebulosa 24
Scabricola fissurata 239
Scarus ferrugineus 164
Scarus ghobban 163
Scarus gibbus 163
Scarus niger 164
Scolopsis bimaculatus 104
Scolopsis ghanam 104
Scolopsis torquata 104
Scomberoides lysan 198
Scomberomorus commerson 200
Scorpaenodes parvipinnis 47
Scorpaenopsis barbata 48
Scorpaenopsis diabola 48
Scorpaenopsis oxycephalus 48
Scuticaria tigrina 16
Scutus unguis 223
Scyllaea pelagica 257
Scyllarides haanii 278
Scyllarides tridacnophaga 278
Schizophrys aspersa 285
Sebastapistes cyanostigma 46
Sepia pharaonis 266
Sepia prashadi 266
Sepioteuthis lessoniana 265
Seriolina nigrofasciata 198
Siderea grisea 15, 19
Siderea picta 15
Siderea thyrsoidea 16
Siganus argenteus 193
Siganus javus 192
Siganus luridus 192
Siganus rivulatus 192
Siganus stellatus 193
Sinularia 259
Soleichthys heterorhinos 202
Solenostomus cyanopterus 36
Solenostomus leptosomus 36
Solenostomus paradoxus 35
Solenostomus sp. 36
Sorsogona prionota 49
Sphyraena barracuda 168
Sphyraena flavicauda 167
Sphyraena jello 167
Sphyraena qenie 167
Sphyrna lewini 316
Spirobranchus giganteus 293
Spondylus marisrubri 260
Stegostoma fasciatum 313
Stenella longirostris 307
Stenopus hispidus 275
Stenopus zanzibaricus 275
Stephanolepis cirrhifer 211
Stephanolepis diaspros 211
Sterna anaethetus 305
Sterna bengalensis 305
Sterna bergii 305
Sterna fuscata 305
Sterna repressa 305
Stethojulis albovittata 158
Stethojulis interrupta 158
Stichodactyla 204
Stichodactyla gigantea 137
Stichodactyla haddoni 137, 296
Stichodactyla mertensii 296
Stichopus 31
Stichopus monotuberculatus 300
Stichopus variegatus 234
Stilbognathus longispinosus 285
Strombus fasciatus 225
Strombus mutabilis 225
Strombus tricornis 224
Stylocheilus longicauda 242
Stylophora 139, 288
Sufflamen albicaudatus 208
Sufflamen fraenatus 208
Sula leucogaster 305
Synanceia verrucosa 47
Synapta 46
Synaptula 235
Synchiropus sechellensis 175
Synodus dermatogenys 24
Synodus variegatus 24
Taeniura lymma 311
Taeniura meyeni 311
Talparia exusta 229
Talparia talpa 229
Tectus dentatus 224
Terapon jarbua 74
Tetralia cavimana 288
Tetrosomus gibbosus 212
Thalassoma klunzingeri 159
Thalassoma lunare 158
Thalassothia cirrhosus 27
Thecacera pacifica 245
Thelonota 31
Thor 296
Thor amboinensis 267, 268
Thunnus albacares 199
Thysanozoon flavomaculatum 293
Tibia insulaechorab 226
Tonna cepa 235
Tonna perdix 234
Torpedo panthera 310
Torquigener flavimaculatus 219
Trachinotus bailloni 198
Trachinotus blochii 198
Trachyrhamphus bicoarctatus 42
Trapezia cymodoce 288
Trapezia rufopunctata 288
Trapezia tigrina 288
Triactis 203
Triactis producta 290, 296
Triaenodon obesus 314
Trichechus manatus 306
Trichonotus nikii 169
Tridacna 185
Tridacna squamosa 260
Trimma barralli 184
Trimma flavicaudatum 183
Trimma sheppardi 183
Trimma sp. 183
Tripneustes gratilla 300
Tubastraea faulkneri 298
Tubipora musica 294
Turbinaria 76
Turbinaria mesenterina 298
Tursiops truncatus 307
Tylosurus crocodilus 109
Tylosurus choram 26
Uca 290
Udotea 244
Uranoscopus dollfusi 169
Urocaridella antonbruunii 270
Valenciennea 179
Valenciennea helsdingeni 180
Valenciennea persica 180
Valenciennea puellaris 180
Vanderhorstia ambanora 178
Vanderhorstia mertensi 178
Vanderhorstia ornatissima 178
Variola louti 61
Vir philippinensis 204
Xyrichtys pavo 149
Xyrichtys pentadactylus 149
Zebrasoma desjardinii 189
Zebrasoma xanthurum 189

INDEX: POPULÄRNAMEN

Abbotts Rundkrabbe 289
Abudjubbes Prachtlippfisch 146
Afrika-Junker 156
Afrikanischer Feuerfisch 45
Ägyptischer Seestern 299
Algen-Seezunge 202
Alicia-Anemone 296
Ambonoro-Partnergrundel 178
Amsel-Kaurie 228
Anemonen-Pozellankrebs 283
Anemonenträger 279
Arabischer Doktorfisch 186
Arabischer Falterfisch 125
Arabischer Kaiserfisch 121
Arabischer Kardinalbarsch 82
Arabischer Kofferfisch 214
Arabischer Picasso-Drückerfisch 207
Arabischer Preußenfisch 139
Arabischer Putzerlippfisch 160
Arabischer Rauchkaiserfisch 119
Arabischer Scheinschnapper 104
Arabischer Zackenbarsch 59
Arabischer Zwergbarsch 71
Arons Wippschwimmer 172
Augenfleck-Pakobranchus 244
Augenfleck-Partnergrundel 177
Augenfleck-Warzenschnecke 254
Barralls Zwerggrundel 184
Bärtiger Drachenkopf 48
Baskenmützen-Zackenbarsch 60
Besen-Feilenfisch 210
Besenschwanz-Prachtlippfisch 148
Birnen-Mondschnecke 232
Bischofmützenseeigel 300
Blasige Hydatina 241
Blatt-Schermesserfisch 149
Blauband-Papageifisch 163
Blaubauch-Schleimfisch 173
Blauer Pozellankrebs 283
Blauer Segelflossendoktor 189
Blauflossen-Mirakelbarsch 73
Blauflossen-Stachelmakrele 197
Blaukiemen-Marionopsis 256
Blauklingen-Nasendoktor 190
Blaulinien-Schnapper 92
Blaulippen-Schnapper 94
Blaupunkt-Stechrochen 311
Blaupunkt-Zwergbarsch 71
Blaurand-Seezunge 202
Blauschuppen-Straßenkehrer 99
Blaustreifen-Drückerfisch 206
Bleicher Zwergbarsch 68
Blickfang-Knallkrebs 273
Blutfleck-Glossodoris 251
Blutfleck-Husar 33
Bogenmund-Gitarrenrochen 309
Bogenstirn-Hammerhai 316
Bogenstirn-Torpedorochen 310
Brackwasser-Süßlippe 88
Braune Korallenkrabbe 288
Brauner Doktorfisch 188
Brauner Drückerfisch 208
Brauner Kaninchenfisch 192
Brauner Zwergkaiserfisch 118
Breitband-Seenadel 42
Bruuns Partnergarnele 270
Buckel-Bärenkrebs 278
Buckel-Drachenkopf 48
Buckel-Schnapper 94
Bucklige Halgerda 253
Büffelkopf-Papageifisch 162
Caurica-Kaurie 228
Ceylon-Gymnodoris 246
Clown-Grundel 182
Clown-Lippfisch 155
Clown-Partnergarnele 271
Daumenabdruck-Scheinschnapper 104
Dautzenbergs Warzenschnecke 255
Dekor-Flabellina 259
Dekor-Spinnenkrabbe 286
Dhofar-Kardinalbarsch 80
Diamanten-Junker 152
Dianas Schweinslippfisch 145
Dickkopf-Stachelmakrele 197
Djedda-Knallkrebs 273
Djibouti-Knallkrebs 273
Dollfuss' Himmelsgucker 169
Doppelfleck-Schnapper 93
Doppelpunkt-Stachelmakrele 198
Doppelpunkt-Steinkrabbe 289
Dornen-Spinnenkrabbe 284
Dorniges Seepferdchen 38
Drachenmuräne 17
Dreibinden- Preußenfisch 140
Dreifleck- Preußenfisch 140
Dreifleck-Partnergrundel 177
Dreihorn-Flügelschneke 225
Dreischwanz 111
Dunkle Strandschnecke 224
Durban-Tanzgarnele 275
Düstere Platydoris 253
Düsterer Beilbauchfisch 110
Echte Karettschildkröte 302
Echter Mirakelbarsch 73
Ehrenbergs Schnapper 92
Ei-Kaurie 231
Einfarbmuräne 14
Einfleck-Schnapper 93
Elegante Cyerce 244
Ellipsen-Feilenfisch 211
Erdbeer-Spitzkreisel-schnecke 224
Exusta-Kaurie 229
Faden-Leierfisch 175
Fadenflossen-Büschelbarsch 135
Fähnchen-Falterfisch 127
Familiengrundel 180
Färbende Chromodoris 250
Federschwanz-Stechrochen 310
Federstern-Springkrebs 280
Fetzengeisterfisch 35
Feuer-Hypselodoris 252
Feuerkoralle 294
Flacher Drachenkopf 48
Flecken-Junker 155
Flecken-Sandbarsch 168
Flötenfisch 35
Flügel-Seenadel 41
Flügelroßfisch 34
Flußbrasse 103
Fransen-Kaurie 228
Fransen-Schleimfisch 173
Fridmans Zwergbarsch 67
Fünffleck-Kardinalbarsch 81
Fünflinien-Kardinalbarsch 83
Fünflinien-Schnapper 92
Füng-Finger-Schermesserfisch 149
Füsilier-Schnapper 95
Fusselgeisterfisch 36
Gabel-Spinnenkrabbe 285
Gabelschwanz-Zwergbarsch 68
Gabriellas Zackenbarsch 56
Galbe Kraterkoralle 298
Gambarur-Halbschnäbler 25
Gardiners Falterfisch 127
Gebänderte Scherengarnele 275
Gefleckter Adlerrochen 311
Gefleckter Büschelbarsch 134
Geflecktes Seepferdchen 39
Gehörnter Kofferfisch 212
Gelbachsel-Schwalbenschwanz 138
Gelbaugen-Fahnenbarsch 64
Gelbband-Füsilier 98
Gelbbrauner Kofferfisch 213
Gelber Feger 110
Gelbflecken-Igelfisch 219
Gelbflecken-Stachelmakrele 196
Gelbflecken-Zwerggrundel 182
Gelbflossen-Thunfisch 199
Gelbflossen-Zackenbarsch 60
Gelbklingen-Nasendoktor 191
Gelblippen-Panzerschwanz 241
Gelblippen-Straßenkehrer 100
Gelbmaulmuräne 13
Gelbrücken-Süßlippe 89
Gelbrücken-Zwergbarsch 69
Gelbsattel-Meerbarbe 115
Gelbsaum-Drückerfisch 206
Gelbschwanz-Barrakuda 167
Gelbschwanz-Drückerfisch 206
Gelbschwanz-Junker 153
Gelbschwanz-Zwerggrundel 183
Gelbseiten-Demoiselle 141
Gelbstreifen-Meerbarbe 112
Gemalte Muräne 15
Gemalter Falterfisch 126
Gemeine Rotmeer-Languste 277

Geographie-Kegelschnecke	240
Gepunktete Chromodoris	248
Gepunkteter Adlerrochen	240
Gepunkteter Aalbarsch	72
Gepunkteter Schlangenaal	21
Gepunkteter Schnepfenmesserfisch	34
Geringelte Feilenmuschel	261
Geringelte Seenadel	42
Geschmückte Cadlinella	250
Gesprenkelter Straßenkehrer	100
Gestielte Keulenseescheide	301
Gestreifte Languste	277
Gestreifter Hechtlippfisch	154
Gestreifter Korallenwels	23
Gestreifter Saugfisch	31
Gestreifter Schiffshalter	116
Gestreifte Gymnodoris	246
Getarnter Zackenbarsch	57
Gewöhnliche Spinnenschnecke	225
Gewöhnlicher Großaugenbarsch	74
Gewöhnlicher Igelfisch	220
Gewöhnlicher Putzerlippfisch	160
Gewöhnlicher Rotfeuerfisch	44
Gift-Warzenschnecke	254
Giraffen-Seepferdchen	39
Glänzende Napfschnecke	223
Glasauge	74
Glaz-Rundkrabbe	289
Goldkörper-Stachelmakrele	195
Goldstreifen-Füsilier	98
Goldstreifen-Straßenkehrer	99
Golf-Schläfergrundel	180
Gorgonien- Zwerggrundel	184
Goßer Barrakuda	168
Goßflossen-Riffkalmar	265
Grabender Schlangenaal	20
Graue Muräne	15
Grauer Riffhai	316
Grays-Kaurie	229
Griffelseeigel	299
Großaugen-Stachelmakrele	195
Großaugen-Straßenkehrer	101
Große Netzmuräne	14
Große Phyllodesmium	259
Große Wurmschnecke	223
Großer Flankenkiemer	243
Großer Jobfisch	96
Großes Tritonshorn	233
Großflossenmeeraal	22
Großmaul-Makrele	199
Großbrückenflossenhai	314
Großschulen-Meerbarbe	112
Großzahn-Junker	157
Grünaugen-Tanzgarnele	274
Grüne Höhlengrundel	179
Grüne Marionia	256
Grüne Spinnenkrabbe	286
Grüner Schwalbenschwanz	139
Grunzender Tigerbarsch	74
Gurken-Schwimmkrabbe	287
Gürtel-Grundel	181
Gymnodoris-Art	246
Haarflossen-Zwerggrundel	183
Haddons Wirtsanemone	296
Hahnenkammauster	260
Halbmond-Kaiserfisch	120
Halbstachel-Plattkopf	49
Halsband-Falterfisch	130
Harlekingarnele	274
hauben-Sepia	266
Hebers Stachelmakrele	196
Hectors Höhlengrundel	179
Heemstras Fahnenbarsch	64
Heller Ruderbarsch	111
Hendersons Tanzgarnele	274
Hicksons Seefächer	295
Himbeer-Buschkoralle	298
Himmelsblauer Füsilier	97
Hirsch-Kaurie	230
Höhlen-Beilbauchfisch	110
Höhlen-Kardinalbarsch	79
Hohlkreuz-Garnele	268
Hundezahn-Thunfisch	200
Imperator-Kaiserfisch	120
Imperatorgarnele	270
Indischer Clown-Junker	156
Indischer Kuhnasenrochen	312
Indischer Röhrenwurm	293
Indischer Seehase	242
Indischer Segelflossendoktor	189
Indischer Tiger-Kardinalbarsch	82
Indischer-Anemonenfisch	137
Indopazifischer Sergeant	140
Irisierender Kardinalbarsch	79
Janus-Krötenfisch	27
Japanische Geißelgarnele	276
Java-Kaninchenfisch	192
Julianischer Seehase	242
Juwelen-Reusenschnecke	238
Juwelen-Zackenbarsch	55
Juwenlen-Fahnenbarsch	62
Kamm-Schnecke	277
Kardinal-Warzenschnecke	255
Karneol-Kaurie	230
Kartoffel-Zackenbarsch	61
Kastanien-Schleimfisch	174
Kegelkoralle	298
Kleine Harfenschnecke	239
Kleiner Jobfisch	96
Klunzingers Weichkoralle	295
Knoten-Seefächer	295
Knubbelanemone	297
Korallen-Butt	201
Korallen-Kammuschel	261
Korallen-Skorpionfisch	46
Korallen-Spinnenkrabbe	284
Koran-Kaiserfisch	122
Krokodilschlangenaal	20
Kronen-Krugfisch	218
Kronen-Samtfisch	49
Krumme Haartriton	233
Kryptischer Zwerglippfisch	151
Kurzflossen-Skorpionsfisch	47
Kurzflossen-Zwergfeuerfisch	46
Kurznasen-Spindelkaurie	231
Kurznasen-Zackenkaurie	231
Kurznasendoktor	190
Kurzstachel-Igelfisch	220
Kurzstreifen-Regenbogenjunker	158
Kurzstreifen-Silberling	84
Längsstreifen-Borstenzahndoktor	190
Langstachel-Igelfisch	220
Langbartel-Meerbarbe	114
Langflossen-Fledermausfisch	106
Langnasen-Papageifisch	162
Langnasen-Straßenkehrer	101
Langnasendoktor	191
Langschnauzen-Büschelbarsch	135
Langschwanz-Ceratosoma	251
Langschwanz-Silberling	84
Lederanemone	294
Lederkoralle	294
Lederseeigel	300
Leoparden-Lippenzähner	173
Leopardenmuräne	313
Leopardenmuräne	16
Lindas Zwergbarsch	70
Luchs-Kaurie	230
Magnus' Partnergrundel	176
Mahsena-Straßenkehrer	101
Malabar-Zackenbarsch	58
Mangroven-Schnapper	94
Mantarochen	312
Marcias Fahnenbarsch	64
Marmorgarnele	269
Marmormuräne	13
Marmorschlangenaal	20
Masken-Falterfisch	124
Masken-Kugelfisch	216
Masken-Papageifisch	162
Meißelzahn-Lippfisch	146
Mertens' Partnergrundel	178
Michels Zwerggrundel	185
Milchfisch	25
Mirys Demoiselle	141
Mönchs-Doktorfisch	188
Mondsichel-Junker	158
Mondsichel-Juwelenbarsch	61
Moses-Seezunge	202
Mozambique-Zwerggrundel	185
Muschelgräber	278
Nabel Eischnecke	231
Napoleon	147
Nebliger Eidechsenfisch	24
Neonaugen-Wippschwimmer	172
Netz-Feilenfisch	210
Netz-Mitranschnecke	239
Netz-Seenadel	41
Netzschlangenaal	21
Noppenrand-Anemone	296
Nudel-Furchenschnecke	258
Oliver Zwergbarsch	69
Oman-Anemonenfisch	136
Oman-Bˉ schelbarsch	134
Oman-Fahnenbarsch	65
Oman-Falterfisch	128
Oman-Schweinslippfisch	145
Oman-Zwergbarsch	71
Orangebänder-Kaiserfisch	81
Orangeblaue Thecacera	245
Orangegestreifter Aalbarsch	72
Orangekopf-Falterfisch	129
Orangerücken-Zwergkaiserfisch	119
Orangetupfen-Süßlippe	86
Orgelkoralle	294
Ozeanischer Weißspitzenhai	315
Panther-Butt	201
Panther-Kaurie	229
Partner-Risbecia	250
Pelagische Scyllaschnecke	257
Pemba-Schwalbenschwanz	139
Perlen-Krugfisch	218
Perlenseestern	299
Persischer Kardinalbarsch	83
Pfauen-Kaiserfisch	118
Pfauen-Zackenbarsch	54
Pharao-Sepia	266
Piano-Säbelzahn-Schleimfisch	171
Pinjalo-Schnapper	96
Polygon-Zackenbarsch	56
Polypen-Drückerfisch	125
Polypen-Falterfisch	125
Pracht-Miamira	252
Pracht-Strudelwurm	293
Prachtanemone	297
Pselion-Kardinalbarsch	79
Pustel-Warzenschnecke	254
Pyjama-Chromodoris	249
Pyjama-Höhlengrundel	179
Pyramiden-Kofferfisch	212
Querbänder-Barrakuda	167
Querstreifen-Stachelmakrele	194
Rand-Glossodoris	251
Rauher Drückerfisch	208
Regenbogen-Renner	198
Riesen-Drückerfisch	205
Riesen-Falterfisch	127
Riesen-Kugelfisch	217
Riesen-Torpedobarsch	116
Riesen-Zackenbarsch	59
Riesenhusar	33
Riesenmuräne	12
Riff-Eidechsenfisch	24
Ring-Chromodoris	248
Ringelschlangenaal	21
Rosa Schwimmkrabbe	287
Rosige Phos	238
Rostkopf-Papageifisch	164
Rotantennen-Scherengarnele	275
Rotbrust-Prachtlippfisch	148
Rotbrust-Prachtlippfisch	148
Rote Kollenkrabbe	288
Rote Schwimmkrabbe	287
Roter Knallkrebs	272
Roter Krake	264
Rotfleck-Falterfisch	125
Rotflecken-Zackenbarsch	57
Rotkopf-Zwerglippfisch	150
Rotmaul-Zackenbarsch	55
Rotmeer-Mimikry-Wippschwimmer	170
Rotmeer-Anemonenfisch	137
Rotmeer-Barbe	115
Rotmeer-Boxerkrabbe	290
Rotmeer-Brasse	102
Rotmeer-Buckelkopf	163
Rotmeer-Chromodoris	248
Rotmeer-Einsiedler	278
Rotmeer-Fahnenbarsch	65
Rotmeer-Federsternkrabbe	290
Rotmeer-Flügelauster	262
Rotmeer-Flügelschnecke	225
Rotmeer-Forellenbarsch	52
Rotmeer-Füsilier	97
Rotmeer-Gitarrenrochen	310
Rotmeer-Hornhecht	26
Rotmeer-Junker	159
Rotmeer-Kammzahn-Schleimfisch	171
Rotmeer-Kaninchenfisch	192
Rotmeer-Krötenfisch	27
Rotmeer-Krugfisch	219
Rotmeer-Lyrakaiserfisch	122
Rotmeer-Maulwurfkrebs	283
Rotmeer-Nembrotha	245
Rotmeer-Palettenstachler	210
Rotmeer-Panzerschwanz	241
Rotmeer-Partnergarnele	270
Rotmeer-Reiterkrabbe	290
Rotmeer-Röhrenaal	22
Rotmeer-Sandtaucher	169
Rotmeer-Schwalbenschwanz	138
Rotmeer-Seifenbarsch	66
Rotmeer-Spitzkreisel-schnecke	224
Rotmeer-Springkrebse	280
Rotmeer-Stachelauster	260
Rotmeer-Walkman	47
Rotmeer-Wimpelfisch	131
Rotmeer-Zackenbarsch	54
Rotmeer-Zitronenhai	314
Rotmeer-Zwerglippfisch	151
Rotmund-Olivenschnecke	239
Rotpunkt-Knallkrebs	272
Rotstreifen-Fahnenbarsch	62
Rotstreifen-Meerbarbe	114
Rottupfen-Meerbarbe	114
Rotzahn-Drückerfisch	205
Rückenfleck-Anglerfisch	30
Rundflecken-Anglerfisch	29
Rundkopf-Pferdemausfisch	106
Rüppels Muräne	12
Rüppells Warzenschnecke	255
Russells Feuerfisch	45
Rußkopfmuräne	15
Sägezahn-Federstern	301
Sand-Eidechsenfisch	24
Sand-Geißelgarnele	276
Sankeys Zwergbarsch	69
Sargassum-Anglerfisch	30
Sattel-Zackenbarsch	55
Schachbrett-Junker	157
Scherenschwanz-Torpedogrundel	185
Schiefer-Süßlippe	88
Schimmernder Kardinalbarsch	81
Schlanke Schwimmkrabbe	286
Schlanker Geisterfisch	36
Schlanker Silberling	84
Schmuck-Elysia	244
Schmuck-Furchenschnecke	258
Schmuck-Languste	276
Schmuck-Partnergarnele	271
Schmuck-Partnergrundel	178
Schöner Wippschwimmer	172
Schotaf-Süßlippe	86
Schrift-Feilenfisch	211
Schulen-Süßlippe	89
Schultz' Seenadel	40
Schuppige Riesenmuschel	260
Schwammträger	285
Schwanzband-Zackenbarsch	70
Schwanzfleck-Junker	156
Schwanzfleck-Sandbarsch	168
Schwanzlose Seenadel	42
Schwarm-Wimpelfisch	131
Schwarten-Süßlippe	87
Schwarzaugen-Einsiedler	279
Schwarzband-Zwergbarsch	71
Schwarzbrust-Seenadel	41
Schwarze Coriocella	232

Schwarze Dendrodoris	.252	Somali-Falterfisch	.126	Stupsnasen-Pompano	.198	Weißbänder-Süßlippe	.86
Schwarzer Papageifisch	.164	Sommersprossen-Anglerfisch	.29	Summana-Zackenbarsch	.58	Weiße Bandmuräne	.14
Schwarzfleck-Straßenkehrer	.100	Sonnen-Kardinalbarsch	.78	Suppenschildkröte	.302	Weißfleck-Krake	.264
Schwarzflecken-Schnapper	.90	Sozialer Zwergli ppfisch	.150	Tabak-Falterfisch	.129	Weißfleck-Kugelfisch	.216
Schwarzgoldene Pilot-Stachelmakrele	196	Spanische Makrele	.200	Tannenzapfenfisch	.32	Weißflecken-Zackenbarsch	.60
Schwarzkorallen-Partnergarnele	.271	Spanische Tänzerin	.247	Tauchers Liebling	.257	Weißkäppchen-Partnergrundel	.177
Schwarzpunkt-Falterfisch	.128	Spanischer Dreiflosser	.174	Teppich-Krokodilfisch	.49	Weißkopf-Falterfisch	.128
Schwarzring-Kardinalbarsch	.80	Sparren-Falterfisch	.130	Textile Kegelschnecke	.240	Weißsattel-Knallkrebs	.272
Schwarzring-Seehase	.242	Spitzkopf-Saugfisch	.31	Tiger-Kardinalbarsch	.83	Weißschwanz-Drückerfisch	.208
Schwarzrücken-Falterfisch	.130	Springers Zwergbarsch	.68	Tiger-Kardinalbarsch	.83	Weißspitzen-Riffhai	.314
Schwarzstreifen-Ährenfisch	.25	Sri Lanka-Falterfisch	.126	Tiger-Korallenkrabbe	.288	Weißwangen-Scheinschnapper	.104
Schwarzstreifen-Säbelzahn-Schleimfisch	170	Stachel-Seegurke	.300	Townsend Kammuschel	.262	Wießsaum-Soldatenfisch	.33
Schwarztupfen-Süßlippe	.87	Stachelkopf-Kardinalbarsch	.80	Trapez-Spindelschnecke	.238	Zebra-Brasse	.102
Schwarzweiß-Schnapper	.95	Stachlige Drupa	.237	Tuberkel-Dendrodoris	.253	Zebra-Zwergfeuerfisch	.46
Schwere Helmschnecke	.232	Steinfisch	.47	Tüpfel Kaninchenfisch	.193	Zebramuräne	.17
Sechsstreifen-Seifenbarsch	.66	Steinitz' Blitzlichtfisch	.32	Twists Junker	.152	Zigarren-Lippfisch	.153
Seegras-Feilenfisch	.211	Steinitz' Dreiflosser	.175	Vaillants Käferschnecke	.222	Zitronen-Berthellina	.243
Seegras-Kugelfisch	.216	Steinitz' Partnergrundel	.176	Variables Seeohr	.223	Zitronengelbe Demoiselle	.141
Seegras-Zwerglippfisch	.151	Stern-Berthella	.243	Verschwindender-Zwerglippfisch	.150	Zitronengrundel	.181
Seegrasperlerfisch	.36	Sternenbanner-Aalbarsch	.72	Verzweigte Stachelschnecke	.237	Zuckerrohrgarnele	.269
Segelfisch	.201	Sternengrundel	.182	Vielbart-Schlangenfisch	.23	Zuckerstangen-Schweinslippfisch	.145
Segelflossen-Säbelzahnschleimfisch	.174	Sternfleckenmuräne	.16	Vielstreifen-Füsilier	.98	Zweibandbrasse	.103
Seidenhai	.316	Stierkopf-Zackenbarsch	.59	Vierstreifen-Regenbogenjunker	.158	Zweifarb-Putzerlippfisch	.160
Seychellen-Leierfisch	.175	Strahlen-Feuerfisch	.45	Violettaugen- Zwerggrundel	.184	Zweifarb-Schwalbenschwanz	.138
Sheppards Zwerggrundel	.183	Streifen-Bannerlippfisch	.154	Vogel-Lippfisch	.159	Zweifarben-Bannerlippfisch	.154
Silber Kaninchenfisch	.193	Streifen-Einsiedler	.279	Wachposten-Seescheide	.301	Zweifarben-Schweinslippfisch	.144
Silber-Flossenblatt	.111	Streifen-Füsilier	.97	Walhai	.313	Zweifleck-Schweinslippfisch	.144
Silber-Kugelfisch	.214	Streifen-Junker	.152	Wangenstreifen-Prachtlippfisch	.146	Zweikopf-Tethysschnecke	.257
Silber-Süßlippe	.88	Streifen-Junker	.157	Weichkorallen-Seepferdchen	.38	Zweilinien-Makrele	.200
Silber-Torpedobarsch	.116	Streifen-Sichelflosser	.106	Weichkorallen-Spinnenkrabbe	.285	Zwerg-Krugfisch	.218
Silberner Eingeweidefisch	.31	Streifenstrieme	.102	Weihnachtsswurm	.293	Zwillings-Chromodoris	.249
Silberspitzenhai	.315	Stülpmaul-Lippfisch	.149	Weißaugenmuräne	.16		
Skorpion-Stachelschnecke	.237	Stumpfmaul-Meeräsche	.164	Weißband-Putzergarnele	.269		

LITERATUR

Abbott, R. T. & Dance, S. P. (1986) Compendium of Seashells. American Malacologists, Melbourne, FL.
Al-Alawi, H. (1994) Marine fishes and invertebrates of the Gulf. Bahrain Waterlife Centre, Bahrain.
Allen, G. R. & Steene, R. (1995) Riff-Führer. Tiere und Pflanzen im Indopazifik. Verlag Christa Hemmen, Wiesbaden.
Atiya, F. F. S. (1994) Das Rote Meer in Ägypten. Band II. Wirbellose Tiere. Atiya, Egypt.
Banner, D. M., & Banner, A. H. (1981) Annotated checklist of the alpheid shrimp of the Red Sea and the Gulf of Aden. Zoologische Verhandelingen 190: 1-99.
Collette, B. B. & Nauen, C. E. (1983) Scombrids of the world. FAO Species Catalogue Vol. 2.
Compagno, L. J. V. (1984) Sharks of the world. FAO Species Catalogue Vol. 4/1+2.
Debelius, H. (1984) Armoured knights of the sea. Kernen Verlag, Stuttgart.
Debelius, H. (1987) Unterwasserführer Rotes Meer. Verlag Stephanie Naglschmid, Stuttgart.
Debelius, H. (1994) Marine Atlas. Tetra Press, Blacksburg.
Debelius, H. (1996) Fischführer Indischer Ozean, 2nd edition UW-Archiv-Ikan, Frankfurt.
Debelius, H. (1996) Nudibranchs and Sea snails. UW-Archiv-Ikan, Frankfurt.
Edwards, A. J. & Head, S. M. (eds.) (1987) Key environments: Red Sea. Pergamon Press, Oxford.
Fridman, D. & Malmquist, T. (no year) Die Wunder des Roten Meeres. ISIS, Cairo.
Gasperetti, J. (1988) Snakes of Arabia. Fauna of Saudi Arabia 9: 169-450.
Goren, M. & Dor, M. (1994) An updated checklist of the fishes of the Red Sea CLOFRES II. Jerusalem.
Gosliner, T. M., Behrens, D. W. & Williams, G. C. (1996) Coral Reef Animals of the Indo-Pacific. Sea Challengers, Monterey, California.
Göthel, H. (1994) Farbatlas Meeresfauna Fische. Rotes Meer, Indischer Ozean. Ulmer, Stuttgart.
Hanauer, E. (1988) The Egyptian Red Sea. A diver's guide. Watersport Publishing, San Diego.
Hansen, T. (1965) Reise nach Arabien. Hoffmann und Campe Verlag.
Heemstra, P. C. & Randall, J. E. (1993) Groupers of the world. FAO Species Catalogue Vol. 16.

Heinzel, H., Fitter, R. & Parslow, J. (1996) Collins Pocket Guide to Birds of Europe, with North Africa. London.
Holthuis, L. B. (1973) Caridean shrimps found in land-locked saltwater pools of four Indopacific localities with a description of one new genus and four new species. Zoologische Verhandelingen 128: 1-48.
Karplus, I., Szlep, R. & Tsurnamal, M. (1981) Goby-shrimp partner specificity. I. Distribution in the northern Red Sea and partner specificity. J. exp. mar. Biol. Ecol. 51: 1-19.
Klausewitz, W. (1959) Fische aus dem Roten Meer. Senck. biol. Frankfurt.
Klausewitz, W. (1984) E. Rüppell zum 100. Todestag. Natur und Museum. Frankfurt.
Lewinsohn, C. (1969) Die Anomuren des Roten Meeres (Crustacea Decapoda: Paguridea, Galatheidea, Hippidea). Zoologische Verhandelingen 104: 1-213.
Lieske, E. & Myers, R. (1994) Collins Pocket Guide to Coral Reef Fishes. Harper Collins, London.
Lorenz, F., Jr. & Hubert, A. (1993) A guide to worldwide cowries. Verlag Christa Hemmen, Wiesbaden.
Randall, J. E. (1983) Red Sea reef fishes. Immel Publishing, London.
Randall, J. E. (1995) Coastal fishes of Oman. University of Hawai'i Press, Honolulu.
Randall, J. E. & Heemstra, P. C. (1991) Revision of Indo-Pacific groupers (Perciformes: Serranidae: Epinephelinae) with descriptions of five new species. Indo-Pacific Fishes 20. B. P. Bishop Museum, Hawaii.
Ritter, H. & Debelius, H. (1988) Rotes Meer Bildband. Stürtz Verlag, Würzburg.
Roper, C. F. E., Sweeney, M. J. & Nauen, C. E. (1984) Cephalopods of the world. FAO Spec. Cat. Vol. 3.
Schmid, H. & Vine, P. (no year) Saudi Arabian Red Sea.
Sheppard, C., Price, A. & Roberts, C. (1992) Marine ecology of the Arabian region. Academic Press.
Smith, M. M. & Heemstra, P. C. (1986) Smiths' Sea Fishes. Springer, Berlin.
Vine, P. (1986) Red Sea Invertebrates. Immel Publishing, London.
Weinberg, S. (1996) La mer rouge et l'océan Indien. Nathan, Paris.

KENNEN SIE SCHON DIE ANDEREN TITEL DIESER SERIE?

ISBN 978-3-440-11114-7

ISBN 978-3-440-11133-8

ISBN 978-3-440-10977-9

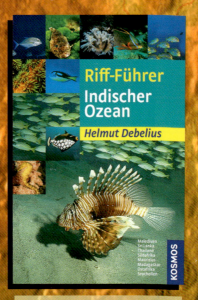

ISBN 978-3-440-10295-4